［日］野原将挥

［日］秋谷裕幸　著

闽语与

Minyu yu
Shangguyin

上古音

中西書局

图书在版编目(CIP)数据

闽语与上古音／(日)野原将挥,(日)秋谷裕幸著.
上海：中西书局,2025. — ISBN 978 - 7 - 5475 - 2372 - 8

Ⅰ. H177；H111

中国国家版本馆 CIP 数据核字第 2025J6H817 号

闽语与上古音

[日]野原将挥　　[日]秋谷裕幸　著

责任编辑	马　沙	
封面设计	王轶颀	
责任印制	朱人杰	

出版发行　上海世纪出版集团

®中西書局(www. zxpress. com. cn)

地　　址	上海市闵行区号景路 159 弄 B 座(邮政编码：201101)
印　　刷	常熟市人民印刷有限公司
开　　本	890 毫米×1240 毫米　1/32
印　　张	9.625
字　　数	251 000
版　　次	2025 年 3 月第 1 版　2025 年 3 月第 1 次印刷
书　　号	ISBN 978 - 7 - 5475 - 2372 - 8/H · 158
定　　价	68.00 元

本书如有质量问题,请与承印厂联系。电话：0512 - 52601369

献给我们的老师古屋昭弘先生

前　言

1.1　本书的主题

　　1926 年瑞典汉学家 Bernhard Karlgren(高本汉)教授提出了一个统率汉语方言史的重要观点,即《切韵》语言是绝大多数现代汉语方言的祖先语。[①]　此时他也认识到闽语不是源自《切韵》的语言,所以不得不附带说闽语源自从《切韵》语言分化出来的早期方言(参见本书第 1 章第 1 节)。

　　正如 Karlgren 教授所观察,在闽语中我们很容易发现不能用《切韵》音系解释的音韵特点,而这些特点往往符合上古音系。所以,闽语音韵史总离不开上古音的研究。不参照上古音,我们就发现不了闽语中具有重大汉语音韵史意义的现象。这是一件很遗憾的事,也是一件不应该的事。闽语很需要进行与上古音之间的系统性比较。

　　上古音的基础语言和原始闽语之间的谱系关系目前没有定论。[②]由于原始闽语的年代要晚于上古音(参见本书第 1 章的 3. 3. 3 小节),所以本书暂且把上古音视为原始闽语的前身。本书中所要研究的音韵现象也不一定能够追溯到上古音阶段。比如,本书第 5 章把

---

　　① 　关于他这个观点及其对汉语方言学的影响,参看秋谷裕幸、韩哲夫(2012:278—281)。我们恐怕不容易写出像《官话与上古音》《湘语与上古音》或《粤语与上古音》之类内容的著作。这证实 Karlgren 教授所提出观点之正确。

　　② 　关于这个问题较为详细的讨论,可以参看 Handel(2010)。

"篮"的原始闽语声母拟作了 * r,而它的上古音是 * k. r^{ˤ}am。闽语中已不存在 * k 的痕迹。此处原始闽语代表的主要是晚于上古音而早于中古音的音值。本书把这种音韵现象即介乎上古音与中古音之间的音韵现象也作为研究对象。

闽语保存着一些上古音特点,这逐渐成为学者的共识。既然如此,研究上古音时,除了《诗经》、谐声符以及中古音等传统材料以外,我们还可以利用闽语的音韵材料。Baxter 和 Sagart(2014a)就是用这个方法论重新构拟了上古音的音首(onset)。[1]

近年来对上古音研究起到最重要作用的无疑是正在陆续出版的各种出土文献资料。学者目前多用这种材料对上古音研究进行证实和修订,虽然由于时空的各种限制,闽语的音韵材料不可与此同日而语,但我们仍然期待闽语的音韵材料能够起到一定程度上的辅助作用。

中古书母源自几个不同的上古声母。本书第 3 章研究了这个问题并指出闽语中与上古音共享相似的分野。试比较:

	中古音	原始东部闽语[2]	上古音
守	*syuwX*	* tʃiu^{tone2}	* s-tuʔ
手	*syuwX*	* tʃʰiu^{tone2}	* n̥uʔ

"守"和"手"的中古音相同,而闽语中这两个字的声母不一样。闽语的情况合乎上古音中书母的分野。也就是说闽语的这个音韵现象可以根据上古音得到合理的解释,而闽语反过来给上古音研究提供新的证据。

我们坚信闽语和上古音之间这种良性互动或反馈会生产出很多富有音韵史价值的研究成果,进一步推动汉语音韵史和闽语音韵史。

---

[1]　汉译根据来国龙等(2022:112)。
[2]　此为笔者暂拟。

1.2　本书所收录的论文

本书收录了笔者自 1995 年至今所发表的 12 篇文章。^① 它们都是基于上述观点而撰写的。这些文章大致上可以分成三类：综论（第 1 章）、声母研究（第 2 章—第 7 章）、韵母研究（第 8 章—第 12 章）。声母部分主要研究了中古书母和来母的上古来源问题，韵母部分则主要检验了上古唇化元音假说和前舌元音假说尤其是前一个假说。大多数学者认为闽语保存着不能用《切韵》解释的上古音成分，然而，至今还没有学者进行闽语和上古音的系统性比较。这可以说是闽语音韵史研究上一个很大的空白，有待弥补。第 12 章《原始闽语中上古 a 类歌部 * 字的表现》就是为了这个目的而撰写的。

收入本书时，每一篇文章都做了一定程度的修订或增补，敬请读者注意并在需要引用时以本书的版本为准。

1.3　本书所用的古音系统

1.3.1　上古音

本书采用的上古音元音系统为六元音说，即：* i、* e、* a、* o、* u 和 * ə。关于六元音说，可参看 Baxter 和 Sagart（2014a：198—211）。主要元音为 * o 或 * u 的字称作唇化字，其余则称作非唇化字。拟音根据 Baxter 和 Sagart（2014a，2014b）。^② 他们构拟上古音尤其是构拟它的音首（onset）时也利用了原始闽语以及苗瑶语等语言中的早期汉语

---

① 　其中第 12 章《原始闽语中上古 * a 类歌部字的表现》为笔者之一秋谷裕幸与新加坡国立大学助理教授沈瑞清的合著。

② 　第 9 章《闽客语的"泉"字读音》是在 1995 年发表的。所以文章中所采用的上古音是 Baxter（1992）的系统。与此同时也参考了雅洪托夫（1960/1986）所构拟的上古音。

借词。所以,他们的上古拟音中常有在汉语文献里观察不到相关证据的拟音出现。比如,"肝"拟作了 * s. $k^{ʕ}$a[r]。此处 * s. 的构拟是根据闽北区方言中的擦音声母,比如镇前方言读作[huain^1]。(Baxter & Sagart 2014a:137)可见,他们所构拟的上古音性质与传统上古音研究有着本质上的差别,其性质更接近于"原始汉语",即一种不存在书证、较为抽象的参照系统。

在他们的拟音中,"C"表示不能决定具体音值的辅音,如"膏" * Cə. $k^{ʕ}$aw,[ ]则表示构拟该音值的证据不够充分,如"根" * [k]^{ʕ}ə[r]。

1.3.2　中古音

中古音的标音主要使用了 Baxter 和 Sagart(2014a,2014b)里的转写系统,一般用斜体表示。这个系统不能理解为实际音值,而要理解为中古音的音类。在第 9 章和第 12 章则使用了平山久雄(1967)的拟音系统。这个系统是实际音值的复原。

1.3.3　原始闽语

将闽语与上古音进行比较时,"闽语"所指的不外乎是原始闽语。现代各地的方言是经历了长久复杂历史的产物,往往已大幅度改变了原来的音值,缺乏与上古音的可比性。比如,闽南区厦门方言"饭"读作[pŋ^6],来自原始闽语 * bion^{tone3}。可以和上古音 * bo[n]ʔ-s 比较的显然是 * bion^{tone3}(参见本书第 8 章第 3 节)。比较厦门方言的[pŋ^6]和上古音 * bo[n]ʔ-s 我们恐怕得不到具有音韵史意义的结论。原始闽语的构拟是闽语与上古音比较研究的基础或者前提。

本书所用的原始闽语是笔者在 Norman(1973,1974,1981)的基础上做了少量修订的系统。共有以下六项。

(1)把 Norman(1973)的 * lh 大致上改成了 * r。只有闽东区、莆仙区或邵将区等方言中读成 5 调的 * lh 才改作 * r̥,如"濑水中浅滩"。关于这个修正，可参看本书的第 5 章。①

　　（2）把 Norman（1973）的 * t 系声母分成 * t 系和舌叶塞音 * tʳ 系声母。关于这个修正，可参看秋谷裕幸（2022c）。

　　（3）把 Norman（1974）的"alveopalatal" * tš 系声母转写成 * tʃ 系声母。关于这个转写，可参看秋谷裕幸（2022c：76—77）。

　　修订前和修订后的原始闽语声母系统可参看本书第 7 章第 2 节。

　　（4）把 Norman（1981：44—45,50—51）的 * ɑi 和 * uɑi 大致合并成 * ɑi。（秋谷裕幸 2022b：81—84）目前能够构拟 * uɑi 的只有"夥多"或"過菜老"（参见本书第 8 章第 5 节和第 6 节以及第 12 章的 2.1 小节）。

　　（5）秋谷裕幸、韩哲夫（2012：318—323）②曾探讨 Norman（1981：41,48—49,51）的 * ui（衣、几疑问代词、气）、③ * ye（飞、吹、脆、妹）和 * yəi（开、饥饿），指出这三个原始韵母可以合并而把它的音值拟作了 * yəi。后来，沈瑞清（2019）通过建阳黄坑方言和闽北区方言之间的比较构拟了早于原始闽北区方言阶段早期闽北语（Early Northern Min）的韵母系统。根据他的方案，原始闽语 * ui、 * ye、 * yəi 的辖字在早期闽北语中都可以拟作 * ioi。本书认为秋谷裕幸、韩哲夫（2012）所

───────────

　　①　现在看来 * r 和 * ṛ 的构拟不无问题。根据这个方案，原始闽语的声母系统中不能构拟与 * l 构成对立的 * ḷ。 * r 和 * ṛ 也不能构成音位对立，因为前者只拼 tone1、tone2 和 tone4，后者则只拼 tone3。这种构拟与鼻音声母不平行。因为鼻音声母可以构拟清浊对立。比如，"磨动词" * muɑitone1 和"麻草名" * mhuɑitone1 构成最小对立。但 Norman（1973）所构拟的原始闽语的一系列清鼻音、流音也不无问题。该文十分重视这些声母在邵将区邵武方言中转入阴入的表现。邵将区光泽方言与邵武方言十分相似，在该方言中，"麻草名"读作阴入，"磨动词"则读阳平。与此相应，"篮"读作阴入，"栏"则读阳平。该文把"篮"和"栏"的声母分别拟作了 * lh 和 * l，与 * mh 和 * m 平行。但 Norman（1973）亦不无问题。在邵武和光泽方言中，"横""园"等带有原始闽语的浊擦音 * ɣ 声母的字也转入了阴入。如秋谷裕幸（2013）所主张，如果这种调类演变是以邵将区方言的清擦音和送气塞音塞擦音为条件，"横""园"以及"篮"等字的阴入也就是以清擦音为条件的规则调类演变的结果，但无法解释"磨动词" * muɑitone1 读阳平"麻草名"、 * mhuɑitone1 读阴入的分化。这个问题要进行更深入的研究。本书暂且保持本书第 5 章即秋谷裕幸（2011）的 * r 和 * ṛ。关于这个问题，还请参看本书第 91 页的脚注①。

　　②　该文把 Norman（1981）的 * ye 误记作 * yɛ。今改。

　　③　括号内是 Norman（1981）的例字。

构拟的原始闽语 * yəi 要改为 * ioi。主要是因为原始闽语中不存在以 * y 为介音的三合元音韵母,而且 * ioi 可以更好地解释"飞、吹、脆、妹"等字的原始闽东区方言韵母 * uɔi。总之,本书把 Norman(1981)的 * ui、* ye 和 * yəi 合并成 * ioi。

(6)把 Norman(1981:66—68)的 * əŋ/* ək 改成了 * uŋ/* uk。关于这个修正,可参看秋谷裕幸(2023:325)。

1.3.4 其他

原始闽南区方言根据 Kwok(2018),原始闽东区方言根据秋谷裕幸(2018a:709—712)和秋谷裕幸(2020a:851—858),原始闽北区方言则根据秋谷裕幸(未刊稿)的 1.9 小节。相关讨论也可以参看秋谷裕幸(2017b)、秋谷裕幸(2019a)以及沈瑞清(2019)。

这些原始音系中常有目前还不能决定音值的成分出现。本书用"〔 〕"把这些成分括起来表示,与上古拟音里的用法相同。

1.4 本书所引用汉语方言的归属以及材料来源

本书所引用汉语方言的归属以及材料来源如下:方言归属原则上根据中国社会科学院等(1988),闽东区方言的内部分区则根据秋谷裕幸(2010c)。

闽南区、莆仙区和闽东区属于东部闽语,闽北区、闽中区和邵将区则属于西部闽语。关于闽语的二分,参看秋谷裕幸(2008:293—294)。以下加下画线的是本书中的称呼。

地点	大区	区	片	方言材料来源
厦门市	闽语	闽南区	泉漳片	Douglas(1873)、北京大学(1989/2008)、北京大学(1995/2005)、周长楫(1996)、

				周长楫(1998)①
漳州市	闽语	闽南区	泉漳片	Douglas(1873)
泉州市	闽语	闽南区	泉漳片	Douglas(1873)
长泰县	闽语	闽南区	泉漳片	秋谷裕幸调查
漳平市**永福**	闽语	闽南区	泉漳片	张振兴(1992)
潮州市	闽语	闽南区	潮汕片	北京大学(1989/2008)
海丰县	闽语	闽南区	潮汕片	罗志海(2000)
雷州市	闽语	闽南区	雷州片	张振兴、蔡叶青(1998)
中山市三乡	闽语	闽南区	归属待定	高然(2000)
海口市	闽语	琼文区	府城片	陈鸿迈(1996)
仙游县	闽语	莆仙区		秋谷裕幸调查
福州市	闽语	闽东区	南片	冯爱珍(1998)， 北京大学(1995/2005)， 北京大学(1989/2008)， 陈泽平、林勤(2021)②
古田县大桥	闽语	闽东区	南片	秋谷裕幸、陈泽平(2012)
福清市	闽语	闽东区	南片	秋谷裕幸(2020a)
霞浦县长春	闽语	闽东区	北片	秋谷裕幸(2010a)
福安市	闽语	闽东区	北片	Ibañez & Cornejo (1941—1943)③
福安市穆阳	闽语	闽东区	北片	秋谷裕幸(2020a)
周宁县**咸村**	闽语	闽东区	北片	秋谷裕幸(2018a)
柘荣县富溪	闽语	闽东区	北片	秋谷裕幸(2010a)
寿宁县南阳	闽语	闽东区	北片	秋谷裕幸(2020a)
尤溪县**中仙**	闽语	归属待定		秋谷裕幸调查
延平区**峡阳**	闽语	闽北区		秋谷裕幸调查
建瓯市	闽语	闽北区		李如龙、潘渭水(1998)、

---

① 音系折合成北京大学(1995/2005)和北京大学(1989/2008)的音系。
② 音系折合成北京大学(1995/2005)和北京大学(1989/2008)的音系。
③ 引用该书中的材料时，"/"前面是该书的标音，后面则是拟音。关于该书的音系，可参看秋谷裕幸(2012)。

			北京大学(1995/2005)①
政和县**镇前**	闽语	闽北区	秋谷裕幸(1989/2008)
寿宁县平溪	闽语	闽北区	徐丽丽(2020)
松溪县	闽语	闽北区	秋谷裕幸调查
浦城县石陂	闽语	闽北区	秋谷裕幸(2008)
浦城县山下	闽语	闽北区	秋谷裕幸调查
浦城县临江	闽语	闽北区	秋谷裕幸调查
浦城县观前	闽语	闽北区	秋谷裕幸(2021a)、秋谷裕幸调查
浦城县枫溪	闽语	闽北区	秋谷裕幸调查
建阳区黄坑	闽语	闽北区	沈瑞清调查
武夷山市(**崇安**)②	闽语	闽北区	秋谷裕幸调查
延平区**王台**③	闽语	闽中区	秋谷裕幸调查
沙县富口镇**盖竹**	闽语	闽中区	邓享璋(1996)、邓享璋(1997)、邓享璋(2006)
邵武市	闽语	邵将区	陈章太(1991)
邵武市和平	闽语	邵将区	Norman(1995)
光泽县寨里	闽语	邵将区	秋谷裕幸调查
顺昌县元坑	闽语	邵将区	秋谷裕幸调查
明溪县	闽语	邵将区	李如龙(2001a)
将乐县	闽语	邵将区	李如龙(2001b)
泰宁县朱口	闽语	邵将区	秋谷裕幸调查
连城县姑田镇中堡	闽语	归属待定	Branner(1995)
连城县赖源镇下村	闽语	归属待定	Branner(2000)
龙岩市万安镇松洋	闽语	归属待定	Branner(2000)

---

① 音系折合成北京大学(1995/2005)和北京大学(1989/2008)的音系。

② 旧崇安县在1989年被撤销而设立了武夷山市。为论述方便,本书中仍然使用"崇安"这一旧名称。

③ 关于王台方言的归属,参看秋谷裕幸(2010b)。

玉山县	吴语	处衢片	曹志耘等（2000）
江山市	吴语	处衢片	秋谷裕幸（2001）
常山县	吴语	处衢片	曹志耘等（2000）
庆元县	吴语	处衢片	曹志耘等（2000）
遂昌县	吴语	处衢片	曹志耘等（2000）
云和县	吴语	处衢片	曹志耘等（2000）
金华市汤溪	吴语	婺州片	曹志耘等（2016）
东阳市巍山	吴语	婺州片	曹志耘等（2016）
永康市象珠	吴语	婺州片	曹志耘等（2016）
武义县王宅	吴语	婺州片	曹志耘等（2016）
泰顺县新山	吴语	归属待定	秋谷裕幸调查
黎川县	赣语	抚广片	颜森（1995）
黟县	徽语	抚广片	谢留文、沈明（2008）
石城县	客家话	宁龙片	蔡文芳、何清强（2010）
清流县	客家话	汀州片	秋谷裕幸调查
长汀县	客家话	汀州片	李如龙等（1992）
连城县四堡	客家话	汀州片	秋谷裕幸调查
连城县文亨	客家话	汀州片①	秋谷裕幸（1992b）
连城县庙前	客家话	汀州片	秋谷裕幸调查
上杭县	客家话	汀州片	上杭县地方志编纂委员会（1993）
永定区下洋	客家话	汀州片	黄雪贞（1983a）、黄雪贞（1983b）、黄雪贞（1983c）、黄雪贞（1985）
梅县区	客家话	粤台片	黄雪贞（1995）
连南瑶族自治县	客家话	粤北片	李如龙等（1992）
广东客家	客家话		MacIver、Mackenzie（1926）
东莞市清溪	客家话	粤中片	陈晓锦（1993）

---

① 　关于文亨方言的归属，参看秋谷裕幸（1996）。

连州市西岸	韶州土话		张双庆主编(2004)
古丈县高峰	乡话		伍云姬、沈瑞清(2010)
泸溪县梁家潭	乡话		陈晖(2019)
合阳县	中原官话	汾河片	邢向东、蔡文婷(2010)
商州区	中原官话	关中片	张成材(2009)
城步苗族自治县	归属待定		李蓝(2004)

以上黑体的 11 个地点是本书中最主要的代表点。[①] 即:

东部闽语	闽南区	厦门、永福
	莆仙区	仙游
	闽东区	古田、咸村
西部闽语	闽北区	镇前、崇安
	闽中区	王台、盖竹
	邵将区	光泽、顺昌

引用以上材料时,笔者重新认定本字。比如,曹志耘等(2000:233)把庆元方言中{看守}义的"守"[ye³]处理为来源不明的有音无字,用"□"来标。本书则把它认定并写成"守"。

1.5　本书体例说明

1.5.1　音标

本书中除了原始闽语形式以外,用右上角"ʰ"表示送气成分。调类原则上用右上角的数字表示:1—阴平、2—阳平或阳平甲、3—上声或阴上、4—阳上、5—去声或阴去、6—阳去、7—阴入、8—阳入、9—阳平乙。"tone1""tone2""tone3"和"tone4"均为原始闽语的调类,相当于平声、上声、去声和入声。连读变调的情况,尽量还原为本调。如

---

①　本书收录 1995 年至 2025 年间发表的文章,前后有 30 年的时间跨度。每一篇文章的代表点不尽相同。

果没有单字调只有连读调或连读音,则用数字直接记调值。此时在调值的前面加短横。如 ȵie⁻⁵⁵。轻声用 0 表示。

音标后面的"声!、韵!、调!"分别表示声母、韵母、声调(调类)不符合语音对应规律。

1.5.2　方言比较部分

释义或其他夹注一般都用小字表示。注释里用"~"代替本词语。如果使用其他来源的词,就用"【 】"表示。写不出本字的词语用"□"表示。字头后面的注释一般对于所要比较的方言都适用。如果个别方言不适用该注释,就在该方言读音的后面再另加注释。比如,第 12 章 2.1 小节里"麻"字的方言比较如下:

麻草名

厦门 mũã² | 永福 muã² 天~; 中药名 | 闽南 *muã²;仙游 mua²;古田 muai² 黄~ | 咸村 muɔ² | 闽东 *muai²;镇前 mua² | 崇安 muai² ~仔: 芝麻 | 闽北 *muai²;盖竹 mua² 芝麻 | 王台 mua⁻³¹ ~仔: 芝麻;顺昌 ma⁵ 芝麻 | 光泽 mai⁷ ~仔: 芝麻;原始闽语 *mhɑiᵗᵒⁿᵉ¹ | 上古音 *C. mˤraj | 中古音 ma 平

字头的注释"草名"表示此处用的"麻"字是麻类植物的意思。古田方言一般用双音节形式"黄麻"。厦门、仙游、咸村和镇前方言中"麻"可以单说表示草名。在崇安方言中"麻"字不单说,一般要加词尾"仔"而表示{芝麻}。王台和光泽方言亦是如此。而在盖竹和顺昌则单说表示{芝麻}。张振兴(1992)似乎没有记录表示植物的"麻"。此处用的是一种中药"天麻"里的读音。

本书中所引用的方言材料一般都是口语里所用的词语及其读音,但偶尔也用同音字汇里的读音,此时用小写的"单字音"表示。

1.5.3　其他

● 本书中"字"表示"语素(morpheme)",它往往同时也是"词(word)"。

● 用"⦗⦘"表示意义,而双引号如"射箭""妹""粟"表示实际的词语。

● 为了避免误解,本书中有一部分文字使用了繁体字。

● OC 和 MC 分别表示上古音和中古音。

主要出土文献的全称、简称对照如下表:

全称、简称对照表

全称	简称
安徽大学藏战国竹简	安大简
包山楚简	包山简
北京大学藏秦简牍	北大秦简
北京大学藏西汉竹书	北大汉简
郭店楚简	郭店简
江陵天星观一号墓遣册简	天星观楚简
清华大学藏战国竹简	清华简
上海博物馆藏战国楚竹书	上博简
天水放马滩秦简	放马滩秦简
望山楚简	望山简
武威汉简	武威汉简
新蔡葛陵楚简	新蔡楚简
云梦睡虎地秦简	睡虎地秦简
《甲骨文合集》	《合集》
《殷周金文集成》	《集成》

其他体例从俗,或在各有关部分交代。

目　　录

第一部分　综　　论

第二部分　声　母　研　究

第三部分　韵　母　研　究

第一部分　综　　论

第 1 章　闽语中早于中古音的音韵特点及其历时含义 *

秋谷裕幸

提要　本章将对闽语中早于中古音的音韵特点做进一步的研究。先分析闽语中六个早于中古音的音韵特点,即:(1)中古昔韵和药韵的分化;(2)中古先屑韵的分化;(3)中古麻韵二等的分化;(4)上古唇化元音的残余;(5)中古书母的分化;(6)中古来母的音值。接着探讨这些音韵特点的历时含义。内容包括:(1)"闽语除外假说"和闽语的定义;(2)闽语和吴语处衢片之间的谱系关系;(3)闽语在上古音构拟上所起到的作用。

关键词　闽语　上古音　谱系树　闽语除外假说

1　引言

瑞典汉学家 Bernhard Karlgren 曾提出汉语诸方言形成过程的宏观模式。他认为《切韵》语言是当时的西安府方言即长安方言,同时也是除少数福建方言以外的绝大多数现代汉语方言的祖先语。Karlgren(1926:87)说:

　*　本章初稿在 2019 中日语言学会议(中国社会科学院语言研究所,2019 年 6 月 27 日)宣读。蒙多位专家提出问题、意见和建议。文章写作过程中多承陶寰教授、盛益民教授和沈瑞清助理教授指教。在此统致谢忱。

> It turns out that the great majority of present dialects, spread as they now are over an enormous area, can be organically explained directly from it (while spreading it must have superseded the other dialects, and formed a kind of *koinā* language). An exception is only formed by a few dialects in the province of Fukien, which in certain cases (like the Sino-Japanese version Go-on) point to an early dialect deviating from the language of Ts'ie-yün.

此处"a few dialects in the province of Fukien"显然是指闽语。Karlgren 认为闽语源自从《切韵》语言①分化出来的早期方言,与众不同。本章将这个观点称作"闽语除外假说"②。

虽然 Karlgren 没有举出支持这一观点的具体证据,但是闽语中确实存在着一些《切韵》音系即中古音无法做出历时解释的音韵特点。换言之,闽语具有一些早于《切韵》音系即中古音的音韵特点。该特点一直以来也是闽语音韵史研究的重点之一。

本章在前人研究成果的基础上,对闽语中早于中古音的音韵特点做了进一步的分析,进而讨论这些音韵特点的历时含义。

2　闽语中早于中古音的音韵特点

本节探讨闽语中早于中古音的音韵特点。目的不是做详尽的汇集,而是选择六个较为系统的特点进行重点探讨。

2.1　中古昔韵和药韵

闽语里中古梗摄开口三等昔韵字分成两类。"僻、迹、脊、刺七迹切、益"等字为一类(称作"脊"类),"借资昔切、惜、席、炙、尺、射食亦切、石"等字则另为一类(称作"石"类)。前者来自上古锡部,后者则来自

---

①　应该是《切韵》语言的前身。
②　由沈瑞清助理教授命名。

铎部。后者的读音与来自铎部的药韵字相同。例如：

	上古韵部	中古音	厦门	古田	镇前	顺昌
脊	锡部	昔韵	tsiaʔ^7	tɕiɐʔ^7	tɕia^3	tsia^2
迹	锡部	昔韵	tsiaʔ^7、liaʔ^7	tɕiɐʔ^7	tɕia^3	——
刺七迹切	锡部	昔韵	tsʰiaʔ^7	tɕʰiɐʔ^7	tɕʰia^3	——
席	铎部	昔韵	tsʰioʔ^8	tɕʰyøʔ^8	ɬio^6	ʃoʔ^8
尺	铎部	昔韵	tsʰioʔ^7	tɕʰyøʔ^7	tɕʰio^3	tʃʰo^2
石	铎部	昔韵	tsioʔ^8	çyøʔ^8	tɕio^6	ʃoʔ^8
着直略切	铎部	药韵	tioʔ^8	tyøʔ^8	tio^6	tʰioʔ^8
箬叶子	铎部	药韵	hioʔ^8	nyøʔ^8	nio^5	ioʔ^8

　　顺昌方言里拼 tʃ 组声母时读作[o/oʔ]韵，其余则读[io/ioʔ]韵。

　　在中古音里"脊"类和"石"类合并成昔韵，而在闽语最古老的层次上没有发生这一合并，仍保存着上古韵部的分野。这是学者较早关注的闽语中早于中古音的音韵特点之一。参看王育德（1969/1987：738—739，975）、黄典诚（1982：181）、Baxter（1995：396—398）等。[①]

　　从上古音的角度来看，铎部变成昔韵是一种例外性语音演变，闽语中观察到的全部都变成药韵才是较为正常的演变。（Baxter & Sagart 2014a：225—226）

　　"脊、迹、刺七迹切"等"脊"类字的读音与来自药部的中古药韵字相同。例如：

---

　　① 王育德（1969/1987：975）指出《颜氏家训·音辞篇》里《韵集》……为、奇、益、石分作四章"的记载与闽语之间的关系。也可以参看有坂秀世（1936/1992：293—294）。

	上古韵部	中古音	厦门	古田	镇前	顺昌
雀鸟名	药部	药韵	tsiaʔ⁷	——	tɕia⁶	——
削	药部	药韵	siaʔ⁷	suoʔ⁷韵!	ɬia³	sia²
勺①	药部	药韵	siaʔ⁸	tɕʰiɐʔ⁸	tɕʰia⁶	tʃʰa⁸
药	药部	药韵	ioʔ⁸韵!	yøʔ⁸韵!	io⁵韵!	io⁸韵!

四个方言中"药"的韵母都不合乎这个语音对应。关于这个问题,请参看秋谷裕幸、汪维辉(2016:115—117)。

总之,闽语和上古音、中古音之间的对应关系可以总结如下:

铎部("石"类>中古昔韵)＝铎部(中古药韵)

≠

锡部("脊"类>中古昔韵)＝药部(中古药韵)

周祖谟(1988:89—90)指出,"隻"类和"石"类的合并发生在刘宋时代(420—479)。可见,闽语中所反映的是刘宋时代之前的音韵状态。

2.2 中古先屑韵

中古山摄开口四等先韵主要来自上古元部、真部和文部,屑韵则主要来自上古月部和质部。Pulleyblank(1983:201)曾指出闽南区厦门和潮州方言里来自真文部和质部的中古先屑韵开口字读音与来自元部和月部的先屑韵开口字不一样。后来,Baxter(1995:398—401)也指出闽南区方言中来自元月部的中古先屑韵开口字和来自真质部的中古先屑韵开口字读音不一样。例如:

---

① 这三个字的上古音分别是"雀"*[ts]ewk、"削"*[s]ewk 和"勺"*m-tewk。它们的主要元音都是*e,与锡部的*e相同。

	上古韵部	中古音	厦门	古田	镇前	顺昌
牵	真部	先韵	kʰan[1]	kʰeiŋ[1]	kʰaiŋ[1]	kʰε[1]
节 连接之处	质部	屑韵	tsat[7]	tseik[7]	tse[7]	tsε[2]
结	质部	屑韵	kat[7]	keik[7]	kie[3] 韵!	ke[2] 韵!

	上古韵部	中古音	厦门	古田	镇前	顺昌
前	元部	先韵	tsɪŋ[2]	seiŋ[2]	tɕʰiŋ[2]	tsʰẽ[5]
肩	元部	先韵	kɪŋ[1]	kieŋ[1] 韵!	kaiŋ[1]	kaŋ[1]
截	月部	屑韵	tsueʔ[8]	tseik[8]	tsai[6]	tsʰa[8]
洁	月部	屑韵	kueʔ[7]	eik[-1]□tʰa[-45] ~ ①	kie[3] 韵!	——

关于闽南区方言的"节"字读音,可以参看吴瑞文(2002：146—148)。厦门方言"前"和"肩"的 [ɪŋ] 韵来自原始闽南区方言的 *ði 韵,"截"和"洁"则来自 *oiʔ 韵。(Kwok 2018：90—92,96—97)东部闽语的"前"字韵母来自早期的 *εn 韵,②西部闽语的"前"则来自早期的 *ien 韵,彼此之间不对应。

厦门方言中两类的区别最明显。顺昌方言次之。正如 Pulleyblank(1983：201)所指出的,在闽东区方言中这两类已经全面合并了。闽北区镇前方言只有"节"才保存着月部和质部的分野。

根据周祖谟(1996：22),这两类的合流发生在三国时期(220—280)。可见,闽语中所反映的是三国时期之前的音韵状态。

2.3　中古麻韵二等③

Baxter(1995：401—404)和秋谷裕幸(1995a：75—76)(本书第 9 章 4.2 小节)都指出,闽语里中古假摄开口二等麻韵字分成两类。"麻、沙、

---

① 义为：干净。
② 也可以拟作 *en。
③ 关于闽语中 *a 类歌部以及歌部和鱼祭月部之间的关系,也参看本书第 12 章。

鲨"为一类(称作"沙"类),"把、骂、茶、家、下"等字则另为一类(称作"把"类)。前者来自上古歌部,后者则来自鱼部。前者的读音与来自歌部的歌韵和戈韵帮组以及来自祭部的泰韵开口相同。例如:

	上古韵部	中古音	厦门	古田	镇前	顺昌
麻草名	歌部	麻韵二等	muã²	muai²	mua²	ma⁵
沙	歌部	麻韵二等	sua¹	sai¹	ɬua¹	sa²
把	鱼部	麻韵二等	pe³	pa³	pa³	pɔ³
茶	鱼部	麻韵二等	te²	ta²	ta²	tʃʰɔ²
下方位	鱼部	麻韵二等	e⁶	a⁶	ha⁵	hɔ⁴
磨动词	歌部	戈韵	bua²	muai²	mua²	ma²
濑浅滩	祭部	泰韵	lua⁶	lai⁵	ɬua⁶	——

古田方言里拼舌齿音声母时读作[ai]韵,其余则读[uai]韵。关于闽东区南片方言中这一分化,参看秋谷裕幸(2020a:785—788)和秋谷裕幸(2022b:81—84)。

在中古音里"沙"类和"把"类合并成麻韵,而在闽语最古老的层次上没有发生这一合并,仍保存着上古韵部的分野。闽语和上古音、中古音之间的对应关系可以总结如下:

歌部(>麻韵"沙"类)=歌部(歌韵、戈韵帮组)=祭部(泰韵)

≠

鱼部(>麻韵"把"类)

"沙"类的"麻、沙"均为平声字。根据罗常培、周祖谟(1958:14,22—23,26),就平声字而言,"沙"类和"把"类的合并发生在西汉(前206—9)。

在此顺便提一下闽语中"蛇"字的读音。"蛇"的中古韵母是麻韵开口三等,上古韵部为歌部。上古歌部变成中古麻韵的例子极少。除了"蛇"以外还有"也"和"嗟"。参看 Baxter(1992:414—415)和 Baxter、Sagart(2014a:269—270)。前者是句末助词,后者是叹词,发生例外性语音演变是可以理解的。而"蛇"是一种常见动物的名称,情况与"也"和"嗟"不尽相同。在闽语里,"蛇"的读音与其他麻韵开口三等不同,而与支韵开口相同:

	上古韵部	中古音	厦门	古田	镇前	顺昌
蛇	歌部	麻韵三等	$tsua^2$	sie^2	ye^2	$\int e^2$
遮	鱼部	麻韵三等	lia^1 声!	$t\varsigma ie^1$	$t\varsigma ia^1$	$t\int a^1$
蚁	歌部	支韵	hia^6	ηie^6	ηye^5	ηe^5

从上古音的角度来看,闽语的读音才是规则读音,[1]与"沙"类字的情况平行。[2] 更详细的讨论,参看本书第12章3.3.1小节。

2.4 上古唇化元音和非唇化元音的对立——以中古元月韵非组字为例

汉语上古音的韵母系统目前采用以雅洪托夫(1960/1986)为基础的六元音体系(the six-vowel system)的学者居多。比如郑张尚芳(2013)给上古音构拟出六个元音:$^*i$、$^*e$、$^*a$、$^*o$、$^*u$、$^*\text{ɯ}$。Baxter 和

---

[1] 类似的情况也见于吴语处衢片。请参看秋谷裕幸(1999:118)。

[2] "蛇"在《广韵》里有支韵开口"弋支切"的又读:"螔蛇。《庄子》所谓'紫衣而朱冠。'又蛇丘,县名。"庄初升(2002:53)认为闽语的"蛇"字读音来自"弋支切"。不过,"螔蛇"里的"蛇"和"龙蛇"的"蛇"早在东汉时期就不同韵了,前者属于支部,后者则属于歌部(罗常培,周祖谟1958:27—28)动物名的"蛇"在歌部,与原始闽语里的表现一脉相承。所以笔者仍然认为闽语中"蛇"字韵母读音所代表的是上古歌部、中古麻韵的读音。

Sagart(2014a)也构拟了六个元音：*i、*e、*a、*o、*u、*ə。元、月、祭、歌部除了*a以外还有与此构成音位对立的唇化元音*o分布；文、物、微部除了*ə以外还有与此构成音位对立的唇化元音*u分布。

闽语中还保存着唇化元音*o和非唇化元音*a之间对立的痕迹。换言之，在闽语最古老的层次上*o和*a的合并没有发生。参看Norman(2014)和本书第8章。

此处根据本书第8章的内容简述闽语里中古元月韵非组字中上古唇化元音*o和非唇化元音*a之间的对立。

"反府远切"和"饭符万切"的中古音除了声母的清浊(非母和奉母)和调类(上声和去声)以外相同，而在闽语中这两个字的韵母不相同：

	上古韵部	中古音	厦门	古田	镇前	顺昌
反	元部	元韵	$piŋ^3$	$peiŋ^3$	$paiŋ^9$	$p^haŋ^4$
飯	元部	元韵	$pŋ^6(<{}^*põi^6)$	$puoŋ^6$	$poŋ^6$	$p^hu\tilde{e}^6$

关于原始闽南区方言中"饭"字读音的构拟，参看Kwok(2018：78)。

郑张尚芳(2013)把"反"的上古音拟作*panʔ，"饭"则拟作*bons，假设了唇化元音*o和非唇化元音*a之间的对立。Baxter和Sagart(2014a)亦如此。

观察现代闽语里的读音就可以发现"反"没带圆唇特征，"饭"则带有圆唇特征。我们认为这是上古唇化元音*o和非唇化元音*a之间对立的保存。

接着讨论"發"和"髪"。这两个字的中古音相同，都是方伐切，即月韵非母。以下是厦门等四个闽语方言中的读音：

	上古韵部	中古音	厦门	古田	镇前	顺昌
發	月部	月韵	$puʔ^7$	$puok^7$	pa^9	$p^ha\,ʔ^4$
髪头~	月部	月韵	——	$muok^7$声!	——	——

由于厦门、镇前和顺昌方言不用"头发"而用"头毛"，这三个方言

中都不存在"髮"的固有读音。古田方言中"發"和"髮"同韵。

以下是浦城县境内闽北区方言中"發"和"髮"的读音：

	上古韵部	中古音	临江	山下	观前	枫溪
發	月部	月韵	paɛ[6]	puaæ[3]	buaæ[3]	puʌ[3]
髮头～	月部	月韵	bui[7]	buei[7]	po[7]	buei[7]

郑张尚芳（2013）把"發"的上古音拟作 *pad，"髮"则拟作 *pod，假设了唇化元音 *o 和非唇化元音 *a 之间的对立。Baxter 和 Sagart（2014）亦如此。

观察浦城县境内闽北区方言的读音就可以发现"發"和"髮"不同韵。"發"的韵母源自原始闽北区方言的 *uɑi，"髮"则源自 *ioi。这也是上古唇化元音 *o 和非唇化元音 *a 之间对立的保存。

至于唇化元音 *u 和非唇化元音 *ə 的对立在闽语中的表现如何，今后我们还要继续探索。

据雅洪托夫（1960/1986：70—71），大约在公元前三世纪以后，元、月、祭、歌部里已不存在 *o，文、物、微部里也不存在主要元音 *u。可见，闽语中所反映的是公元前三世纪之前的音韵状态。

2.5　中古书母

中古书母的上古来源较为复杂，至少有四个不同的上古来源： *s.t- 或 *s-t-、 *l̥-、 *n̥- 和 *ŋ-。白一平（2010）指出现代闽语仍保存着 *s-t 和 *l̥-、 *n̥- 之间的区别。以下是白一平（2010）中表1和表2里的例子：

	上古声母	中古音	厦门	古田	镇前	顺昌
书	*s-t	书母	tsu[1]	tɕy[1]	ɬy[1] 声！	∫y[1] 声！
叔	*s-t	书母	tsɪk[7]	tɕyk[7]	ɬy[7] 声！	∫y[2] 声！
水	*s-t	书母	tsui[3]	tɕy[3]	ɬui[3] 声！	∫y[3] 声！

拭	*l̥	书母	tsʰit²	tɕʰik⁷	——	ʃe²声!
试	*l̥	书母	tsʰi⁵	si⁵声!	tɕʰy⁵	tʃʰi⁵
手	*n̥	书母	tsʰiu³	tɕʰiu³	ɬiu³声!	ʃu³声!

西部闽语只留下极少数的痕迹。张双庆、郭必之(2005)认为这两类字声母的擦音读法是西部闽语受到南部吴语影响的结果。当然也有可能受了赣语的影响。[①]

在中古音里 *s. t-或 *s-t-和 *l̥-、*n̥-合并成书母,闽语尤其是东部闽语最古老的层次上没有发生这一合并,仍保存着上古声母的分野。

公元前三世纪的战国楚简里我们还能够观察到"书、叔"等字塞音声母的迹象。参看本书第3章第4节。

2.6 中古来母

学者都认为中古来母的音值是l。上古音里的音值则是 *r 或者带有前置成分的 *r。闽北区、闽中区以及邵将区方言中有一部分来母读作擦音[s]、[ɬ]或[ʃ]。本书第5章的研究指出这些擦音声母来自原始西部闽语的 *ʃ,而它源自原始闽语的 *r。[②] *r 这个原始音值应该早于中古的l,更接近上古的 *r。以下举出一些例子:

	上古声母[③]	中古音	厦门	古田	镇前	顺昌
螺	*k. r-	来母	le²	loi²	ɬoi²	ʃœ⁵
老	*C. r-	来母	lau⁶	lau⁶	ɬeu⁶	lo⁴声!
笠	*k. r-	来母	lueʔ⁸	lik⁸	ɬœ⁶	ʃɛ⁸
鳞	*C. r-	来母	lan²	liŋ²	ɬiaŋ²	ʃɛ⁵
聋	*C. r-	来母	laŋ²	løyŋ²	ɬoŋ²	ʃəuŋ⁵

---

① 这个观点承蒙陶寰教授指教。

② 来母读擦音的现象是闽语音韵史上的疑难问题之一。存在各种不同的观点在所难免。请看本书第5页脚注①和第91页脚注①。

③ Baxter 和 Sagart(2014a:163)中 *C. r-或 *k. r-的构拟主要参考了闽语的材料。

2.7　小结

闽语里还有一些其他早于中古音的音韵特点。本章 3.2.4 小节里将讨论其中一例。不过,本节所指出的六个音韵特点也能充分表示闽语具有早于中古音的音韵特点。这些特点证明闽语的祖先不会是《切韵》语言即中古音。

3　闽语早于中古音音韵特点的历时含义

本节接着讨论闽语早于中古音音韵特点的历时含义。先在 3.1 小节讨论"闽语除外假说"和闽语的定义,然后在 3.2 小节讨论闽语和吴语处衢片之间的谱系关系,最后在 3.3 小节讨论闽语在上古音构拟中的作用,这是一个方法论的问题。

3.1　"闽语除外假说"和闽语的定义

本章第 2 节所提出的六个音韵特点明确表示闽语仍保存着早于中古音的音韵特点,所以它不可能是《切韵》语言的子孙语。换言之,Karlgren "闽语除外假说" 当中 "in certain cases (like the Sino-Japanese version Go-on) point to an early dialect deviating from the language of Ts'ie-yün" 的部分能够成立。

既然如此,闽语就不能根据中古音下定义了。

Norman(1988:229)曾给闽语下定义。他对闽语的定义是:

> A Mǐn dialect is any Chinese dialect in which both aspirated and unaspirated stops occur in all the *yáng* (lower-register) tones, and in which the lexical incidence of the aspirated forms in any given word is in substantial agreement with that of the other dialects of the group.

此处举一个中古定母的例子:

	上古声母	中古音	厦门	古田	镇前	顺昌
条	*[l]	定母	tiau^2	teu^2	tio^2	t^{h}ao^2
头	*[m-t]	定母	t^{h}au^2	t^{h}au^2	t^{h}eu^2	t^{h}ai^5
铜	*[l]	定母	taŋ^2	tøyŋ^2	toŋ^9	t^{h}əuŋ^9

邵将区顺昌方言把这三个字的声母都读作送气音[t^h],但在"头"的调类上我们仍然能够看到不同声母的反映。"铜"在镇前方言里的调类表现也很独特。所以,我们要给这三个字构拟三种不同的 d 才能理解其在现代闽语里的表现。如果从中古音的角度来看,这是条件未详的分化,是一种创新。Norman(1988:228)则认为闽语保存了早期三种不同的声母。Baxter 和 Sagart(2014a:124)根据现代闽语方言中的表现把"头"的声母拟作了 *[m-t]。基本思路和 Norman 教授相同。按照他们的观点,"条""头"和"铜"的声母不同的表现是存古。进行语言的分类时不能根据共同存古(shared retention),而要根据共同创新(shared innovation)。① 这一点至关重要。Norman 教授对闽语的定义显然不合适。

闽语不能根据中古音下定义,而语言的分类不能使用共同存古。本章第 2 节所讨论的音韵特点当中的第一条"铎部(昔韵'石'类)=药部(药韵)"的部分(2.1)和第三条"歌部(麻韵'沙'类)=歌韵、戈韵帮组)=祭部(泰韵)"的部分(2.3)都可视为共同创新。尽管上古音和闽语之间的谱系关系目前还不是很清楚,(参看 Handel 2010)我们不妨先根据这两条给闽语下定义。我们在下文 3.2.4 小节可以加入另外一个共同创新。这种中古音不能解释的创新语音演变明确表示闽语在早于中古音的阶段已经从其他汉语方言分化了。

---

① Solnit(1988:221)的一段话简要概括了共同存古(shared retention)的语言史意义:"Shared retention is thus negative evidence only: it indicates that the languages in question do not belong to the innovating group(s), but it has nothing to say about whether the non-innovating languages belong with each other."

3.2　闽语和吴语处衢片

接着我们检验"闽语除外假说"当中"an exception is only formed by a few dialects in the province of Fukien"的部分。不能用中古音解释历史音韵的现代汉语方言是否只有闽语？

自丁邦新（1988）以来，学界十分关注吴语尤其是吴语处衢片和闽语之间的关系。笔者曾经也发表过一篇相关文章，即秋谷裕幸（1999）。

在此我们首先观察吴语处衢片当中早于中古音的音韵特点。处衢片诸方言中存古性突出的不外乎是浙江江山、常山、开化、玉山、庆元、龙泉、遂昌、松阳等地的方言。下文中以常山、江山和庆元方言为例。"处衢西北"则是指利用常山、江山、玉山和广丰四个点的材料构拟出来的处衢片西北部方言的原始语。（秋谷裕幸 2003）

3.2.1　中古昔韵

秋谷裕幸（1999：114—115）指出吴语处衢片也保存着昔韵"脊"类和"石"类的区别：

	上古韵部	中古音	常山	江山	处衢西北	庆元
脊	锡部	昔韵	tseʔ⁷	tɕiɛʔ⁷	*tɕiʔ⁷	tɕiʔ⁷
迹	锡部	昔韵	tseʔ⁷	——	*tɕiʔ⁷	tɕiʔ⁷
惜	铎部	昔韵	ɕiaʔ⁷ 安慰	ɕiaʔ⁷	*ɕiaʔ⁷	ɕiaʔ⁷ 疼爱
石	铎部	昔韵	dʑiaʔ⁸	dʑiaʔ⁸	*dʑiaʔ⁸	ɕiʔ⁸ 声！韵！

这是吴语处衢片当中较为明显的早于中古音的音韵特点之一。由于药韵的情况较为复杂，此处不打算探讨昔韵和药韵之间的分合。

3.2.2　"沙"的韵母

吴语处衢片中麻韵开口二等"沙"的读音较为特殊，与其他麻韵开口二等不同，而与歌韵、戈韵帮组和泰韵开口相同：

	上古韵部	中古音	常山	江山	处衢西北	庆元
沙	歌部	麻韵二等	sɛ^1	sæ^1	*sɑi^1	sa^1
把	鱼部	麻韵二等	pie^3	po^3	*pua^3	ʔbo^3
茶	鱼部	麻韵二等	dzɑ^2	dzɒ^2	*dza^2	tso^2
下_{方位}	鱼部	麻韵二等	ɦo^4	o^4	*ɦo^4	ia^4
破	歌部	戈韵	pʰɛ^5	pʰæ^5	*pʰɑi^5	pʰa^5
带	月部	泰韵	tɛ^5	tæ^5	*tɑi^5	ʔda^5

麻韵二等"把、茶、下_{方位}"的分化应该是以声母为条件的。

我们可以发现在处衢片最古老的层次上没有发生上文2.3小节所说麻韵"沙"类和麻韵"把"类的合并,仍保存着上古韵部的分野。而"沙"类与来自歌部的歌韵、戈韵帮组以及来自月部的泰韵合并。这个演变情况与闽语完全一致。换言之,闽语和处衢片共享一个早于中古音的共同创新。

3.2.3 中古书母

吴语处衢片中也能观察到 *s-t 和 *n̥-区别的痕迹:

	上古声母	中古音	常山	江山	处衢西北	庆元
守_{看守}	*s-t	书母	ye^3	yə^3	*ʔyə^3	ye^3
春	*s-t	书母	ioŋ^1	ioŋ^1	*ʔioŋ^1	ʔioŋ^1
手	*n̥	书母	tsʰuə^3	tɕʰyə^3	*tɕʰyə^3	tɕʰye^3

常山的[ye]和[uə]是以声母为条件的分化。根据郑张尚芳(1995)的观点,"守_{看守}"和"春"的零声母来自早期的 *ʔdʑ。

有关吴语处衢片里中古书母更详细的讨论,请看本书第3章3.2小节。

3.2.4 "短、鑽、酸"的韵母

吴语处衢片当中,中古桓韵"短、鑽、酸"三个字的读音和其他桓韵字不同,而与中古戈韵相同:

	上古韵部韵尾	中古音	常山	江山	处衢西北	庆元
短	元部 *-r	桓韵	ti¹ 调!	ti¹ 调!	*toi¹ 调!	ʔdai³
鑽	元部 *-r	桓韵	——	tɕi⁵ 名词	*tsoi⁵	tsai⁵ 动词
酸	元部 *-r	桓韵	çi¹	çi¹	*soi¹	sai¹
断绝也	元部 *-[n]	桓韵	doŋ⁴	dəŋ⁴	*diŋ⁴	təŋ⁴
管	元部 *-[n]	桓韵	koŋ³	koŋ³	*koŋ³	kuəŋ³
唾	歌部	戈韵	tʰi⁵	tʰi⁵	*tʰoi⁵	——
螺	歌部 *-j	戈韵	lo² 韵!	lo⁻³³ ~螄。韵!	*lo² 韵!	lai²
坐	歌部 *-[j]	戈韵	zi⁴	çi⁴	*zoi⁴	so⁴ 韵!

处衢片西北部方言中"短"的调类是阴平,较特殊。Handel(2009:258)认为"鑽"和中古合口字"镌"是一组同源词。试比较:

> 鑽,《广韵》去声换韵子筭切:"锥鑽。"
> 镌,《广韵》平声仙韵子泉切:"鑽也。斵也。"

换韵和仙韵合口的舌齿音声母字的主要元音一律来自上古的唇化元音。另外,与"镌"共享同一个声符的元部"巂",在《广韵》里有支韵的又读:

> 巂,《广韵》平声支韵遵为切:"巂腄也。又子兖切。"

这些迹象表示"鑽"的上古韵母是 *-ˤor。

Baxter 和 Sagart(2014a:283)指出原始处衢片中元部 *-r 尾没有和 *-n 尾合并,而与歌部 *-j 尾合并。中古音当中元部 *-r 尾则与 *-n

尾合并。① 二者所发生的语音演变不一样。

接着我们观察闽语中"短"字及其相关字的读音：

	上古韵部韵尾	中古音	厦门	古田	镇前	顺昌
短	元部 *-r	桓韵	te³	toi³	toi³	tuaɛ³
断绝也	元部 *-[n]	桓韵	tŋ̍⁶	touŋ⁶	tuiŋ⁶	tʰuẽʔ⁴
螺	歌部 *-j	戈韵	le²	loi²	ɬoi²	ʃɶ⁵韵!
坐	歌部 *-[j]	戈韵	tse⁶	soi⁶	tsuai⁶韵!	tsʰuaɛʔ⁴

我们可以发现闽语中元部 *-r 尾没有和 *-n 尾合并而与歌部 *-j 尾合并的演变,尽管这个演变目前只保存在"短"字的读音中。这与吴语处衢片的语音演变相同。换言之,闽语和处衢片共享另外一个早于中古音的共同创新。②

首先发现这个闽语和吴语之间共同创新的是陶寰(2000：115—117),这是需要特别强调的。

3.2.5 本小节的结论

本小节所讨论的四个音韵特点都不能用中古音来理解。换言之,它们都是早于中古音的音韵特点。既然如此,原始吴语处衢片也不是中古音的子孙语。

---

① 请注意上古 *-n 尾往往难以确定。所以加"[ ]"号的构拟形式比较多。关于上古音当中的 *-r 尾,还可以参看王弘治(2019)。

② 张振通(2023：102—103)则认为吴语处衢片中"酸"等三个字的读音与上古 *-ˤor 无关,而代表汉代吴语的音韵特点。这个观点是有可能的。上古音中能够构拟 *-r 尾的字很多。但吴语和闽语读阴声韵的却只有"短、钻、酸"三个字,而且它们都是上古 *o 类元部、声母都是舌齿音,音韵地位十分集中。这暗示着这个现象有可能是汉代吴语所发生某种条件音变的结果。另外,Ratliff(2010：59—60,135)把原始苗瑶语的 酸 义词构拟作了 *suj,并认为有可能来自汉语的"酸"。这表示"酸"或"短、钻"的阴声韵读音曾经也分布在除浙江福建以外的地方。

另外,吴语处衢片和闽语至少共享两个在早于中古音阶段所发生的共同创新,即:(1)麻韵"沙"类则与来自歌部的歌韵、戈韵帮组以及来自月部的泰韵合并;(2)元部*-r尾和歌部*-j尾合并。[1] 从地理分布来看,吴语处衢片和闽语也呈连续分布。

罗杰瑞(1990:248)研究江山方言中类似闽语的特点后指出:

> 可以推想浙江西南部古代与福建属于同一个方言区,后来浙北和苏南的吴语逐步渗入,吴语的特征渐渐取代了闽语的特征。……这个地区的方言最好看作是一种闽语和吴语的过渡方言。

从谱系树演变的角度来看,这一段话实际上等于主张江山方言及其周边的吴语处衢片曾属于闽语。我们所提出的两条吴语处衢片和闽语之间早于中古音阶段的共同创新也加强了这个观点。我们可以肯定,在早于中古音的阶段已经存在吴语处衢片和闽语的共同原始语。

总之,Karlgren"闽语除外假说"当中"an exception is only formed by a few dialects in the province of Fukien"的观点需要调整,至少还要加入吴语处衢片。

3.3　闽语和上古音的构拟

Handel(2010:35—36,43)曾指出,如果"闽语除外假说"能够成立,构拟上古音时闽语可以提供重要证据,因为闽语在早于中古音的阶段已经从其他汉语方言分化。本小节讨论闽语和上古音构拟之间关系的方法论问题。

3.3.1　上古音和闽语之间一对一或多对一的语音对应

本章第 2 节的六例都是闽语没有超出上古音系的例子。它们的语音对应都是上古音和闽语之间一对一或多对一的语音对应。

此时闽语以及吴语处衢片的材料会对上古音的构拟起到证实的

---

[1]　此外,秋谷裕幸(2019b)所说"读同章组的精组字"也是两者之间很重要的共同创新之一。

作用。举一例。构拟"水"的上古音时,我们所能利用的相关证据不够充分。根据闽语的材料,我们可以发现"水"的声母在闽语里的表现显示上古 * s-t 声母:

	上古声母	中古音	厦门	古田	镇前	顺昌
水	* s-t	书母	tsui³	tɕy³	ɬui³ 声!	ʃy³ 声!

所以我们把"水"的上古音声母拟作 * s-t。详细的讨论,请看本书第 3 章第 61—62 页。"夥"的上古音亦如此。我们可以用闽语以及吴语处衢片的材料构拟"夥"的上古音。具体的分析,请看本书第 8 章第 6 节。

3.3.2 上古音和闽语之间一对多的语音对应

成问题的是上古音和闽语之间一对多的语音对应。下文将这种语音对应称作"一对多对应"。

如果闽语在早于中古音的阶段已经从其他汉语方言分化的话,构拟上古音时我们就可以用闽语的证据。就上古声母的构拟而言,Baxter 和 Sagart(2014a)就相当彻底地实践了这种方法论。该书第 4 章 Old Chinese onsets 简直可视为闽语声母演变史,把几乎所有原始闽语里的声母对立都推到了上古音上。[①]

本小节讨论通过两个个案讨论一对多对应问题。

第一个个案是中古心母的一对多对应。请看以下六个字的读音:[②]

	上古声母	中古音	厦门	古田	镇前	顺昌
鬚喙~:胡子		心母	tsʰiu¹	liu⁻⁴⁵	tɕʰiu¹	tsʰiəu¹
醒		心母	tsʰĩ³	tsʰaŋ³	tsʰaŋ³	tsʰɔ³

---

① Starostin(1989:50—133)则根据原始闽语和中古音之间的比较构拟了上古晚期音系,把 * b-和 * bh-等原始闽语的对立推到了三世纪左右上古晚期音系中。可以参看。

② 关于闽语中这六个字的读音,参看秋谷裕幸(2019b)。

癣	* [s] -	心母	tsʰuã³	tɕʰiaŋ³	tʰyiŋ³	tsʰẽ³

笎炊帚		心母	tsʰɪŋ³鼎~	tsʰeiŋ³鼎~	tʰiŋ³~把	tʃʰaŋ³饭~

笑		心母	tsʰio⁵	tɕʰiɐu⁵	ɬio⁵声!	tʃʰao⁵
粟稻谷		心母	tsʰɪk⁷	tsʰuoʔ⁷	ɬio³声!	tʃʰu²

古田和镇前方言中[tsʰ]和[tɕʰ]构成互补，拼洪音时读作前者，拼细音时则读后者。"鬏嗠~"的古田音是连读音。李滨（2014：44）所记的单字音是[tsʰiu¹]。顺昌方言中[tsʰ]和[tʃʰ]构成音位对立。关于镇前方言擦音[ɬ]声母的来历，参看上文 2.5 小节。请注意镇前方言"粟稻谷"的韵母[io]应该是它的固有读音。

Baxter 和 Sagart（2014）把中古心母的上古音一般拟作了 * s-或者包含 * s 的复杂声母，比如"三"拟作 * s. rum。

以上六个字在现代闽语里的表现比较复杂。在顺昌方言中"笑、笎炊帚、粟稻谷"都读作舌叶送气擦音[tʃʰ]。这种表现在西部闽南区方言中也有反映。具体的例子可参看 Kwok（2018：164—168）。另外，在镇前方言中，"癣"和"笎炊帚"读作送气塞音[tʰ]。

如果我们构拟以上六个字的原始闽语读音，至少要构拟四种不同的上古 * s 或者要把包含 * s 的音首（onset）进一步复杂化。

一对多对应不仅仅是声母的问题，也是韵母的问题。我们接着观察上古幽部的一对多对应：

	上古韵部韵腹	中古音	厦门	古田	镇前	顺昌
臭	幽部 * -u-	尤韵	tsʰau⁵	tsʰau⁵	tsʰeu⁵	tʃʰu⁵
手	幽部 * -u-	尤韵	tsʰiu³	tɕʰiu³	ɬiu³	ʃu³
九	幽部 * -u-	尤韵	kau³	kau³	kiu³	kiəu³
舅	幽部 * -u-	尤韵	ku⁶	ŋu⁻²²⁴娘~	kiu⁶	kʰyʔ⁴

"舅娘~"的古田音是连读音。

"臭"和"手"在原始闽语里的韵母不一样,"九"和"舅"也不相同。

如果上古音要解释闽语当中的所有音位对立,我们要给幽部构拟几个不同的韵母。①

最后再一次讨论来自上古真质部的中古先屑韵开口字。正如 Pulleyblank(1983:201)所指出的,除了上文 2.2 小节所讨论的读音以外,来自上古真质部的中古先屑韵开口字还有另外一种读音出现。即:

	上古韵部韵腹	中古音	厦门	古田	镇前	顺昌
眠	真部 *-ˤi-	先韵	bin² 睡眠	miŋ² 瞓~②	mein² 发~梦③	miŋ² 鼾~④
屑	质部 *-ˤi-	屑韵	sut⁷ 碎末	sik⁷ 头垢	ɬoi³ 垃圾	——

"眠"在闽语里的口语读音均与上古真部、中古真韵的"民"同音:⑤

民	真部 *-i-	真韵	bin²	miŋ²	mein²	miŋ²

闽语中"屑"的读音很复杂。此处要关注的是古田方言里"屑"的读音。它与"眠"平行。

所以,笔者接受 Pulleyblank(1983:201)的观点而认为闽语里"眠"的读音反映了上古元部和真部的部分字合流之前的音韵状态。

上文 2.2 小节已经看到闽语中"牵"以及"节、结"的读音也反映了上古元部和真部的部分字合流之前的读音。但两类的实际音值不

---

① Ting Pang-Hsin(1983:8—9)也讨论了上古幽部在闽语当中的表现。可以参看。

② 义为:睡。

③ 义为:做梦。

④ 义为:打鼾。

⑤ 关于"眠"字在闽语里的读音,也参看本书第 11 章 4.2 小节。

一样。例如：

	上古韵部韵腹	中古音	厦门	古田	镇前	顺昌
牵	真部 * -ˤi-	先韵	$k^h an^1$	$k^h ei\eta^1$	$k^h ai\eta^1$	$k^h \tilde{\epsilon}^1$
眠	真部 * -ˤi-	先韵	bin^2	$mi\eta^2$	$mei\eta^2$	$mi\eta^2$

如果上古音要解释闽语当中的所有音位对立，我们要给"牵"和"眠"构拟两个不同的上古韵母。

以上三个个案显示，如果仿照 Baxter 和 Sagart（2014a）的方法论去构拟上古音，其音系就会无限度地复杂化，导致出现类型学无法接受的上古音系。[1]

3.3.3　原始闽语的年代

我们目前所能参照的原始闽语是 Norman 教授所构拟的音系。由于原始闽语不存在书证，所以 Norman 教授是运用历史比较法构拟原始闽语的。因为是运用历史比较法构拟出来的音系，所以原始闽语原则上不能理解为真实的语言，而只不过是一种缺乏历史性的解释工具。

尽管如此，我们可以通过各种迹象推测原始语的实际年代。[2] 此时词汇方面的证据往往会起到重要作用。比如，东部闽语用"若"问数量。秋谷裕幸、汪维辉（2016：117—118）曾指出"若"的这种用法源于南北朝时期的南朝通语。同一类词语还有表示｛那｝的"许"、表示｛哪｝的"底"、表示｛他｝的"伊"以及方位介词"著"等，均与南朝通语关系密切。（秋谷裕幸，汪维辉 2016：120）再举一例。表示｛偷窃｝的"偷"在闽语各方言之间的语音对应十分稳定，能够追溯到原始闽语阶段：

---

① 　Baxter 和 Sagart（2014a：194）也承认利用闽语等汉语方言的材料和苗瑶语等周边语言中的早期借词重构上古韵母的研究还处于初步阶段。

② 　此时我们要做一个假设，即：如果原始闽语曾经存在过。

	上古音	中古音	厦门	古田	镇前	顺昌
偷	*l̥ˤo	侯韵透母	tʰau¹	tʰau¹	tʰeu¹	tʰai¹

根据王毅力(2009),"偷"成为{偷窃}义的常用词是六朝时期,是一个历史比较短的词。而原始闽语已经具有这个词。[1]

根据带有南朝通语色彩的"若""许""底""伊"和"著"以及"偷",我们了解到原始闽语的形成年代不大可能早于南北朝时期。[2]而我们在上文 3.2 小节提出了两条发生在早于中古音阶段的吴语处衢片和闽语之间共同创新。

从音韵和词汇方言的证据结合起来看,原始闽语应该是保存上古音阶段音韵成分比较多的南朝方言之一。[3]

请注意,这个观点与上文第 2 节里所指出的唇化元音和非唇化元音之间对立的保存(2.4)或发展为中古书母的 *s-t-和 *l̥-、*n̥-之间区别的保存(2.5)等古老音韵特点并不矛盾。因为这些特点都是存古特点。存古特点不能作为决定谱系树上节点的证据。

Ting(1983:9—10)根据东汉时期转入支部的"骑、蚁"等上古歌部字的[a]等低元音韵腹认为闽语在西汉和东汉之间从其他汉语方言分化。在笔者看来这个音韵特点应该理解为除闽语以外方言的共

---

① 秋谷裕幸(2020b:81—82)里笔者把表示{食糖}或{糖果}的"糖"作为能够判断原始闽语年代的词汇之一。其实"糖"已经出现在扬雄《方言》卷十三中:"饧谓之餹。(郭璞注:江东皆言餹,音唐。)""餹"就是"糖",说明西汉时就已经存在"糖"。于是,现在以出现年代更晚的"偷"代替"糖"。

② "若""许""底""伊"和"著"只分布在东部闽语。西部闽语一般不用这些词语。所以,这些词语也有可能是在东部闽语和西部闽语分歧后,东部闽语从南朝通语引进来的词语。西部闽语问数量的词是"几多","若"表示{哪}是引自唐宋时代北方方言的用法,第三人称代词是"渠"。这些证据表明西部闽语发生了进一步的词语创新。本章认为东部闽语当中的"若""许""底""伊"和"著"都是原始闽语里的词语。关于对这个问题的新见解,参看沈瑞清、盛益民(2024)。

③ 当然原始闽语并不一定直接源自上古音。也有可能它们共享同一个祖先语,即原始汉语。关于这一观点,参看 Handel(2010:61)。

同创新之一。对闽语来说,这只不过是一个存古特点,不涉及闽语各方言之间的关系如何。[1] 这种存古特点也不能作为确定原始语实际时间的证据。[2]

3.3.4　本小节的结论

学者对上古音的定义尚不一致。[3] 但《诗经》的语言应该是上古音的基础,比 3.3.3 所推测原始闽语的年代至少要早五百年。在这个漫长的时间里一定发生了许多语音演变或方言之间各种各样的接触。其绝大部分现在我们一无所知。

平田昌司(1988:23)曾提醒闽语在汉语史上的位置好比琉球诸语在日语史上的位置。笔者深有同感。在此我们可以重温伊波普猷(1930:18)的一段话:

> なるほど南島には,原始国語の音韻・単語・語法を髣髴させるものもあるに違ひないが,これらの材料を以て原始国語を再建せんと試みる時,其の中から分立後に発達したものを選分けるのは,容易な仕事ではなからう。
>
> (琉球诸语当中确实存在着与原始日语里的音韵、词汇、语法相似的东西。不过,要用这些材料去构拟原始日语时,从这些材料中甄别出琉球诸语分化后才形成的东西很可能是一件不容易的工作。)

原始闽语确实保存着一些上古音的成分,但是也夹杂着很多不能追溯到上古音的后起成分,甄别两者往往很困难。

秋谷裕幸、韩哲夫(2012:290—297)提出了"假音类"的观念。

---

[1]　它可以说明厦门方言和潮州方言不属于发生了这个语音演变的方言群,但不能说明厦门方言和潮州方言之间的谱系关系如何。关于这个问题,还参看本书第 14 页脚注①及第 248 页脚注②。

[2]　我们可以想象现代闽南区厦门方言移植到国外开始走上自己独特的发展道路而形成了一个谱系树上的节点,即成为一个原始语。这个原始语的形成时间是 21 世纪,但是具有一些早于中古音的存古韵特点,如"沙"读作[sua¹]。

[3]　举一例。Zev Handel(2010: 37) 的定义是" the language underlying Chinese texts of first milliennium BCE"。

3.3.2小节里所分析的三个个案也许是上古音的保存,同时也有可能是后起语音演变或方言接触的结果,即"假音类"。

综上所述,本章认为,上古音和闽语之间存在一对一或多对一的语音对应时我们可以用闽语的材料弥补相关材料的不足(参见上文3.3.1小节)。Handel(2004)讨论构拟上古音时怎么运用藏缅语的材料,已经提出了同样的观点。可以参看。

面临一对多对应时,本章认为暂且不要用闽语的材料使得上古音系复杂化(参见上文3.3.2小节)。请注意,这意味着在分析富有闽语特色的音韵特点时我们往往不能判断是创新还是存古。比如上文3.1小节里所讨论浊音声母的表现以及3.3.2小节里所分析的三个个案也都不能判断到底是创新还是存古。①

4 结语

闽语保存着一些早于中古音的音韵特点。本章第2节介绍并分析了六个音韵特点。这六个音韵特点明确表示闽语不是《切韵》语言即中古音的子孙语,也证实了高本汉"闽语除外假说"的部分内容。

第3节讨论了闽语中早于中古音音韵特点的历时含义。主要讨论了三个内容:

(1)闽语可以用上古音时期以后的创新语音演变下定义;

(2)从谱系分类的角度来说,闽语和吴语处衢片源自同一个原始语。高本汉"闽语除外假说"要做适当的调整;

(3)上古音和闽语之间存在一对一或多对一的语音对应时我们可以用闽语的材料弥补相关材料的不足。面临一对多对应时不要用

---

① Handel(2010:57—59)认为浊音声母的三分是早期闽语(early Min)里所发生的创新。他所说的"early Min"应该是原始闽语的前身。当然,在原始闽语当中则要构拟三种音类对立。参看秋谷裕幸、韩哲夫(2012:301—311)。

闽语的材料使得上古音系复杂化。因为原始闽语应该是保存上古音
阶段音韵成分比较多的南朝方言之一,其年代离上古音较远,我们难
以甄别能够追溯到上古音的成分和后起演变的结果。

(原载《辞书研究》2020 年第 5 期:71—86)

Pre-Middle Chinese Phonological Features
in the Mǐn Dialects and Their Historical Implications

AKITANI Hiroyuki

Abstract:This chapter further analyses pre-Middle Chinese phonological features in the Mǐn dialects. They are:(1)the splits of Middle Chinese *Xī* 昔 rime and *Yào* 药 rime;(2) the splits of Middle Chinese *Xiān/Xiè* 先/屑 rime (unrounded);(3)the split of Middle Chinese *Má* 麻 rime (unrounded);(4)the residue of rounded vowels of Ole Chinese;(5)the split of Middle Chinese *Shū* 书 initial;(6) the phonetic value of Middle Chinese *Lái* 来 initial. This chapter investigates the historical implications of these phonological features also. They are (1)the "except Mǐn" hypothesis of Bernhard Karlgren and the difinition of the Mǐn dialects;(2)phylogenetic relationship of the Mǐn dialects and the *Chù-qú* 处衢 subgroup of the Wú dialects;(3) Old Chinese reconstruction using the Mǐn evidences.

Keywords:Mǐn dialects;Old Chinese;family tree;"except Mǐn" hypothesis

第二部分　声 母 研 究

第 2 章　再论上古音 T 类声母与 L 类声母

野原将挥

提要　上古音的 T 类声母和 L 类声母在中古音中变成端母、知母、章母、常母、船母和以母时,我们能够决定上古声母是 T 类还是 L 类。中古透母、定母、彻母、澄母、昌母、书母和邪母的字可以观察其谐声关系。不过,有些字完全缺乏谐声关系,无法决定声母的上古来源。近年来陆续发现并公开的出土文献含有相当丰富的通假现象。我们能够根据这种通假现象决定 T 类和 L 类的分野,以弥补以往研究的不足。本章也是给本书第 3 章和 4 章的研究提供方法论基础的研究。
关键词　上古音　声母　T 类声母　L 类声母　出土文献　通假

1　引言

近年来,上古音研究获得了不少研究成果。2014 年 William H. Baxter 教授和 Laurent Sagart 教授共同出版了著作 *Old Chinese: A New Reconstruction*。他们特别强调利用原始闽语(Proto-Mǐn)和在其他语言中的汉语借词(loanwords)进行比较法的重要性。另外,他们也看重对出土文献的利用而构拟了不少上古音。这些想法已经得到大部分上古音学者的认同。但是,尽管他们的拟音有很多新的假设,其基本框架其实与以往的假设没有太大变化。对此,本章想对上古音 L 类声母的问题进行再次讨论。1962 年,Edwin Pulleyblank 教授曾提出了相当重要的假设。根据谐声关系的分布,他将中古的舌音和正齿音(包括以母 y-与邪母 z-)分成两类。本章的目的是利用出土文献来证实 Pulleyblank 教授所提出的这一假设(L-type hypothesis)。笔者也曾经对这个问题进行过讨论,本章主要依据笔者过往的成果,利用这次机会重新讨论,梳理这个问题。

2 Pulleyblank(1962)的假设

如上所述,Pulleyblank(1962:114—116)根据谐声系列将中古的舌音和正齿音(包括以母 y-和邪母 z-)归为上古的两个来源。本章将这两类声母分别称作 T 类声母(T-type)和 L 类声母(L-type)。以"旦声"和"余声"为例,其谐声分布如表 1 所示:

表 1 "旦声"与"余声"的谐声分布①

中古声母	端	透	定	知	彻	澄	章	昌	常	书	船	以	邪
旦声	旦	坦	但	鱣			羶		澶	羶	×	×	
余省	×	庨	塗	×		除	×			赊	荼	余	徐

"旦声字"跟端母 t-("旦")、知母 tr-("鱣")、章母 tsy-("羶")、常母 dzy-("澶")谐声而不跟船母 zy-、以母 y-谐声。与此相反,"余声字"跟船母 zy-("荼")、以母 y-("余")谐声而不跟端母 t-、知母 tr-、章母 tsy-、常母 dzy-谐声。根据这种分布,Pulleyblank(1962)认为中古的舌音和正齿音(包括以母 y-与邪母 z-)应该来源于不同的上古音声母。他把前者即 T 类声母构拟为舌尖塞音(*t-,*th-,*d-),把后者即 L 类声母则拟做了流音声母(*l-,*lh-)。②

---

① 古屋昭弘(2006:213—214)。

② Pulleyblank(1962)把本章的 L 类声母拟作了齿间音 *θ-,*ð-,之后 Pulleyblank(1973:116—117)将其修改为流音 *l-,*lh-。

我们可以把这些谐声分布归纳为表 2：

表 2 　T 类声母与 L 类声母的谐声分布①

	端	透	定	知	彻	澄	章	昌	常	书	船	以	邪
T 类声母	有	有	有	有	有	有	有	有	有	有	无	无	有
L 类声母	无	有	有	无	有	有	无	有	无	有	有	有	有

可见，T 类声母跟端母 *t-*、知母 *tr-*、章母 *tsy-*、常母 *dzy-* 谐声而不跟以母 *y-*、船母 *zy-* 谐声。反之，L 类声母跟以母 *y-*、船母 *zy-* 谐声而不跟端母 *t-*、知母 *tr-*、章母 *tsy-*、常母 *dzy-* 谐声。据这些谐声现象，我们能归纳出"假设 1"：

假设 1：

　　T 类声母：跟端母 *t-*、知母 *tr-*、章母 *tsy-*、常母 *dzy-* 谐声而不跟以母 *y-*、船母 *zy-* 谐声

　　L 类声母：跟以母 *y-*、船母 *zy-* 谐声而不跟端母 *t-*、知母 *tr-*、章母 *tsy-*、常母 *dzy-* 谐声

根据假设 1，我们可以推测中古的舌音和正齿音（包括以母 *y-* 和邪母 *z-*）的上古来源。譬如，A 字跟端母字 *t-* 有谐声关系的话，我们就能断定 A 字（包括与 A 谐声的一系列字）来源于上古的 T 类声母。

与此相反，假如 B 字不跟端母 *t-*、知母 *tr-*、章母 *tsy-*、常母 *dz-* 谐声而跟以母 *y-*、船母 *zy-* 谐声的话，那么 B 字应该来源于 L 类声母。下面我们再来看其他的例子，以"單"声和"兌"声为例，详见表 3：

表 3 　"單"声字与"兌"声字

	端	透	定	知	彻	澄	章	昌	常	书	船	以	邪
T 类声母	單	嘽	彈				戰	燀	禪		×	×	
L 类声母	×	脫	兌	×			×		×	說		悅	

①　根据野原将挥（2009：70）。

因为"單"声字不跟船母 *zy*-、以母 *y*-谐声而跟端母 *t*-、章母 *tsy*-、常母 *dzy*-谐声,根据假设 1,我们可以把"单"声字构拟为 T 类声母。详见表 4:

表 4 "單"声字的拟音

	Old Chinese		Middle Chinese		Mandarin
單	*Cə. t^{ˤ}ar	>	*tan*	>	dān
	*dar	>	*dzyen*	>	chán
戰	*tar-s	>	*tsyenH*	>	zhàn
襌	*[d]ar	>	*dzyen*	>	chán
	*[d]ar-s	>	*dzyenH*	>	shàn

接着我们来看 L 类声母的例子。如表 3 所示,"兑"声字不跟端母 *t*-、知母 *tr*-、章母 *tsy*-、常母 *dzy*-谐声而跟以母 *y*-谐声。据据假设 1,我们能确定"兑"声字来源于上古 L 类声母,详见表 5:

表 5 "兑"声字的拟音

	Old Chinese		Middle Chinese		Mandarin
說	*l̥ot	>	*sywet*	>	shuō
	*l̥ot-s	>	*sywejH*	>	shuì
	*lot	>	*ywet*	>	yuè
脫	*l̥ˤot	>	*thwat*	>	tuō
兑	*l̥ˤot-s	>	*dwajH*	>	duì
悅	*lot	>	*ywet*	>	yuè

目前,L 类假设(L-type hypothesis)已经得到了大多数上古音学者的同意。譬如,"獨"与"桃"都是中古音定母字(*d*-),不过"獨"属于上古 T 类声母,"桃"则属于上古 L 类声母。试看各家的拟音,详见表 6:

表 6　各家对 T 类"獨"与 L 类"桃"的拟音①

	李方桂 （1980）	Baxter （1992）	郑张尚芳 （2003）	Schuessler （2007）	Handel （2009）	Baxter 和 Sagart（2014b）
獨	*duk	*dok	*doog	*dôk	*duk	*[d]ˤok
桃	*dagw	*g-law	*l'aaw	*lâw	*ᴬlaw	*C.lˤaw

不过,Pulleyblank 的假设还存在着一些问题。

第一,中古音透母 th-、定母 d-、彻母 trh-、澄母 drh-、昌母 tshy-、书母 sy-和邪母 z-既可以出现于 T 类的谐声系列,也可以出现于 L 类的谐声系列。譬如,书母字(sy-)也至少具有六个来源,其中包括 T 类声母和 L 类声母。

第二,有些字根本不跟端母 t-、知母 tr-、章母 tsy-、船母 zy-和以母 y-谐声。因为没有谐声关系,我们无法判断其来源。

就第一个问题而言,其实我们可以根据其谐声关系来判断。② 譬如,"升"与升得声的"陞"是中古音书母字 sy-(识蒸切)。如上所述,中古音书母 sy-至少有六个来源。据《说文》,"升"是象形字,在其谐声系列上还有中古音章母 tsy-的"抍"。按照假设 1,我们可以判断"升"和升声字都来源于上古的 T 类声母。其谐声分布和其拟音如表7 所示:

表 7　"升"声的谐声关系

端	透	定	知	彻	澄	章	昌	常	书	船	以	邪
						抍			升 陞			

这三个字的拟音如表 8 所示:

---

① 也参看本书的第 3 章第 55 页。

② 中古音书母字至少有五、六种上古来源。参看本书的第 4 章。

表 8 "升"声字的拟音

	Old Chinese		Middle Chinese		Mandarin
升	*s-teŋ	>	*sying*	>	shēng
陞	*s-teŋ	>	*sying*	>	shēng
拯	*teŋʔ	>	*tsyingX*	>	zhěng

实际上,升声字在出土文献中往往与 T 类声母的词通假。关于这个问题,留待下文 3.1 小节再讨论。

关于第二个问题,Pulleyblank(1962)的假设主要根据谐声关系(也利用了很多汉语外在的证据),所以不存在谐声关系时,我们无法判断上古来源。此时只好以中古音的音值上推上古音。比如,"田"的谐声系列中只有"甸"等中古定母 *d-*字。其谐声分布如表 9 所示:

表 9 "田"声字的谐声关系

端	透	定	知	彻	澄	章	昌	常	书	船	以	邪
		田										
		甸										

可见,田"只跟定母 *d-*"甸"等谐声。不但不跟端母 *t-*、知母 *tr-*、章母 *tsy-*、常母 *dzy-*谐声,也不跟以母 *y-*、船母 *zy-*谐声。除了中古音之外,我们没有更多的证据去构拟这种字的上古声母。[1] 因此多数学者只能把它构拟成 *din。本章将这些不存在关键性谐声关系的字称作"来源不明字"。[2] 我们认为出土文献的通假例能弥补这种材料上的不足。[3]

---

[1] 有些学者从汉藏语比较来构拟"田""甸"的古音。参看 Bodman(1980:99)。

[2] 也可称为"缺乏证据的字"。证据的质量和数量跟拟音的"盖然性(可靠性)"有着密切关系。由于每一个字的证据质量和数量都不一样,拟音的盖然性也不一样。

[3] 其实,除了"缺乏证据的字"之外,也有"证据过多"的字,这些字反而难以构拟其上古音。利用出土文献有时候能解决这些问题。

3 出土文献考察

3.1 T 类声母字的通假

在此,笔者想分析一下出土文献中的通假关系。本章主要利用的是战国时代楚地的竹简"楚简"。

(1)"耑"与｛短｝

今本《老子》"长短",在郭店简《老子》甲篇 16 上写成"長耑"。可见,郭店简《老子》的"耑"表示长短之｛短｝。① "耑"与"短"的谐声关系如表 10 所示:

表 10 "耑"与"短"的谐声分布

	端	透	定	知	彻	澄	章	昌	常	书	船	以	邪
耑声	耑	貒					顓	喘	遄				
短声	短												

"耑"与"短"都是中古端母字 t-。"耑"跟章母 tsy-、常母 dz-谐声,却不跟以母 y-、船母谐声。根据假设 1,我们认为"耑"与"短"都属于上古的 T 类声母,也可以说"耑"与"短"的通假是 T 类声母互相通假。其拟音如表 11 所示:

表 11 "耑""短"的上古音

	Old Chinese		Middle Chinese		Mandarin
耑	*tˤon	>	twan	>	duān
短	*tˤon?	>	twanX	>	duǎn

---

① 《说文》说解为"短"是"豆"声字,"豆"是上古侯部字 *o,"短"则是上古元部字。以往的研究把"短"的韵母构拟为 *uan 之类的读音(主要元音为 *a)。根据这些证据,"短"与"豆"的谐声关系就难以理解。不过,"短"是中古合口字,其上古韵母该拟音为唇化元音 *o,从这个拟音来看,《说文》把"短"看作"豆声"是有道理的。关于这个问题,参看本书的第 8 章。

（2）"登"与{蒸}

在上博简《竞公疟》的"新登"，在传世文献《晏氏春秋》上写成{新蒸}。① "登"声字表示{蒸}还有其他例子。譬如，包山简《遣策》"燝（蒸）一豬（膳）"。

"蒸"是中古章母字 tsy-，"登"则是中古端母字 t-。可见"蒸"和"登"都来源于上古 T 类声母。其谐声分布如表 12：

表 12 "蒸"与"登"的谐声关系

	端	透	定	知	彻	澄	章	昌	常	书	船	以	邪
登声	登		鄧			澄	證						
烝声							蒸					烝	

另外，"升"与"登"也有通假关系，②如："高山陞（登）"（上博简《容成氏》31）。如表 7 所示，"升"在其谐声系列上中有中古章母 tsy-"抍"。

可见，"登""蒸""升"都属于上古 T 类声母，其拟音如表 13 所示：

表 13 "登""蒸""升"的上古音

	Old Chinese		Middle Chinese		Mandarin
登	*tˤəŋ	>	tong	>	dēng
蒸	*təŋ	>	tsying	>	zhēng
升	*s-təŋ	>	sying	>	shēng

以下是 T 类声母字互相通假的例子如表 14 所示：

---

① 上博简《竞公疟》8："今新（薪）登（蒸）思（使）吴（虞）守之。"《晏氏春秋·外篇第七》、《左传·昭公二十年》："薮之薪蒸，虞候守之"。

② 从上古拟音和语义来看，"升"与"登"有可能属于同一个词族。不过，因为前者是 Type B，后者是则 Type A，所以 Baxter 和 Sagart（2014a：59,61）认为这两个词不能构成词族，而是"related roots"。

表 14　T 类声母互相通假的例子①

	图版	例	Old Chinese	Middle Chinese	引用出处
①		弔	（弔）*t^{ˤ}iwk	tek	S 缁衣 3,16,S 平王问郑寿 7,G 缁衣 4,32,39,G 穷达以时 8
		淑	*diwk	dzyuwk	
②		弔	*t^{ˤ}iwk	tek	Q 耆夜 2,Q 金縢 7,Q 系年 18,S 鲍叔与隰朋之谏 9
		叔	*s-tiwk	syuwk	
③		旻	*t^{ˤ}ək	tok	S2 民之父母 12
		德（惪）	*t^{ˤ}ək	tok	
④		迿	（舟）tu	tsyuw	G 太一生水 6
		周	*tiw	tsyuw	
⑤		剚	（專）*ton	tsywen	G 六德 42,43,44,G 语丛二 35,S 曹沫之陈 62
		断	*t^{ˤ}on?	twanX	
⑥		審	*s.t^{h}əm?	syimX	S1 孔子诗论 21
		湛	*drəm?	drɛmX	
⑦		旹	（之）*tə	tsyi	S 缁衣 2
		識	*s-tək	syik	
⑧		旹	（之）*tə	tsyi	S 孔子诗论 1,4,S 缁衣 2,5,21,22
		詩	*s.tə	syi	
⑨		弌	*tək	tsyik	B215,214,200,203,205
		特	*d^{ˤ}ək	dok	
⑩		上	*daŋ?	dzyang	Q 耆夜 2
		尚	*daŋ-s	dzyangH	

---

① 根据野原将挥（2016：66—67）。

(续表)

	图版	例	Old Chinese	Middle Chinese	引用出处
⑪		訋	(勺) *tewk/ *dewk	tsyak/ dzyak	Q 系年 37
		召	*dawʔ	dzyewX	
⑫		迁	(石) *dAk	dzyek	S 平王与王子木 1
		蹠	*tAK	tsyek	
⑬		臰	(石) *dAk	dzyek	S 鲁邦大旱 2
		庶	*s-tAk-s	syoH	
⑭		庶	*s-tAk-s	syoH	B258, B190-1
		炙	*tAk/s	tsyek/tsyaeH	
⑮		穜	*droŋ	drjowng	S 容成氏 21
		舂	*s-toŋ	syowng	
⑯		登	*tˤəŋ	tong	S 竞公疟 8, B257
		蒸	*təŋ	tsying	
⑰		登	*tˤəŋ	tong	S 性情论 13
		徵	*trəŋ	tring	
⑱		陞	*s-təŋ	sying	S 容成氏 31, B5
		登	*tˤəŋ	tong	
⑲		陞	*s-təŋ	sying	S 周易 48
		拯	*təŋ	tsyingX	
⑳		覿	(乇) *tʰˤak	thak	S 缁衣 23, G 缁衣 44
		著	*traks	trjoH	

(略称 B：包山简, G：郭店简, S：上博简, Q：清华简)

表 14 反映了 T 类声母只能跟 T 类声母通假的现象。这些 T 类声母字不跟 L 类声母母字通假。

3.2　L 类声母字的通假

接着我们观察 L 类声母字的通假例。

（3）"浧"与｛盈｝

在楚简中，"浧"字往往表示｛盈｝。譬如，郭店简《老子》乙本 14 上的"大浧若中"在今本《老子》上写成"大盈若中"。"浧"及"盈"都是中古以母 y-，据假设 1，"浧"与"盈"都该归为上古 L 类声母。① 其谐声分布如表 15 所示：

表 15　"浧"与"盈"的谐声关系

端	透	定	**知**	彻	澄	**章**	昌	**常**	书	**船**	**以**	邪
	桯			逞	呈						浧 盈	

"浧"和"盈"不跟端母 t-、知母 tr-、章母 tsy-、常母 dz-谐声而只跟以母 y-谐声。据此，我们认为这两个都属于 L 类声母。换句话说，"浧"与"盈"的通假是 L 类声母互相通假的例子。

其他 L 类声母的通假，请看表 16：

表 16　L 类声母字互相通假的例子②

	图版	例	Old Chinese	Middle Chinese	引用出处
①		迵	（申）* lin	*syin*	S 缁衣 20,10
		陈	lrin	*drin*	

---

① 有一部分中古以母（y-）字来自小舌音 * G-，如："舆" * Ga ʔ。

② 根据野原将挥（2016：69）。

（续表）

	图版	例	Old Chinese	Middle Chinese	引用出处
②		聖	*l̥eŋ-s	*syengH*	G 成之闻之 24,Q 皇门 8,S 性情论 15
		聽	*l̥ˤeŋ	*theng*	
③		聖	*l̥eŋ-s	*syengH*	S 性情论 3,14(2),15
		聲	*l̥eŋ	*syeng*	
④		繇	(繇) *lu	*yuw*	G 成之闻之 6,14,G 尊德义 3,10,G 六德 7,G 语丛一 1,19,20,21
		由	*lu	*yuw*	
⑤		浧	*leŋʔ	*yengX*	G 老子乙 14,Q 系年 93
		盈	*leŋ	*yeng*	
⑥		卣	*liw	*yuw*	S 缁衣 23
		悠	*liw	*Yuw*	
⑦		弌	(弋) *lək	*yik*	Q 耆夜 5
		飭	*l̥rək	*trhik*	
⑧		鈾	(尋) *səlⱸm	*zim*	S 孔子诗论 16
		覃	*l̥ˤom	*dom*	
⑨		籖	(尋) *səlⱸm	*zim*	G 成之闻之 34
		覃	*l̥ˤom	*dom*	
⑩		詞	*sələ	*zi*	S 缁衣 4,Q 皇门 8
		辭	*sələ	*zi*	
⑪		詞	*sələ	*zi*	S 孔子诗论 23,G 五行 18,S 性情论 2(2),8,Q 系年 4,12,16
		始	*l̥əʔ	*syiX*	

（续表）

	图版	例	Old Chinese	Middle Chinese	引用出处
⑫		向	*l̥aŋs	syangH	Q 傅说之命 1
		像	*səlaŋʔ	zjangX	
⑬		剩	（乘）*mləŋ	zying	G 成之闻之 8，7，9，36，G 尊德义 1，S 从政乙 3，S 曹 33
		勝	*l̥əŋ	sying	
⑭		述	*mlut	zywit	G 成之闻之 6，17，23，S 容成氏 34，G 老子甲 39，G 五行 34
		遂	*sə-lut-s	zwijH	

　　表 16 反映了 L 类声母字只能跟 L 类声母字通假的现象。这些 L 类声母字不跟 T 类声母字通假。

　　可见，在楚简中，T 类声母字只跟 T 类声母字通假而不跟 L 类声母字通假。反之，L 类声母字只跟 L 类声母字通假而不跟 T 类声母字通假。根据这个现象，我们可以提出下面几个假设：

假设 2：

Ⅰ. Pulleyblank（1962）提出的假设完全是正确的。他主要根据谐声系列得出了 L 类类假设（L-type hypothesis），我们发现楚简中的通假情况也支持他的结论。

Ⅱ. 至少战国中期到末期，T 类声母与 L 类声母尚未合流。

按照这两个假设（假设 2-Ⅰ、2-Ⅱ），我们还可以提出另外一个假设：

Ⅲ. 在战国楚简中，要是某字跟 T 类声母通假，那么该字便是 T 类声母字。与此相反，要是某字跟 L 类声母通假，那么该字便是 L 类声母字。

其中，我们需要强调的是假设 2-Ⅲ 的重要性。因为有些字完全缺乏谐声关系而不能构拟其上古声母，我们只好以中古音的音值上推上古音。但是,利用假设 2-Ⅲ,我们就能构拟这些"来源不明字"的上古声母了。

4 "来源不明字"的构拟

如上所述,因为有些字不跟其他声母谐声,以往的研究无法判断其来源。下面我们来构拟这种字的上古音:

(4)"田"

"田"只跟中古定母 *d*-"甸"等谐声而不跟端母 *t*-、知母 *tr*-、章母 *tsy*-、以母 *y*-、船母 *zy*-谐声。我们只好以中古音的音值上推上古音,如 *din。这种拟音的盖然性并不高。

但是我们可以利用出土文献里的通假例构拟其上古音声母。譬如,"田"声字往往表示{申},如:

競(景)平王命王子木迈(蹠)城父迟(過)繡(申)

(上博简《平王与王子木》1)

此处"田"得声的"繡"表示{申}。可见"申"无疑是属于上古的 L 类声母的字。其谐声关系请看表 17:

表 17 "申"声字的谐声关系

	端	透	定	知	彻	澄	章	昌	常	书	船	以	邪
申声									申			棘	

从假设 2-Ⅲ可以推测,在楚简中,与 L 类声母"申"通假的"田"也该归为 L 类声母。其拟音如表 18 所示:①

---

① 其实,也有学者利用亲属语言中的同源词进行比较,而把"田"构拟成 *liŋ 的。可参看 Bodman(1980: 99)。

表 18　"田"与"申"的上古音

	Old Chinese		Middle Chinese		Mandarin
田	*l̥ˤiŋ	>	*den*	>	tián
申	*l̥i[n]	>	*syin*	>	shēn

（5）"奪"

"奪"是中古定母 *d-*，不跟其他声母谐声。自然，我们无法知道"奪"属于 T 类声母还是 L 类声母。但是"兑"声字在出土文献中往往表示｛奪｝。虽然"兑"也是中古定母 *d-*，可是在其谐声关系上存在以母字 *y-*，据此我们把"兑"声字拟为 L 类声母，其谐声分布请看表 19：

表 19　"奪"与"兑"的谐声关系

	端	透	定	知	彻	澄	章	昌	常	书	船	以	邪
奪声			奪										
兑声		脱	兑							說		悅	

在楚简中，由"兑"得声的"敓"表示｛奪｝：

"連尹襄老與之爭，敓（奪）之少盅"　　　　（清华简《系年》76）

从假设 2-Ⅲ可以推测，与 L 类"敓"通假的"奪"也该归为上古的 L 类声母。其上古音请看表 20：

表 20　"奪"与"兑"的拟音（"兑"声字的拟音，请看表 5）

	Old Chinese		Middle Chinese		Mandarin
兑	*l̥ˤots	>	*dwajH*	>	duì
奪	*l̥ˤot	>	*dwat*	>	duó

表 21 是所谓"来源不明字"的拟音，都是根据出土文献中的通假现象构拟的。

表 21 "来源不明字"的拟音(灰色底色表示"来源不明字")①

	图版	例	Old Chinese	Middle Chinese	引用出处
①		煮	(者) ˀtAʔ	tsyaeX	S 缁衣 12
		圖	ˀdˤa	du	
②		敚	ˀlˤot-s	dwat	S 缁衣 19,Q 系年 76
		奪	ˀlˤot	dwat	
③		迵	ˀlˤoŋ-s	duwngH	S 容成氏 25,26,27, G 语丛一 102
		通	ˀl̥ˤoŋ	thuwng	
④		迵	ˀlˤoŋ-s	duwngH	G 语丛三 41
		踊	ˀloŋ	yowngX	
⑤		道	ˀlˤuʔ	dawX	S 容成氏 44
		蹈	ˀlˤuʔ	dawX	
⑥		伸	(申) ˀl̥i[n]	syin	S 子羔 11
		吞	ˀl̥ˤin	then	
⑦		眺	(兆) ˀlrawʔ	drjewX	S 容成氏 6,G 老子甲 1,31
		盗	ˀlˤaw-s	dawH	
⑧		睪	ˀlAk	yek	Q 耆夜 1
		襗	ˀl̥AK	syek	
⑨		迚	(申) ˀl̥i[n]	syin	S 缁衣 20,10,G 缁衣 19,39
		陳	ˀlrin	drin	
⑩		詿	(土) ˀthˤaʔ	thuX	S 武王践阼 1
		睹	ˀtˤaʔ	tuX	

① 根据野原将挥(2016:73)。

5　结语

　　"来源不明字"完全缺乏谐声关系,所以笔者能根据谐声关系构拟其上古声母。但是随着近年来大量的出土文献陆续发现并公开,我们逐渐有条件进行运用上文 3. 2 小节所提出【假设 2-Ⅲ】的研究。这种研究可以弥补以往研究尤其是对谐声关系的研究的不足。①

（原载《古文字与汉语历史比较音韵学》,复旦大学出版社,2017: 69—79）

Revisiting Type-T and Type-L in Old Chinese
NOHARA Masaki

Abstract: Type-T and Type-L initials evolve into Middle Chinese *t-*, *tr-*, *tsy-*, *dz-*, *zy-*, and *y-*. By examining their Old Chinese origin, we can categorize them accordingly. Regarding other onsets, such as *th-*, *d-*, *thr-*, *dr-*, *tshy-*, *sy-*, and *z-*, *Xiéshēng* connections must be explored. However, due to the absence of *Xiéshēng* connections in some characters, reconstructing their Old Chinese forms becomes challenging. Recent excavations have provided numerous instances of phonetic loans, facilitating the reconstruction of these words. This chapter also lays the methodological groundwork for the study in Chapter 3 and Chapter 4 of this book.

Keywords: Old Chinese; initial; excavated documents; phonetic loan

---

　　①　具体的例子和研究成果,请看野原将挥(2009,2010,2011,2015)以及本书的第 4 章等。

第3章 也谈来自上古 * ST-的书母字 *

野原将挥 秋谷裕幸

提要 美国学者 William Baxter 教授研究中古书母的上古来源而提出了"上古音 * ST-：闽语不送气塞擦音"的语音对应。本章根据更多的现代汉语方言材料以及战国楚简中的表现检验并证实了这一语音对应能够成立。
关键词 上古音 书母 闽语 战国楚简 T 类声母和 L 类声母

1 引言

中古声母在上古音系中常有几个不同的来源。中古书母 ç(sy) 也是这种声母之一。

关于中古书母的上古来源,美国学者 William Baxter 教授 2010 年发表了一篇很重要的文章,题为《"埶"、"势"、"设"等字的构拟和中古 sy-(书母＝审三) 的来源》(白一平 2010)。文章认为,从谐声或语源的关系来看,中古书母至少有四个不同的上古来源：* s. t-或 * s-t-、* l̥-、* n̥-和 * ŋ̊-,而现代闽语仍保存着 * s. t-或 * s-t-和 * l̥-、* n̥-之间的区别,前者读不送气塞擦音,后者则读送气塞擦音。请注意,在 Baxter 和 Sagart(2014a) 的上古音系中 * s. t-和 * s-t-有区别的。* s. t-的 * s 是

---
* 本章承蒙导师古屋昭弘先生以及平山久雄、项梦冰、汪锋等先生、两位匿名审稿人提出中肯的修改意见和建议,谨此深致谢意。文中不当之处由笔者负责。

"tightly attached""preinitial"（Baxter & Sagart 2014a：135—138 页），
*s-t-的 *s 则为前缀（Baxter & Sagart 2014a：56 页），不过它们在中古音当中都变成书母。要统称时本章标作 *ST-。

表 1 和表 2 是白一平（2010）所举的例子：

表 1　厦门话 ts、上古音 *s-t 的语音对应（白一平 2010：171）

	中古音	厦门话	上古音
升	sying（曾开三平蒸书）	tsin1	*s-təŋ
书	syo（遇开三平鱼书）	tsu1	*s-ta
叔	syuwk（通合三入屋书）	tsɪk7	*s-tiwk
水	sywijX（止合三上旨书）	tsui3	*s-turʔ①

表 2　厦门话 tsʰ、上古音 *l̥-和 *n̥-的语音对应（白一平 2010：174—175）

	中古音	厦门话	上古音
拭	syik（曾开三入职书）	tsʰit7	*l̥ək
试	syiH（止开三去志书）	tsʰi5	*l̥ək-s
舒	syo（遇开三平鱼书）	tsʰu1	*l̥a
首	syuwX（流开三上有书）	tsʰiu3	*l̥uʔ
手	syuwX（流开三上有书）	tsʰiu3	*n̥uʔ

　　我们认为该文对上古音的研究以及对闽语音韵史等现代汉语方言音韵史的研究都具有极为重要的意义。

　　本章着眼于来自上古 *ST-的书母字，通过更多的现代方言材料以及战国楚简的分析进一步验证白一平（2010）所提出的观点之一，

---

① 　Baxter 和 Sagart（2014a：361）拟作 *s. turʔ。

即，"上古音*ST-：闽语不送气塞擦音"的语音对应能否成立，并探讨相关问题。至于来自上古*l-、*ŋ-和*ɠ-的书母字，因为这个问题牵涉心母和生母读送气塞音、塞擦音的现象，笔者拟另专文论述。

2　闽语中读不送气塞擦音的书母字

首先以厦门、永福（均属闽南区）、福州、古田（均属闽东区）、镇前、石陂（均属闽北区）以及尤溪中仙方言为例，举出闽语中读不送气塞擦音的全部书母字。中仙方言在闽语中的归属未详。李如龙（1991：338）认为尤溪县境内的方言属于东部闽语。

正如伍云姬、沈瑞清（2010：27）所指出，闽语中读作不送气塞擦音的书母字总共只有八个：

（1）书

厦门 tsu¹丨永福（si¹）①丨福州 tsy¹丨古田 tɕy¹丨中仙 tʃy¹；镇前（ɬy¹）丨石陂（çy¹）丨盖竹（ʃy¹）；上古音*s-ta丨中古音 syo

（2）水

厦门 tsui³丨永福 tsui³丨福州 tsuei³丨古田 tɕy³丨中仙 tθɔi³；镇前（ɬui³）丨石陂（çy³）丨盖竹（ʃyi³）；上古音*s. turʔ丨中古音 sywijX

（3）少数量小

厦门 tsio³丨永福 tso³丨福州 tsieu³丨古田 tɕieu³丨中仙 tʃo³；镇前【鲜 tɕʰiŋ³】丨石陂（çiau³）丨盖竹（ʃɯ³）；上古音*s. tewʔ丨中古音 syewX

（4）守

厦门 tsiu³~寡农：寡妇丨永福 tsiu³~寡丨福州（sieu³）丨古田 tɕiu³~寡丨中仙（ʃɔu³）；镇前（ɬiu³）丨石陂（çiu³）丨盖竹（ʃu³）；上古音*s-tuʔ丨中古音 syuwX

（5）姢

厦门 tsim³丨永福 tsim³丨福州（siŋ³）丨古田（siŋ³）丨中仙（ʃiŋ³）；镇前（ɬeiŋ³）丨石陂（seiŋ³）丨盖竹（ʃæŋ³）；上古音——丨中古音——

---

① 本章里括起来的读音属于较新的历史层次。

按："婶"是"叔母"的合音字,文献上始见于宋代(胡士云 2007:283—284)。由于上古音时期不存在"婶",下文第四节不讨论这个字。

(6) 升_{容量单位}

厦门 tsin¹｜永福 tsin¹｜福州 tsiŋ¹｜古田 tçiŋ¹｜中仙 tʃiŋ¹;镇前(ɬeiŋ¹)｜石陂(seiŋ¹)｜盖竹(ʃæŋ¹);上古音＊s-təŋ｜中古音 *sying*

(7) 叔

厦门 tsɪk⁷｜永福 tsok⁷｜福州 tsøyʔ⁷｜古田 tçyk⁷｜中仙 tʃy⁵_{阿~:叔叔.调!};镇前(ɬy³)｜石陂(çy⁷)｜盖竹(ʃy⁷);上古音＊s-tiwk｜中古音 *syuwk*

(8) 春

厦门 tsɪŋ¹｜永福 tsoŋ¹｜福州 tsyŋ¹｜古田 tçyŋ¹｜中仙 tθoŋ¹;镇前(ɬoŋ¹)｜石陂(sueiŋ¹)｜盖竹 tʃœŋ¹;上古音＊s. toŋ｜中古音 *syowng*

按:西部闽语邵将片顺昌方言读作[tʃəuŋ¹],声母为不送气塞擦音。

正如伍云姬、沈瑞清(2010:26)所注意到的,书母的不送气塞擦音的读音主要出现于东部闽语,西部闽语一般不存在读不送气塞擦音的书母字。闽中区和邵将区的"春"字声母[tʃ]是至今笔者所发现唯一的例子。[①]

3　其他方言中读塞擦音的书母字

除闽语以外的南方方言中也有读作塞擦音的书母字。

3.1　湖南省乡话

除了闽语以外,读作不送气塞擦音的书母字最多的大概是分布

[①]　张双庆、郭必之(2005:196)推测石陂的擦音读法是受到南部吴语的影响而形成的。不过,以上除"春"以外的七个书母字的擦音读法分布在所有西部闽语中。影响西部闽语的恐怕不仅仅是南部吴语。

在湖南省西部的乡话,下面以古丈方言和沅陵方言为例:

(9) **书**　　　　古丈 tɕiəɯ¹ | 泸溪 tɕiu¹

(10) **翅**　　　　古丈 tsɿ⁵ | 泸溪 tʂɿ⁵~□pu⁰; 翅膀;上古音 *s-kʰe-s | 中古音 *syeH*

(11) **水**　　　　古丈 tsu³ | 泸溪 tʂu³

(12) **少**数量小　古丈 tsau³ | 泸溪 tɕiɑu³

(13) **守**　　　　古丈——| 泸溪 tɕiou³~孝

(14) **湿**　　　　古丈 dʑi² | 泸溪 dzi⁵;上古音 *qʰip | 中古音 *syip*

(15) **室**房子　　古丈 tɕi⁷ | 泸溪 tsi⁷;上古音 *s.tit | 中古音 *syit*

(16) **升**容量单位 古丈 tsaŋ¹ | 泸溪 tɕiu¹

(17) **春**　　　　古丈 tɕiau¹ | 泸溪 tɕiu¹~米

　　正如伍云姬、沈瑞清(2010:16,26—27)和杨蔚(2010:71—75)所指出的,除了"翅、湿"以及他们没有讨论的"室房子"以外,读作不送气塞擦音的书母字均与闽语一致。这不太可能是偶合。

3.2　吴语

吴语处衢片中有三个书母字读作零声母:

(18) **水**　　　　江山 y³ | 遂昌 y³ | 庆元 y³~管: 一种竹制的舀水器具

(19) **守**看守　　江山 yə³ | 遂昌 yɤ³ | 庆元 ye³

(20) **春**　　　　江山 ioŋ¹ | 遂昌 ioŋ¹ | 庆元 ioŋ¹

这三个字的零声母都来自不送气塞擦音 *tɕ。(参郑张尚芳1995)试比较:

煮章母　　　　江山 iə³ | 遂昌 ie³ | 庆元 ie³ | 新山 tɕji³

鸡见母　　　　江山 iə¹ | 遂昌 ie¹ | 庆元 ie¹ | 新山 tɕji⁻⁴⁴小称音

　　"水、守、春"都是在沿海闽语以及乡话中读不送气塞擦音的书母字。

　　此外,遂昌方言把"少数量小"的声母读作不送气塞擦音,与东部闽语和乡话一致:

（21）少_{数量小}　江山（ɕieɯ³）| 遂昌 tɕieɯ³ | 庆元（ɕiɒ³）

除了处衢片以外，吴语婺州片也存在读零声母的书母字：

（22）守_{看守}　永康 y³ | 汤溪 y³

这两个方言中尤韵不读[y]，所以这个读音的韵母是例外。不过，[y³]与处衢片"守"的韵母（比如江山 yə³）对应。①

（23）春　　永康（ɕyaŋ¹）| 汤溪 iɑo¹

此外，少数婺州片方言把"识"的声母读作不送气塞擦音。此字的上古声母是 *s-t-：

（24）识_{认识}　永康 tsəi³ | 汤溪——；上古音 *s-tək | 中古音 *syik*

"识_{~着：知道}"武义读[tɕiəʔ⁷]，声母也是不送气塞擦音。少数民族语言勉语也用这个字，表示"to know/recognize"，原始勉语形式是 *tsiɛk^{D②}。（Ratliff：2010：71）从勉语的地理分布来看，借源不太可能是吴语。

"守"和"春"的零声母应该来自早期的 *tɕ，与吴语处衢片一致。值得注意的是"识"。至今这个字的不送气塞擦音声母只在婺州片和勉语中才出现。

3.3　小结

乡话和吴语中读作不送气塞擦音或零声母（来自 *tɕ）的书母字与闽语高度一致，③说明这些字的不送气塞擦音声母能追溯到它们的共同原始语，尽管空间距离也好，语言特征也好，闽语、吴语和乡话之

---

① "守"的不送气塞擦音在别的南方方言中也有分布。比如，徽语黟县宏村方言"放牛"说"守牛"[tʃuɯ³ ȵiɯ²]（谢留文，沈明 2008：83）；广东连州西岸方言"看守（东西）"说"守"[tʃiəu³]（张双庆 2004：303）。

② "D"表示调类，相当于汉语的入声。

③ 闽语和吴语之间共有一些共同特点，以上的书母字也可以视为它们之间共同特点之一。参看郑张尚芳（2002：19）。

间存在着巨大的差异。Baxter(1995:395—396)指出闽语大致上是在西汉末或东汉初从其他汉语方言分化出来的。① 闽语、乡话和吴语的共同原始语应当早于原始闽语。既然如此,在这三种方言中读作不送气塞擦音的书母字来历至晚也能追溯到西汉末或东汉初。

4 战国楚简中的表现

本节观察闽语中读作不送气塞擦音的书母字"书、少数量小、守、升、叔、春"以及闽语不用的"识"在战国楚简中的表现。② "水"和乡话中表示{房子}的"室"将在第 5 节"结语"部分进行讨论。战国楚简所代表的语言是大约公元前 300 年左右楚地的语言。

4.1 T 类声母和 L 类声母

由于这一章的论述中,上古音中 T 类声母和 L 类声母的区分至关重要,所以有必要在此简介这两类声母。

首先发现这两类上古声母区分的是 Pulleyblank 教授。Pulleyblank(1962:114—116)根据谐声系列把中古舌齿音的上古来源分成两类。本章把这两类称作 T 类声母(T-type)和 L 类声母(L-type)。

T 类声母只与端、透、定、知、彻、澄、章、昌、禅、书母发生谐声关系③。表 3 以"旦"声为例,"×"表示不发生谐声关系,空格表示不存在合适的例字。

表 3 "旦"声的分布(参看古屋昭弘 2006:213)

中古声母	端	透	定	知	彻	澄	章	昌	禅	书	船	以	邪
例字	旦	坦	但	鱣			氈		澶	羶	×	×	×

---

① 笔者对原始闽语之年代的观点,参看本书第 1 章 3.3.3 小节。

② 本章不用战国秦简,是因为战国秦简里的通假字不如战国楚简多,而且两种材料的音系大同小异。

③ 目前,我们认为邪母也会与 T 类声母发生谐声关系。

L 类声母则只与透、定、彻、澄、昌、禅、书、船、以、邪母发生谐声关系。表 4 以"余"声为例,"×"表示不发生谐声关系。

表 4　"余"声的分布(参看古屋昭弘: 2006: 214)

中古声母	端	透	定	知	彻	澄	章	昌	禅	书	船	以	邪
例字	×	庲	塗	×		除	×			賒	荼	徐	余

两类声母分布综合起来如表 5 所示,黑体表示两类声母的表现不相同。

表 5　T 类声母和 L 类声母的分布(参看野原将挥: 2009: 70)

	端	透	定	知	彻	澄	章	昌	禅	书	船	以	邪
T 类	**有**	有	有	**有**	有	有	**有**	有	有	有	**无**	**无**	有
L 类	**无**	有	有	**无**	有	有	**无**	有	有	有	**有**	**有**	有

中古书母既有可能来自上古 T 类声母也有可能来自上古 L 类声母。

目前,他的 T、L 类声母假设得到了多数上古音学者的支持。如表 6 所示:

表 6　各家对 T 类声母"獨"和 L 类声母"桃"的拟音

	李方桂 (1980)	Baxter (1992)	郑张尚芳 (2003)	Schuessler (2007)	Handel (2009)	Baxter 和 Sagart (2014b)
T 类"獨"	*duk	*dok	*doog	*dôk	——	*dˤok
L 类"桃"	*dagw	*g-law	*l'aaw	*lâw	*ᴬlaw	*C.lˤaw

"獨"和"桃"都是中古定母字,拟音为 d。不过,这两个字的声母在上古音当中无疑是有区别的。Handel(2009: 265)把中古定母"钝"的上古音拟作 *ᴬduns,这属于 T 类,与"桃"的 *l 有区别。

野原将挥(2009：67—85)曾利用战国楚简的通假字检验过这个假设,发现在战国楚简中 T 类声母和 L 类声母之间分野相当清楚,两类不混。下面举两个例子:

(1) T 类声母"耑"表示 T 类声母{短}

在郭店简《老子》甲本 16 有一句话"戁惡之相成也,长耑之相型也",这个句子在今本《老子》里写成"难易相成,长短相形"。可见,郭店简的"长耑"表示"长短"。"耑"是中古音端母字,而且其谐声系列中有章母的"颛",显然是 T 类声母的字。"短"的声母也是中古端母,而端母一律追溯到 T 类声母。

可见,"长短"写作"长耑"是 T 类声母字之间的通假现象。

(2) L 类声母的"述"表示 L 类声母的{遂}

郭店简《老子》甲本 39"攻述身退,天之道也",这个句子相当于今本《老子》的"功遂身退,天之道也"。可见,郭店简用"述"表示"遂"。"述"的中古声母是船母,"遂"则为邪母,都源于上古的 L 类声母。

可见,"功遂"写作"攻述"是 L 类声母字之间的通假现象。

在战国楚简中,T 类声母跟 L 类声母互不通假。据此,野原将挥(2009：67—85)提出了以下三个假设:

> 假设 1：Pulleyblank(1962)所提出的假设是正确的;
> 假设 2：在战国中期,T 类声母和 L 类声母尚未合并;
> 假设 3：在战国楚简中,与 T 类声母字通假的字可以构拟上古的 T 类声母,与 L 类声母字通假的字则可以拟作上古的 L 类声母。

下面我们逐条分析闽语以及乡话、吴语中读作不送气塞擦音的书母字"书、少数量小、守、升、叔、春、识"在战国楚简材料中的表现。下面以"( )"表示通假字。

4.2 "书"

《说文》:"箸也。从聿者声。""者"的中古声母是章母,因此很多

学者将"书"构拟为 T 类声母,如 * s-ta。在战国楚简中,"箸"一般表示{书}。① 例如:

（1）告（詩）箸（書）豊（禮）樂（上博简（三）《性情论》8）

（2）眡（詩）箸（書）豊（禮）樂（郭店简《性自命出》15）

（3）藋（觀）者（諸）時（詩）、箸（書），則亦才（在）壴（矣）（郭店简《六德》24）

"箸"是以"者"得声的字。知母"箸陟虑切"只能是 T 类声母（参表5）。根据假设3,跟"箸"通假的"书"字声母应该是 T 类声母,不会是 L 类声母。

4.3　"少数量小"②

汪维辉（2000：387—388）说:"'寡'和'少'都见于上古汉语,不过'少'的产生可能要晚于'寡'。"不过,他还指出"少"已见于《诗经》。我们讨论"少"的上古音应该是没有问题的。

在战国楚简中,"少"和"小"没有字形上的区别。不过,在《清华简（二）》里有几个"少"字作为声符的例子。例如:

（4）訬（趙）文子［清华简（二）《系年》97］③

（5）妁（趙）桓子［清华简（二）《系年》111］

这两个例子都表示{趙}。"趙"是中古澄母,不能决定上古声母是 T 类还是 L 类。而在楚系文献中,"趙"往往写成"勺"或"勺"得声的字。④ "勺"是中古的章母之若切或禅母市若切。根据本章的假设3,"趙"和"勺"都是上古的 T 类声母（参看表5）。在上二例中,"少"得

---

① 在秦系竹简中,则用"书"字来表示{书}。

② 关于"少数量少"字上古音更详细的讨论,参看本书第4章。

③ 第96号简写作"訬（趙）文子"。

④ 清华简里也有用"叴（'勺'得声）"表示{趙}的例子［清华简《系年》64"叴（趙）曶（旆）"］。

声的字也表示{赵}。① 由此可见,"少"字声母应该是 T 类声母,不会是 L 类声母。

4.4 "守"

《说文》:"守官也。从宀从寸",是个会意字,字体不能提供有关音值方面的信息。其实,我们可以根据甲骨文和金文了解到"守"不是会意字而是由"肘"得声的字。② 比如,何琳仪(1998:190)指出:"守……又下加饰笔,并非寸字。战国文字承袭商周文字,或从肘声。"中古知母的"肘"只能是上古 T 类声母字。下面是战国楚简的例子,"肘"通假为{守}:

(6) 敬斳(慎)肘(守)之(郭店简《成之闻之》3)

可见,"守"字无疑也是 T 类声母的字。

4.5 "升"

Sagart 和 Baxter(2012:45)根据"登"*t⟨ˁ⟩əŋ"ascend"、"拯"*təŋʔ "lift up"和"升""rise(v.),present to(a superior)"之间的语源关系,把"升"拟作了*s-təŋ。此处*s 是前缀,具有及物动词化"transitivizing"的作用。我们还可以补充战国楚简方面的证据。

以"升"得声的"陞"字在战国楚简中表示{登}、{拯}。例如:

(7) 高山陞(登)[上博简(二)《容成氏》31]

(8) 不陞(拯)亓(其)隨[上博简(三)《周易》48]

比较:马王堆帛书"不登其隨"、今本《周易》"不拯其隨","陞"

---

① 楚简中还有"屖"字。有些学者认为"屖"由"少"得声。但是在金文、楚简中"屖"往往表示歌部生母的{沙}或歌部心母的{徙}。虽然"少"跟"屖"在字形上有关系,不过在音韵上没有关系。例如:長屖(沙)(包山简 59)。

② 参看《合集》第 4899 页 𠂤 。

和"登"当为同义字。中古端母的"登"的上古声母只能是 T 类。可见,"陞"的声符"升"应该也是 T 类声母的字。

4.6　"叔"

在战国楚简中,"弔"字往往表示{叔}或"叔"得声字。例如:

> (9) 弔(淑)人君子(郭店简《缁衣》4)
> (10) 鞄(鲍)弔(叔)舌(牙)[上博简(五)《鲍叔牙与隰朋之谏言》9]

最近公开的清华简里也有同样的例子:

> (11) 周公弔(叔)旦爲宝(主)[清华简(一)《耆夜》2]
> (12) 官(管)弔(叔)[清华简(一)《金縢》7]

中古端母的"弔"的上古声母只能是 T 类声母,因此"叔"字应该也属 T 类。

4.7　"春"

在上博简中,用"穜"表示{春}。例如:

> (13) 飤(食)不童(重)杳(味),朝不車逆,穜(春)不糎(糓)米。[上博简(二)《容成氏》21]

"穜"《说文》:"埶也。从禾童声。""童"是中古定母字,因此我们不能根据其音韵地位确定其来源(参表 5)。不过,"童"和"重"在字形上有联系。如《说文》"童,重省声"。加之,在楚简中"童"表示{重},而"穜"表示{種}。"穜"显然是 T 类声母字。既然如此,"春"应该也是 T 类声母字。

4.8　"识"

《说文》:"常也。一曰知也。从言戠声。"在战国楚简中,"戠"一般表示{職}或{特}。例如:

（14）夫生而又（有）戠（职）事者也（郭店简《尊德义》18）

（15）赛禱卲（昭）王，戠（特）牛饋之（包山简214）

“戠”和“職”都是中古音章母字，即上古的 T 类声母字。

“特”则为中古定母字。《说文》：“特牛业。从牛寺声。”“寺”是中古音邪母字，因此有些学者把“寺”的声母拟作 L 类声母。比如，郑张尚芳（2003：472）把它拟作 * ljɯɯs。这种构拟也能成立的。不过，根据《说文》，“寺”由“之”得声。“之”是中古章母字，所以属于 T 类。据此我们认为“寺”的声母也属于 T 类声母。Baxter、Sagart 两位教授把“寺”的上古音拟作 * s-dəʔ-s。“戠”表示｛特｝，并不是把这个字视为 T 类字的障碍。

总之，“识”可以认为是 T 类声母的字。

4.9　小结

以上讨论了“书、少数量小、守、升、叔、春”以及“识”七个书母字在战国楚简中的表现。Baxter、Sagart 两位教授把这七个字声母的上古音都拟作 * ST-，楚简里的表现都支持这一构拟，没有夹杂 L 类声母。

例外情况出现于“翅”和“湿”。这两个字的声母在乡话中读作不送气塞擦音，所以我们预料上古音或战国楚简里的表现也是 * ST-。其实，“翅”大概来自牙喉音。《说文》“翼也。从羽支声。或从氏”，“支”和“氏”都是“翅”的声符。“支章母”和“岐群母”谐声，“氏禅母”和“祇群母”亦谐声，可见“支”和“氏”都是经历过第一次腭化变成中古音章母和禅母的。[1] 所以，Baxter、Sagart 两位教授把它拟作 * s-kʰe-s。而他们把“湿”拟作 * qʰip。这两个字在上古声母和乡话中的表现我们目前无法解释。

---

① 在楚简中，｛氏｝往往写成“是”。可见，｛氏｝的声母已经腭化。

5　结语

综上所述,"上古音 *ST-:闽语不送气塞擦音"的语音对应基本上可以成立。① 现代闽语仍保存着上古 *ST-和 *l̥-、*n̥-之间的对立,我们认为白一平(2010)的这一论断正确。除了闽语以外,湖南省乡话和吴语中也存在同样的语音对应,而且读不送气塞擦音的书母字彼此也大致一致。可惜,目前我们无法解释"翅"和"湿"在乡话里的表现。

"上古音 *ST-:闽语、乡话、吴语不送气塞擦音(包括来自 *tɕ 的零声母)"这个语音对应具有很重要的音韵史意义。下面指出三点:

第一,如果这一语音对应能够成立,我们就可以用闽语或乡话、吴语的材料来弥补谐声或语源证据方面的不足。现代方言中读不送气塞擦音的书母字极少,所以这种情况一般不多见。在此我们想提出的是"水"的上古声母。

平田昌司(2010)指出"水"押韵例很少而且此字一般不作为其他字的声符,《广韵》里也不存在"水"的同音字,所以拟测"水"的上古音值难度相当大。白一平(2010:171)的拟音 *s-turʔ 有两个根据:a. "水"《说文》:"準也。""準"《说文》:"平也。""準"的上古音是 *turʔ。b. "𣲖"《说文》:"二水也。"《集韵》上声旨韵之誄切:"𣲖,闽人谓水曰𣲖。"《说文》没有提供"𣲖"字读音方面的信息。《集韵》的记载实际上是宋代闽语的描写。这一证据的性质本质上同等于现代

---

① 多数闽语方言把"瘍"的声母读作不送气塞擦音:厦门 tsĩũ[6] | 永福 tsiŋ[6] | 镇前 tɕioŋ[5] | 盖竹 tʃiõ[4]。"瘍"是中古以母字,所以有可能来自上古 L 类声母。在此或许能够成立"上古 L 类声母:闽语不送气塞擦音"的语音对应。不过,"瘍"的声符当为"羊",而见母"姜"和溪母"羌"均以"羊"得声,说明"羊"的上古声母和牙喉音关系密切。比如 Baxter、Sagart 两位教授把它拟作 *Cə.Gaŋʔ。"瘍"在闽语中的读音并不与本章的观点发生矛盾。

闽语中"水"的读音。

本章的建议是,既然"上古音 * ST-:闽语、乡话、吴语不送气塞擦音"这个语音对应能够成立,我们可以根据闽语等方言的读音拟测"水"的上古声母,即 * ST-。

远藤光晓(2013)则主要根据"水"和"川"属于同一个词族这一观察推断"水"的上古声母当为牙喉音。郑张尚芳(2003)把"水"的上古音拟作 * qhʷljiʔ,声母亦为喉音。发音部位与 * ST- 之间相差甚远。可见,"水"的上古音构拟还需要根据更多的证据继续讨论。

第二,与此相反,我们也可以把书母的上古音值作为研究现代方言音韵时的依据。在此我们想讨论乡话当中的{房子}义词[参看本章 3.1 小节的例(15)]。

《说文》:"室,实也。从宀从至。至所止也。"根据《说文》,"室"是会意字。不过,多数学者认为"室"是由"至"得声的形声字。[①]"至"是中古章母字,在上古音系中只能是 T 类声母的字。可见,"至"得声的"室"应该也属 T 类声母的字。Baxter、Sagart 两位教授把"室"的上古音拟作 * s. tit,甚是。

"室"既然是 T 类的书母字,在乡话最古老的层次里就应该读作不送气塞擦音[ts、tɕ]。古丈方言[tɕi⁷]和泸溪方言[tsi⁷]的声母都合乎这一语音对应规律。我们认为这是把乡话中的{房子}义词认定为"室"的有力证据之一。[②]

第三,闽南区永福方言里的"少数量小、叔、春"字读音值得注意:

少数量小 tso³   比较:蕉、椒 tsio¹ | 醮 tsio⁵ | 借 tsio⁷(以上精组);照

---

① 何琳仪(1998:1088)认为"至亦声"。

② 根据 Douglas(1873:56),闽南区漳州方言{处女}义词"在室女"读作[tsai⁶tsit⁷li³]。此处书母"室"的声母读作塞擦音[ts],与乡话一致。这应该是反映上古声母 * s.t 的读音。邻近的厦门方言"在室女"读作[tsai⁶sɪk⁷lu³]。[sɪk⁷]代表了比[tsit⁷]新一点的读音。Baxter 和 Sagart(2014a:93)的 TABLE 4.17 列出了"室"的厦门音[tsit⁷],疑是实为漳州音。

tso⁵丨尺 tsʰo⁷丨石 tso⁶(以上章组)①

叔 tsok⁷　　　　　比较：促 tsʰiok⁷(清母)

春 tsoŋ¹　　　　　比较：从 服从 tsʰioŋ²丨松 松树 sioŋ²丨诵 sioŋ⁶(以上精
　　　　　　　　　组)；肿 tsoŋ³丨种 播种 tsoŋ⁵丨铳 tsʰoŋ⁵(以上章组)

　　来自章组的字脱落了介音，而来自精组的字则保存着介音。我们可以推测，永福方言的音韵史上章组应该曾读作舌叶音，所以才发生介音 *i 的脱落。比如，"照"经历了 *tʃio⁵ > *tʃo⁵ > tso⁵ 的音变过程。(秋谷裕幸 2019b：80，83，85；秋谷裕幸 2022c：78)

　　尤溪中仙方言也有同样的情况，有一部分字仍能区分精组和章组。例如(各组前字为精组，后字为章组)：邪 θia²≠蛇 ʃa²丨死 θɛi³≠始 ʃi³丨修 θiu¹≠收 ʃɔu¹丨抢 tθʰiɛŋ³≠厂 tʃʰɛŋ³丨井 tθɛ³≠正~反 tʃɛ⁵ 不算调类。本章第 2 节的八例中，"少数量小"[tʃo³]和"升容量单位"[tʃiŋ¹]的[tʃ]声母保存着章组的古读，与精组有区别。

　　中古章组声母是受到三等介音 *i 的影响而形成的。据此我们可以根据现代方言的材料推测上古音系中产生介音 *i 的时候还存在 *ST-和 *l̥-、*n̥-、*ŋ̊-之间的对立，就是说先产生介音 *i 然后再发生 *ST-和 *l̥-、*n̥-、*ŋ̊-之间的合并。这一推测当然需要进一步根据文献或出土材料方面的证据来检验。不过，这种情况提醒我们现代汉语方言材料尤其是闽语的材料当中存在一些不可忽略的重要现象，在研究上古音时可以参考。

本章所用出土文献

　　湖北省荆沙铁路考古队(1991)、荆门市博物馆(1998)、李学勤主编(2010)、李学勤主编(2011)、马承源主编(2002)、马承源主编

---

　　①　永福方言把心母的"笑"读作[tsʰo⁵]，合乎章组的读法。除了"笑"以外，邪母"像"和"席"以及心母"惜""粟"和"筅"也有同样的章组读法出现。关于这个问题，参看秋谷裕幸(2019b)。

（2004a）、马承源主编（2004b）、马承源主编（2005）。

（原载《中国语文》2014 年第 4 期：340—350）

More Discussion on the *Shū* Initial Derived from Old Chinese *ST-

NOHARA Masaki   AKITANI Hiroyuki

Abstract：American scholar professor William Baxter studied the Old Chinese origins of Middle Chinese *Shū* initial and proposed the phonological correspondence "Old Chinese *ST-：Mǐn dialects unaspirated affricate". This chapter examined and confirmed this thesis on the basis of more modern dialectal materials and the behavior of *Shū* initial in *Chǔ* bamboo strips of the Warring states Period.

Keywords：Old Chinese；*Shū* initial；Mǐn dialects；*Chǔ*（楚）bamboo strips of the Warring states Period；T-type initial and L-type initial

第4章 构拟"少"的上古音

野原将挥(著) 赵清泉(译)

提要 本章的主要目的是构拟"少"字的上古音。根据以往的研究,关于"少"字的上古音仍存在着一些争论。这是因为"少"字的谐声系列极为复杂,根据《说文》,"少"与明母"杪""秒",初母"钞"等有谐声关系。加之,有些学者也认为"少"与心母"小"有谐声关系,可互通假。不过根据中古音、谐声原则、通假规则,本章不认同"少"与明母"杪"、心母"小"之间有谐声、通假关系。本章以出土文献的通假例和闽语送气、不送气塞擦音(中古音书母)为研究对象进行分析,给"少"字声母构拟 *st 声母。

关键词 上古音 书母 闽语 出土文献 "少"

1 引言

本章的主要目的是构拟"少"字的上古音,尤其是其声母。由《诗经》押韵来看,"少"字的韵部可推定为宵部。① 不过从它复杂的谐声关系方面看,声母的构拟却颇为困难。平田(2010:62—65)指出,由于对"水"的构拟缺乏线索因而"构拟强度较低(拟音的可行性较

---

① 本章将"少"的韵母构拟为 *-ewʔ/ʔ-s,如 3.2.4 小节所述,还需注意到它与入声"勺"的通假关系。

低)",①本章则旨在处理由于谐声关系复杂而"构拟强度"较低的"少"字。对待像这样构拟强度低的汉字,以往不外乎谐声系列的整理等研究方法。因此,本章综合运用出土材料、闽语的对应关系等研究方法,拟对战国时期"少"字的读音做出构拟。

2 以往的研究

2.1 中古音书母的上古音

"少"字中古为书母。据谐声系列,中古音书母字有着多种上古声母来源:②

① 来自 *st-的书母,如"書";

② 来自 *l̥-(清流音)的书母,如"說";

③ 来自 *n̥-(清齿鼻音)的书母,如"恕";

④ 来自 *ŋ̊-(清软腭鼻音)的书母,如"勢";

⑤ 来自 *qʰ-(清送气小舌音)的书母,如"赦"。

中古声母至少有以上 5 种上古声母来源。③ 此外,郑张尚芳(2013)还有 *hmj-[ʰmj]、潘悟云还有 *m̥-[m̥]的书母构拟(详述于2.3 小节)。

2.2 "少"的谐声关系

《说文》说解为"少:从小丿声"。"丿"的中古音韵地位是山摄屑韵四等开口入声滂母(普蔑切)和蟹摄祭韵三等开口去声以母(余制切)二音。而且,《说文》里以"少"为声符的字有中古明母"眇""秒"

---

① 原文是"复原强度"。

② 本章认可中古的一、二、四等韵(即 A 类)是咽化的(* -ˤ-)。

③ 此外,少数情况是 *r-与中古书母也有关联("爍": *rewk)。中古音书母字跟第一次腭化也有关系,"声"等字有各种讨论。(古屋昭弘 2006:214;大西克也 2006:68—69)

"秒"和中古初母"钞"等。此外,不少学者认为"少"与中古心母"小"字具有谐声关系。① 以上叙述可如表 1 所示:

表 1 "少"的谐声关系

例字	中古音韵地位	说文解字
少	效摄宵韵三等开口上声/去声书母	从小丿声
丿	山摄屑韵四等开口入声滂母 蟹摄祭韵三等开口去声以母	
眇、杪、秒	效摄宵韵三等 A 开口上声明母	少声或少亦声
小	效摄宵韵三等开口上声心母	
钞	效摄肴韵二等开口平声初母	从金少声

实际上,"丿"字的韵母有较大差距,本章不将它视作声符。由此看来,与书母"少"字会有谐声关系的是"眇""杪"等明母字、"小"等心母字、"钞"等初母字。

2.3 以往学者的看法

表 2 中是各位学者构拟的上古音。

表 2 以往学者的拟音②

Baxter (1992)	潘悟云 (2023)	郑张尚芳 (2013)	Schuessler (2009)	Baxter & Sagart (2014b)
*h(l)jew?	*m̥hjew?/q^{h}le^w?	*hmjew?	*hjau?	*[s. t]ew?

---

① 譬如何琳仪(1998:323)指出"小亦声"。

② 潘悟云先生的上古音 *m̥hjew? 根据东方语言学的网站。后者(q^{h}le^w?)来自潘悟云(2023:224)。

2.3.1　与中古音明母"眇""杪""秒"的关系

如表 2 所示,潘悟云(2023)、郑张尚芳(2013)认为明母"眇"字和书母"少"字存在谐声关系,各自都构拟了 *m-。其中潘悟云先生的是清鼻音[m̥]、郑张先生的是[ʰm]。[①]

与之相对地,Schuessler(2009:204)指出,"'少'是意符",认为"少"与中古明母("眇"等)不存在谐声关系。Baxter 和 Sagart(2014)也同样不认可"少"与"眇"等字的谐声关系,其构拟形式(*[s.t]ewʔ),是考虑到闽语的不送气/送气塞擦音(与中古声母对当)的对应关系,而做出的构拟(有关于闽语的不送气/送气塞擦音的对应关系,详后文所述(也可参看本书第 3 章)。

2.3.2　与中古心母"小"、初母"钞"的关系

关于如何处理中古音心母"小"、初母"钞"的谐声关系,学界看法各异。根据谐声原则,书母通常不直接与心母字发生谐声关系,因而并未认为书母"少"与心母"小"、初母"钞"有着直接的谐声关系。因此,郑张尚芳以明母("眇""秒")作为"中间角色(中介)",认为它们具有谐声关系(见表 3 *m-组)。

表3　郑张尚芳(2013)鼻音与心母、书母的谐声关系

	*m-组	*n-组	*ŋ-组
书母	"少":*hmjewʔ/s	"恕":*hnjas	"势":*hŋjeds
鼻音	"秒":*mewʔ(明母)	"女":*naʔ(泥母)	"埶":*ŋeds(疑母)
心母	"小":*smewʔ	"絮":*snas	"褻":*sŋed

表 3 的 *m-组、*n-组、*ŋ-组具有平行关系,可谓非常系统的假说。

---

① 郑张尚芳(2013)主张清鼻音[m̥]变为中古滂母 ph-,如 *ʰm->x-、*m̥->pʰ-。从类型学看,*ʰm-和 *m̥-在同一时期是难以共现的。

但上述 Schuessler(2009)、Baxter 和 Sagart(2014)根本不承认书母与明母的谐声关系。① 综上所述,围绕中古书母"少"字有以下两种假说:

① 认可与中古音明母"秒"的谐声关系。以鼻音为中介,认为中古心母"小"、初母"钞"有谐声关系。(郑张、潘,表 3)

② 不认可"秒""小""钞"有谐声关系。(Schuessler、Baxter & Sagart)

下面,本章以出土文献、闽语声母的不送气/送气塞擦音的对应关系为中心,尝试对"少"字的构拟做出回答。

3　出土材料中的"少"

3.1　作为表记的"少""小"与作为词语的{少}、{小}

饶有趣味的是,从甲骨文到金文,乃至战国楚简里都是用"少"字表记{少}或者{小}。下面各举若干例子说明。

3.1.1　甲骨

既往研究认为,以三点(')来表示{小},以四点(')来表示{少},实际并无区别。可以通过以下例子说明:

(1) 贞今夕**小**其雨(《合集》12711)

(2) 壬戌卜甲子**少**(小)雨(《合集》33920)

例(1)( )以三点表示,例(2)( )以四点表示,在表记方面有明显的差异,但都表示{小}。就是说,表记方面的差异不作为可区别性特

---

① 　Schuessler(2009:200)指出:"The element 小 is semantic, not phonetic; MC s- and ś- do not mix in XS. ('少'是意符,并非声符。中古 s-与 ś-没有谐声关系)。"Schuessler(2009)的上古音分别是"小":ʰsiauʔ、"秒秒":ʰmiauʔ。Baxter 和 Sagart(2014)的上古音分别是"小":[s]ewʔ、"秒秒"ʰ[m]ewʔ。

征。与例(1)、例(2)相同,我们还能联想到诸如"小臣:少臣"、"小牢:少牢"这样的最小比对,它们的表记形式虽然多见,意义上却没有差别。

3.1.2 金文

在金文中也可见到"少"字表示{小}之例:

> (3) 女(汝)**少**(小)心畏忌[《叔尸镈》、《集成》(一):272)]
>
> (4) **少**(小)子[《蔡侯纽钟》、《集成》(一):210]

例(3)、例(4)都用"少"表示{小}。此外也有"余小子:余少子""小臣:少臣"等表记形式,金文里也没有对"少"和"小"做出明确的区分。

3.1.3 战国楚简

战国楚简的情况亦未发生变化:

> (5) 毋目(以)**少**(小)愄(谋)敗(败)大煮(图)(上博简《缁衣》12)
>
> (6) **少**(小)邦尻(处)大邦之閒(间)(上博简《曹沫》14)

例(5)、例(6)与"大煮(图)""大邦"两两相对,"少"表达的是{小}。与此相对,例(7)是"少"字表达{少}(如字):

> (7) 采(卒)谷(欲)**少**目(以)多(上博简《曹沫》46b)

例(7)是"少"与"多"对言,表达的是{少}。从这些例子,我们可以推测,当时会根据上下文义分别读作{少}和{小}。

3.1.4 秦简

与此相对,地处西方的秦国对"少"和"小"有明确分工,即"少"字表示{少}、"小"字表示{小}:

> (8) 今尚血出而**少**(睡虎地秦简《封诊式》92)
>
> (9) 为其器同形者,其**小**大、短长、广夹(狭)必等(睡虎地秦简《秦律》96)

甘肃省出土的秦统一后的天水放马滩秦简里,"少"和"小"字同

样分工明确：①

(10) 其状，类(颣)益(嗌)、**少**麋(眉)、墨、四支(肢)不用(放马滩秦简乙种《丹》志四)

(11) 利筑宫室、为小啬夫，有疾难疗(放马滩秦简甲种《建除》甲十五)

由此可见，至少在战国以后的秦时期，"少"和"小"有明确的使用分别。②

3.1.5 汉简

以上"少""小"字分工的用字习惯，为汉代所沿袭，直至现代仍普遍承续。③ 下文以《老子》为例：

(12) **少**私寡欲(北大汉简《老子》170)

比较：今本"少私寡欲"、马王堆帛书"**少私寡欲**"、郭店简"少私寡欲"。例(12)"少"与"寡"对举，表达的是{少}。

(13) 大国以下小国(北大汉简《老子》63)

比较：今本"大国以下**小**国"、马王堆帛书"大邦以下**小**邦"、郭店简"大邦以下**少**(小)邦"。例(13)与"大国"对言，"小"字表示的是{小}。例(13)对应的战国时期的郭店简仍以"少"字表示{小}。

上述关系大致(实际更为复杂)如表4所示。可以发现，战国时期秦系与东方系可能存在对立，但受资料所限无法明确细节。而且，尚不能明确区分"少"与"小"的具体时期(大西克也 2010：382)：

---

① 关于放马滩秦简的年代有各种说法，本章从海老根(2012：159—170)。依据海老根，放马滩秦简的年代从文字的使用情况看，属秦统一之后。放马滩秦简的用字法，详参大西克也(2010：375—392)。

② 大西克也(2010：382)指出，"根据放马滩秦简和睡虎地秦简官方系统文献的用字看，二字的分工大概在战国晚期已经基本形成了"。

③ 马王堆帛书多不区分"少"和"小"。这大概是东方六国的写手在学习秦文字的阶段所产生的讹误。(大西克也 2010：382—383)

表4

甲骨文、金文	
"少""小" → ｛少｝｛小｝	
秦简	**楚简**
"少" → ｛少｝ "小" → ｛小｝	"少""小" → ｛少｝｛小｝
汉代	
"少" → ｛少｝ "小" → ｛小｝	

由以上情况看,诸多研究者将"少"与"小"视作"二文本一字"。[①] 在他们看来,"少"与"小"有通假的可能性(甚至也可存在谐声关系),本章并不如此考虑,是因为有以下三个前提:[②]

① "少"与"小"中古音分别是书母与心母;

② 谐声原则看,书母与心母不存在谐声关系;

③ 通假可能的范围看,书母与心母不存在通假关系。

根据以上的前提,不能认为"少"与"小"在上古阶段存在谐声、通假的可能。

3.2 作为文字构成要素的"少"字及其通假例

如下所示,特别是在战国楚简里,"少"字并不表示｛少｝的字音,即与书母宵部对当的字音。

3.2.1 生母歌部"沙省声"

(14) 长屉(沙)(包山简61)

(15) 乃东遷(徙)、止于成周(清华简《系年》9)

例(14)、例(15)表面上是少声字,但分别表示的是｛沙｝、｛徙｝。这些

---

① 　参见杨树达(1931/2013：86)"说小"。段注："古少小互训通用。"

② 　上古音研究者之间共同遵循这一原则,上古音研究之外的领域对此完全抱持怀疑态度。虽有研究者将书母"少"字与心母"小"字视作通用,大概是这一原则还未达成共识。

字是生母歌部的"沙"的省声("沙"是生母,"徙"是心母。心母与生母多有谐声关系,其上古音分别是 *s^{ˤ}raj、*[s]ajʔ)。同样的例子如《说文》"魦,从鱼沙省声"。我们不能根据这样的例子构拟"少"字音。

3.2.2　精母药部"雀省声(?)"

> (16)古(故)上不可目(以)埶(設)型(刑)而翟(轻)灷(爵)(上博简《缁衣》15)

例(16)以"灷"表示{爵}。"爵"本是精母药部字,"灷"字不能视为少声。一般来讲,在金文和楚简中以"雀"字表示{爵}。实际上,例(16)(上博简《缁衣》)对应的郭店简《缁衣》里,用"雀"字来表示"爵"。"灷"可能是"雀"省声。① 这样的例子也不能作为构拟"少"字音的证据。

3.2.3　心母药部"小"的读音与通假

如上所述(3.1 小节),甲骨文、金文、战国楚简里"少""小"两字并没有分工。通假字的情况也是一样,以"少"字,实际表示的是{小}(相当于心母宵部)的读音:

> (17)玉笊(箫)与淳于之田(清华简《系年》71—72)
> (18)郢大䝉(府)之□笊(筲)[郢大府铜量《文物》1978(5):96]②
> (19)君又(有)慇(谋)臣则坏陞(地)不钞(削)(郭店简《语丛四》23)

例(17)—例(19)的"少"字表示心母宵部的{箫}{筲},也表示心母药部的{削},可以认为,以"少"字表示的是{小}的读音(心母宵部)。这样的通假例也不能用为构拟"少"字音的证据。③

---

① 《说文》"雀:从小隹。读与爵同"。

② 广濑熏雄(2006:219)将马王堆帛书的"赵"表记为"勺",依据之一是新蔡楚简的"籿"读为"筲",本章认为因"少"与"勺"音近,讹误作"勺"。"籿"实际表现的是{小}的读音。

③ 《说文》认为初母宵部的"钞"是少声,但它与上文的例(19)一样,"钞"字的"少"构件表示的应该是{小}的读音。

3.2.4 T类声母药部"勺"、宵部"趙"

（20）邲（趙）文子（清华简（二）《系年》97）〔固有名词〕

（21）灼（趙）桓子（清华简（二）《系年》111）〔固有名词〕

例（20）从邑少声的"邲"字表示的是｛趙｝，例（21）少声或勺声的"灼"表示的也是｛趙｝。①

（22）酌（趙）文子［清华简（二）《系年》96］〔固有名词〕

由于少声的例（20）"邲文子"和勺声的例（22）"酌文子"所指的都是同一人物"趙文子"，可以认为"少""勺""趙"三字是音同或是音近。下文我们基于这些通假例子，试对"少""勺""趙"字的读音做出构拟。

3.3 利用出土文献构拟"少""勺""趙"的上古音

3.3.1 "勺"字读音

"勺"的中古音声母为章母或禅母。因此"勺"属于所谓上古的 T 类声母（*t-、*th-、*d-）的可能性较大。② 不过据《说文》，"勺"的谐声系列里有帮母药部的"杓豹"、匣母宵部（清母药部）的"芍"、影母药部"约"等，③大大违背了谐声原则。试看在清华简《系年》所见的"勺"字的通假用例［如上所示的例（20）—例（22）也是清华简《系年》的例子］：

（23）秦穆公乃韵（召）文公於楚（清华简《系年》37）

例（23）里勺声的"韵"字表示的是中古禅母的｛召｝。"召"是以中古音端母的"刀"字为声符，属于 T 类声母。亦即，与之通假的"勺"

---

① 这一时代之后的马王堆帛书《战国纵横家书》里，一般用"勺"字来表示｛赵｝。

② 或称 T 系，T-type。

③ 据甲骨文等，"豹"原本为象形文字，很难说是"勺声"。推测其后经历了某种声符化过程。

字,至少在战国时期,是属于 T 类声母的。① 本章将"勺"字构拟为
*tewk、*dewk。②

3.3.2 "少"的字音

下面简述与 T 类声母有通假关系的"少"字的读音。有关于战国
竹简的 T 类声母和 L 类声母(L-type),野原将挥(2009:67—85)一文
里有如下假设(做了部分修正,也可参看本书的第 2 章):

① 至少在战国中期到晚期,T 类声母和 L 类声母尚未合并。T
类声母只与 T 类声母通假,不与 L 类声母通假。同样,L 类声母只与
L 类声母通假,不与 T 类声母通假。

② 在战国楚简中,要是某字跟 T 类声母通假,那么该字便是 T 类
声母。相反,要是某字跟 L 类声母通假,那么该字便是 L 类声母。

至于因缺乏谐声关系不能判断究竟是 T 类声母抑或是 L 类声母
的,可通过战国竹简的通假情况来推测。

"少""趙"在战国竹简里与 T 类声母的"勺"字通假,基于以上假
设,可推断它们均为 T 类声母。本章的重新拟音如表 5 所示:

表 5 战国楚简所见的"少""勺""趙"的重新拟音

勺	少	趙
*tewk/*dewk	*stewʔ/*stewʔ-s	*drewʔ

3.3.3 "趙"字读音构拟的问题所在

上文虽将"趙"字读音构拟为 *drewʔ,仍有如下问题。即《说文》认
为"趙"为"肖声"。"肖"中古为心母字,"肖"的声符是"小"。不过,由
于"趙"为澄母,但也不能认为心母的"肖""小"二字具有谐声关系。如

---

① 参见本书的第 2 章。"勺"的谐声系列大为超出谐声原则的声系,从清华简 T 类声
母的"召"有通假关系看,至少表明清华简的"勺"是 T 类声母。另外,杨树达(1931/2013:
86)举了与"小"义有关的几个例子,"刀"也是其中之一,如《诗经·卫风·河广》:"谁谓河
广,曾不容刀",郑笺"小船曰刀"。

② Baxter 和 Sagart(2014b)把禅母"勺"构拟为 *m-tewk。

前所述,除了秦地以外诸多地域"少"字既可表示{少},亦可表示{小}。换言之,"少"这一表记形式,既可表示{少}的读音——书母宵部;也可表示{小}的读音——心母宵部。因此,"趙"字的"小"构件表记形式上是"小",但也有较大可能是表示{少}的读音。以下可通过春秋后期晋侯马盟书的"趙"字来看(图版以字体相似度为序):

表6　侯马盟书"趙"(山西省文物工作委员会编《侯马盟书》)

	①	②	③	④	⑤	⑥	⑦
图版							
出处	156-4	156-1	200-1	152-2	195-8	156-19	88-1
数次	118	113	1	1	2	18	1

可以看出,侯马盟书"趙"的③、④、⑤(阴影部分)"小"构件作"少",从这一点看,当时明显不能区分"小"和"少"。① 本章认为,"趙"字的"小"构件表示的是{少}的读音。关于"少"字换读为{小}的问题,请参看野原将挥(2018：66—81)。

3.4　"勺"相关的问题

本章已基于出土材料的例子,将"少"重新构拟为*stewʔ/*stewʔ-s,但还有几个问题值得考虑。即勺声字与泥母、日母("弱""溺")有通假关系:

　　(24) 晋公以㑖(弱)(清华简《系年》103)　"㑖"

　　(25) 士又(有)㥁(谋)友,则言谈不勺(弱)(郭店简《语丛四》23)②

---

① "肖"也有作"少"的字形。这里也可认为是"少"与"小"不做区分。又睡虎地秦简《为吏之道》2伍有"肖人"表示{小人},这是非秦系的用字法。(大西克也 2010：383)

② 可参照刘钊(2005：233)"士人有谋友则谈辩就会很有自信"的释文意见。

普遍认为,例(24)从勺声的"彴"字表示的是{弱},例(25)是"勺"字表示{弱}。此外,也有"沴"表示{溺}的例子。① "弱"为日母药部、"溺"为泥母,例(24)、例(25)是 T 类声母的"勺声",它们与泥母、日母通假。这种情况下,超出谐声原则、通假可能的范围,例(24)、例(25)对于本章 T 类声母的"勺",为"少"构拟 * st-等假设构成阻碍。关于这点,认为现有三种可能性:

① 是"勿"或"㳊"讹变的可能性(勿、水→勺);
② 是"约"异体字的可能性[彴(约)];
③ 受通假的可能范围及通假可能的词语数量的制约。

首先,讨论"勿"或"㳊"讹变的可能性。通常,楚简在表示{弱}{溺}时,使用的是"勿"和㳊声的"㲻"字表示:②

包山简 7　　　郭店简《老子》甲本 8　　　上博简《鲍叔牙》3

与例(24)的"彴"比较,或许可以认为"勿"和"勺"存在讹变的可能性(不过从字形看可能性较低)。

再者是关于"㳊"的讹变。如下所示,郭店简《语丛二》36 和《汗简》可见"㳊"字。"㳊",《说文》的说解是"没也(没水也),从人从水(读若与溺同)":③

郭店简《语丛二》36"㳊"{弱}　　　汗简"弱"

值得注意的是,郭店简《语丛二》36 里读作{弱}的"㳊"字,显然,"水"的构件部分与"勺"字形相似。其他文献里,"水"也经常与"勺"

---

① 《中山王厝鼎》有"沴"表示{溺}的例子。
② 上博简《鲍叔牙》3 的例子,下半部分作"力"。
③ 括号内为小徐本。

· 77 ·

由近似的字形来表记,详见表7:

表7　"水"字与"勺"字

水	上博简《三德》16	郭店简《太一生水》1	郭店简《五行》46	清华简《系年》68
勺	清华简《系年》111	清华简《系年》64	郭店简《语丛四》24	新蔡简甲203

　　特别是清华简68"水"与新蔡楚简203"豹"的"勹"极为相似。以此可作为本章由"勿""水"讹变为"勺"的一个可能性证据。例(24)的"仢"或许是"㵼"或"伙"的异体字。

　　关于"约"异体字的可能性。与例(24)一样,可见到清华简《系年》"约"字读作意义为"弱"的例子:

　　(26)宋悼公朝于楚,告以宋司城㚟之约公室(清华简《系年》114)

"约"

清华简《系年》编者原注读作"削弱"。传世文献所见的"约"有"穷困、穷尽"之义,例如《礼记·坊记篇》"小人贫斯约"、《左传·定公四年》"乘人之约,非仁也"等。例(24)"仢"和例(25)"勺"应当也是表示{约}。

　　最后来看受通假的可能范围及通假可能的词语数量的制约。

　　谐声原则、通假范围的原则,可参见李方桂(1980)、古屋昭弘(2008)等。概括言之,调音部位和调音方法相近的则在通假可能的范围之内。不过某类词语其同音或音近的文字数量极少。此时,标明相应的假借字则存在困难,可能需要扩大通假的声系才能找到相应通假字。如上所述(3.3.1小节)"勺"字谐声关系相当广泛,大为越出谐声原则。此时勺声与泥母或日母通假(依据本章"勺"被视作

T 类声母),其调音方法不同,调音部位却是一致的。① 关于这一点,更多论证和统计的研究将是必要的。

以上,我们讨论了目前存在的三种可能性。但由于一直缺少决定性的依据,例(24)、例(25)对"勺""少""趙"的字音的重新构拟,所面临的困难仍未变更。不过,本章仍将"少"字构拟为 *ST。下文我们通过与闽语的送气/不送气塞擦音的对应关系做考察。

4 闽语的送气/不送气塞擦音(中古书母)的对应关系

白一平(2010:161—177)曾假设,闽语的清不送气塞擦音与上古 ST 书母对应,清送气塞擦音与上古的清流音[l̥]、清鼻音[n̥]对应,如表 8 所示:

表 8 白一平(2010)闽语送气/不送气塞擦音与上古书母

	中古音	厦门	上古音
升	sying(曾开三平蒸书)	tsin1	*s-təŋ
书	syo(遇开三平鱼书)	tsu1	*s-ta
叔	syuwk(通合三入屋书)	tsɪk7	*s-tiwk
水	sywijx(止合三上旨书)	tsui3	*s. turʔ
拭	syik(曾开三入职书)	tsʰit7	*l̥ək
试	syiH(止开三去志书)	tsʰi5	*l̥ək-s
舒	syo(遇开三平鱼书)	tsʰu1	*l̥a
首	syuwX(流开三上有书)	tsʰiu3	*l̥uʔ
手	syuwX(流开三上有书)	tsʰiu3	*n̥uʔ

---

① 李方桂(1980:10)"舌尖塞音互谐,不常跟鼻音(泥)谐",通常塞音与鼻音难以自由发生谐声关系。

表8上半部分(非阴影区域)厦门话表现为清不送气塞擦音[ts]、对应于上古 *ST 书母(但根据前文所述,对"水"字读音的构拟依据极少)。另一方面,表8下半部分(阴影区域)厦门话表现为清送气塞擦音[tsʰ],与上古的清流音、清鼻音对应。换言之,该假设成立的话,可从厦门话书母的音值推断上古的音值。野原将挥、秋谷裕幸(2014:340—350)从厦门以外的闽语、瓦乡话的中古书母与战国竹简等材料出发,以此推导上古书母,得出了与白一平(2010)的假设相同的结果。即以下假设:①

① 闽语的清不送气塞擦音,来自上古的 *ST;

② 闽语的清送气塞擦音,来自上古的清鼻音、清流音。

现代各方言的"少"字的读音表现如表9所示:

表9 闽语及瓦乡方言"少"
[野原将挥、秋谷裕幸 2014(本书第3章);伍云姬、沈瑞清 2010]

厦门	永福	福州	古田	中仙	古丈	沅陵
tsio3	tso3	tsieu3	tɕiɐu3	tʃo3	tsau3	tsaɔ3

鉴于"少"字在上述方言点无一例外均表现为清不送气音,根据上述假设[白一平 2010,野原将挥、秋谷裕幸 2014(本书第3章)],"少"字仍构拟为 *ST。以此得出结论,战国竹简里"少"字以及与之有通假关系的"勺""趙"可能也都是 T 类声母。

表10 从闽语的对应关系所见"少""勺""趙"的拟音

少	勺	趙
*stewʔ/ *stewʔ-s	*tewk/ *dewk	*drewʔ

郑张尚芳(2013)等有基于与明母谐声关系的观点,但根据上述

---

① 在这个假设成立的情况下,平田昌司(2010:62—65)举出"水"的读音,从与闽语的对应关系看,可构拟为 *ST。(野原将挥,秋谷裕幸 2014:348)可看本书第3章。

出土材料通假关系、与闽语的对应关系等,我们认为将"少"字重构为 *ST 的盖然性(可能性)较高。

5 结语——今后的课题

综上所述,"少"或"小"等表记形式,"少"既可以表示│少│的读音——书母宵部;也可表示│小│的读音——心母宵部。表明"少"和"小"等表记形式至少有两个以上的谐声系列。这种现象在上古汉语里绝非稀见现象。以往的研究,据此认定"少"和"小"具有谐声、通假关系——即将"少"和"小"视为同音或音近。不过,① 中古时二者各为书母和心母;② 谐声原则看,书母与心母不存在谐声关系;③ 通假可能的范围看,书母与心母不存在通假关系;④ 战国楚简里与 T 类声母通假;⑤ 上古书母与闽语的对应关系。以上 5 点恰如其分地说明,本章必须考虑将"少"与"小"拟作不同音。而且,根据历史语言学的原则(当然还有方言等语言学层面的差异以及类推等例外音变等),中古音以及闽语音值差异,上古音也不应同音。郑张尚芳(2013)等虽未违背该原则,但从战国竹简的通假、与闽语的对应关系看,"少"重构为 *st- 的盖然性较高。

本章所举的"少"与"小"字在语义和音形上相类,视作二者可能是通用的例子并非少数。构拟这些词时,除了对谐声系列分类等传统研究手段外,还必须从出土材料的运用、闽语的对应关系等各种角度,对此做出严密分析。本章举此一例是对构拟方法的初步尝试,今后的上古音研究也可考虑采取该类方法。而且,推进上古音研究的同时,也很有必要广泛吸纳古文字等相近领域的研究成果。①

---

① 例如 Baxter 和 Sagart(2014:27)根据 Pulleyblank(1962)对 T 类声母和 L 类声母的区分,指出"古文字学者尚未达成广泛共识(it is not widely recognized by paleographers either)",即上古研究成果还没有达成基本共识。

附记

本章在日本中国语学会第 64 次大会(2014 年)口头发表基础上做了增补、修正。在写作期间,诸位先生提出了宝贵意见,谨表谢忱。本章是日本学术振兴会平成 27 年科学研究费补助金(特别研究员奖励费)部分研究成果。

(原载《中国语学》2015 年 262 号: 57—75)

The Reconstruction of the Word *Shao*(少) in Old Chinese Phonology

NOHARA Masaki

Abstract: This study attempts to reconstruct the word *shǎo*(少) in Old Chinese phonology. Since it seems to have *Xiéshēng* connections with *miǎo*(杪) and *xiǎo*(小), some scholars have proposed reconstruction involving the voiceless nasal [m̥] or the consonant cluster [hm]; however, other scholars have rejected these *Xiéshēng* connections. Based on excavated documents and Min dialects, the word *shǎo*(少) is reconstructed as ˀstewʔ or ˀstewʔ-s.

Keywords: Old Chinese phonology; excavated documents; Mǐn dialects

第5章 闽语中"来母S声"的来源[*]

秋谷裕幸

提要 "来母S声"的来源是原始闽语＊r(大多数)和＊ɽ(只有三个字"露、濑、□寻找"),均为发音部位与[ʃ]相同的近音。这个音值也反映了比中古音更早的来母音值。闽语的保守性、原始闽语的流音系统(＊r、＊ɽ、＊l、＊l̥)以及福建西部和西北部方言区分 ts 组和 tʃ 组的区域特征,这三个因素结合起来促进福建西北部的闽语产生了"来母S声"。

关键词 闽语　来母S声　音韵史　古音构拟　上古来母　流音

1 引言

一部分古来母读擦音是闽语的重要音韵现象之一,一般称作"来母S声",分布在闽北区、闽中区和邵将区。① 下面是闽北区石陂方言

＊ 本章的初稿曾于"第十一届国际闽方言学术研讨会(2010.1.9—1.11,漳州师范学院)"上宣读。进行修改时,三位匿名审稿专家以及 Zev Handel 教授都提出了许多中肯的修改意见。统致谢忱。本研究得到 2009 年度教育部人文社会科学重点研究基地重大项目"区域类型视角下的汉语方言计量性比较研究"(项目编号 2009JJD740002)的资助。

① 赣语鹰弋片弋阳县陶塘方言把"六"读作[luʔ⁸]或[seʔ⁸]。(杨时逢 1971:407)除了闽语以外,早期"来母S声"也许还分布在赣语。吴语处衢片浦城方言把"螺"读作[sue²]。(郑张尚芳 1985:40)但这一读音有可能是借自邻近的闽北区方言的。李如龙(1983:265)则指出闽南区方言中也存在个别例子,如"濑"读作[sua⁵]等。此外,分布于湖南省沅陵、古丈、泸溪等县的"瓦乡话"中存在来母读塞擦音或擦音的现象,与闽语的"来母S声"有所相似。以下是乡话古丈方言的例子:梨 za²│李 dza³│漏 za⁵│来 zɤ²│淋 dzai²│聋 tsau¹。(伍云姬,沈瑞清 2010:17)

和镇前方言的例子：

石陂

古平声　螺、胭 so⁵｜芦 su⁵｜雷 so⁵｜狸 se⁵①｜篮 saŋ⁵｜鳞 saiŋ⁵｜郎 sɔŋ⁵｜
　　　　聋 səŋ⁵

古上声　老 səu¹｜卵 sueiŋ¹｜两~只 sɔŋ¹｜䜣稀疏② sɔŋ⁵

古去声　露 su⁶｜濑浅滩、水流很急的地方。下同 suai⁶③｜健鸡~仔：未下过蛋的母鸡。下
　　　　同④ sueiŋ⁶

古入声　笠 se¹｜力、劙植物的刺。下同⑤ se¹

镇前

古平声　螺、胭 ɬoi²｜芦 ɬu²｜雷 ɬoi²｜狸 ɬœ²｜篮 ɬaŋ²｜鳞 ɬiaŋ²｜郎 ɬauŋ²｜聋 ɬoŋ²

古上声　李~仔 ɬœ⁶｜老 ɬeu⁶｜卵 ɬuiŋ⁶｜两~只 ɬauŋ⁶

古去声　露 ɬu⁶｜濑 ɬua⁶

古入声　笠 ɬœ⁶｜劙杉~：杉树的叶子 ɬœ⁶｜六 ɬu⁶

　　据李如龙（1983：270），在福建西北部的闽语闽北区、闽中区和邵将区方言中读擦音的来母字共有 31 个。

　　描写、研究这一现象的文章很多，⑥但这个现象的来源至今还没有定论。本章在研究的基础上，提出"来母 S 声"源于 *r 和 *r̥ 的新观点。

2　"来母 S 声"与"来母 ∫ 声"

　　潘茂鼎等（1963：479）首先介绍了闽中区永安方言中少数来母读作[∫]声母的现象：笠 ∫ye⁴｜鳞 ∫ĩ²｜李 ∫ia⁴。Norman（1969：343）⑦和

---

① 关于"狸"字声母的上古来源，看本书第 7 章 4.2 小节。

② 《广韵》上声荡韵卢党切："䜣，空虚。"

③ 关于"濑"字声母的上古来源，看本书第 7 章 3.3 小节。

④ 《集韵》去声线韵连彦切："鸡未成曰健。"

⑤ 《广韵》入声职韵林直切："赵魏间呼棘。出《方言》。"

⑥ 平田昌司（1988）概括了 1988 年以前的有关研究。秋谷裕幸（2008：5—7）则列举闽北区方言历史音韵方面的文章，其中也包括了研究"来母 S 声"的研究。可以参看。

⑦ 最早探索"来母 S 声"来源的研究就是 Norman（1969：342—344）。

李如龙(1983：264)等文章也都注意到了福建西北部闽语闽中区和邵将区的来母除了[s]声母以外还有[ʃ]声母的表现。① 下面举闽中区南平市延平区王台方言(不分阴阳去)和邵将区泰宁县朱口方言的例子：

王台

古平声　螺、胭 ʃuɛ²｜芦 ʃiu²｜狸 ʃiɛ²｜留 ʃiai²｜鳞 ʃiæ̃²｜聋 ʃiouŋ²

古上声　李~仔 ʃiæ⁴｜卵 ʃuã⁴｜宴 ʃiã⁵

古去声　露 ʃiu⁵｜健鸡~ ʃuã⁵

古入声　笠 ʃiæ⁴｜力、劈 ʃiæ⁴

其他　　□寻找 ʃiau⁵(比较，石陂 lɔ⁶｜镇前 lo⁶)

"□寻找"的本字未详，但从闽北区方言的[l]声母阳去的读音来看，[ʃiau⁵]应当也是"来母 S 声"的字。(秋谷裕幸 2008：271)

朱口

古平声　箩 ʃai⁵｜螺 ʃuai⁵｜芦 ʃu⁵｜狸乌~；山猫 ʃɔi⁻⁴⁴｜篮 ʃaŋ⁵｜鳞 ʃɔn⁵｜聋 ʃuŋ⁵

古上声　裹 ʃɔi³②｜卵 ʃuan³

古去声　露 ʃɔ⁵｜健鸡~ ʃuan⁵

古入声　笠 ʃɔi⁵｜力勤~；勤快 ʃɔi⁻⁴⁴｜劈 ʃɔi⁵｜六 ʃu⁵

其他　　□寻找 ʃau⁵

以往研究"来母 S 声"的文章一般只关注[s]声母的表现，而忽略了[ʃ]声母的表现。所以，学界把这个现象称作"来母 S 声"，换言之，把这个现象理解为"古来母读[s]声母"，学界即这个理解和前提上展开了长达 50 多年的讨论。笔者认为这个前提不合乎语言事实。

下面接着考察"来母 ʃ 声"的性质，主要以朱口方言和邵武市和平方言为例。

邵将区方言中，邵武、明溪、泰宁城关方言"来母 S 声"的表现是

---

① 另外还有[ɬ]声母的表现。参看引言中所举出镇前方言的例子。镇前方言没有[s]声母，而只有[ɬ]声母。[ɬ]声母可视为[s]声母的变体。

② 关于"裹"字声母的上古来源，参看本书第 7 章 4.3 小节。

[s]，与朱口、将乐等方言的[ʃ]不相同。（李如龙 1983：270）下面是和平方言（分阴阳去）的例子：

古平声　笊 sai⁷｜螺 soi⁷｜狸 se⁷｜篮 sam⁷｜鳞 sem⁷｜聋 suŋ⁷

古上声　李₋仔 se⁷｜卵 son³｜莀 soŋ⁵

古入声　笠 sem⁷｜劈 se⁷｜六 su⁷

其他　　□寻找 sau⁵

"来母 S 声"形成"朱口[ʃ]：和平[s]"的语音对应。除此以外，还有一些别的字也属于同一个语音对应：

	梳	杉	山	杀	霜	色	生
朱口	ʃu¹	ʃaŋ¹	ʃuan¹	ʃua³	ʃɔŋ¹	ʃɔi³	ʃaŋ¹
和平	su¹	sam¹	son¹	soi⁷	soŋ¹	se⁷	saŋ¹

与此有关的语音对应还有"朱口[s]：和平[s]"和"朱口[ʃ]：和平[ç]"：

	死	三	箱	送
朱口	si³	saŋ¹	siɔŋ¹	suŋ⁵
和平	si³	sam¹	sioŋ¹	suŋ⁵

	书	屎	十	尝
朱口	ʃy¹	ʃi³	ʃi¹	ʃɔŋ²
和平	çy¹	çi³	çim⁴	çioŋ²

可见，朱口和和平的共同原始方言中存在着三种舌齿擦音。笔者把"朱口[s]：和平[s]""朱口[ʃ]：和平[s]""朱口[ʃ]：和平[ç]"的原始形式分别拟作*s、*ʃ、*ç：①

---

①　原始邵将区方言的*ʃ 和*ç 也许互补，前者只拼洪音，后者则只拼细音。如果构成互补，我们只要构拟*ʃ 即可。*ʃ 在细音之前受到前高元音舌位的同化交替为*ç，音理上可以解释。如果构拟*ç，就难以解释*ç 为什么在洪音之前交替为*ʃ。秋谷裕幸（2022c）在原始闽语中构拟了一系列舌叶塞音、塞擦音和擦音声母。该文没有构拟舌面塞擦音和舌面擦音。不过，该文第 84 页提醒原始闽语中有可能存在具有音位价值的舌面音声母。可以参看。

朱口[s]：和平[s]：原始声母＊s （例字）死三箱送

朱口[ʃ]：和平[s]：原始声母＊ʃ （例字）梳杉山杀霜色生；箩螺狸篮
鳞聋卵宸笠劐六

朱口[ʃ]：和平[ç]：原始声母＊ç （例字）书屎十尝

就与中古音之间的对应而言，＊s 主要与心、邪母对应，＊ʃ 主要与
生母和崇母少数对应，＊ç 主要与的书、船、禅母对应。

这一构拟虽然仅根据朱口和和平二地方言，但从目前所能看到
的邵将区方言的材料来看，它可以代表原始邵将区方言的情况。闽
中区的情况还不很清楚。不过，能分 ts 组和 tʃ 组的王台以及沙县盖
竹方言中"来母 S 声"的表现都是[ʃ]，所以原始闽中区方言中"来母
S 声"的表现应该也是＊ʃ。

当代闽北区方言的声母系统中不存在 ts 组和 tʃ 组或 tç 组之间
的音位对立。① 既然如此，闽北区"来母 S 声"[s]的表现只能理解
为＊ʃ 的进一步发展。

综上所述，西部闽语闽北区、闽中区和邵将区"来母 S 声"的原始
形式是＊ʃ。

3 原始闽语＊r 的构拟

从"来母 ʃ 声"的角度来看，Sagart 和郑张尚芳两位学者都做了很
重要的观察，抓住了问题的要害，尽管这两篇文章都不是专门研究
"来母 S 声"的。

沙加尔（1990）曾说：

上古汉 r-变为中古 l-，一定是较晚的时候发生的；因为一部分闽北方言
里的古老词汇层中一些低调字是用 s-来代表上古汉语 r-的，显然 r-音是早年

---

① 建阳等一部分方言中，这两组声母的区别表现在韵母。比如建阳方言"死"读作
[soi³]，"屎"则读[si³]，分别来自＊si³ 和＊si³。（Norman 1969：195—197）

汉族移居者带到这儿来的。或许在汉朝,r-声母被当时本地居民说成 z-,他们说的语言中没有 r-音(介音-r-在这里以及其他闽方言中也失去了)。最后,z-音清化而成 s-/低调。在闽北方言中,中古 l-反映为 s-。这一现象梅祖麟和罗曼(1971)错误地解释为上古汉语有关各字的复辅音声母的反映。(转引自邢公畹:1991,34—35)[1]

郑张尚芳(2003:3)则说:

> 根据新的研究,现在知道来母上古是 *r 而喻四上古才是 *l,这两种声母都是流音一类,闽语白读都有变成 s 的,千古不变的神话就打破了。布依语方言有 r>z>s 的变化,可以解释闽北的老螺读 s 现象……[2]

笔者同意以上两位学者尤其是 Sagart 教授的观点。

在此需要强调的是,假使不存在上古来母 *r 的启发,我们仍然只根据闽语的内部证据能够构拟原始闽语 *r。请看下面闽南区厦门方言和闽东区福州方言的材料:

厦门
古平声　箩 lua² | 螺 le² | 芦 lɔ² | 雷 lui² | 狸 li² | 篮 nã² | 鳞 lan² | 聋 laŋ²
古上声　裹 lai⁶ | 老 lau⁶ | 卵 nŋ̩⁶ | 两~个 nŋ̩⁶
古去声　露 lɔ⁶ | 濑 lua⁶ | 健鸡~nũã⁶
古入声　笠 lueʔ⁸ | 力 lat⁸ | 六 lak⁸

福州
古平声　箩 lai² | 螺 løy² | 芦 lu² | 雷 lai² | 狸 li² | 篮 laŋ² | 鳞 liŋ² | 聋 løyŋ²
古上声　裹 li³ | 老 lau⁶ | 卵 lauŋ⁶ | 两~只 laŋ⁶
古去声　露 lou⁵ | 濑 lai⁵
古入声　笠 liʔ⁸ | 力 liʔ⁸ | 六 løyʔ⁸

---

[1]　Sagart 教授的研讨会论文 *"Chinese and Austronesian are Genetically Related"* 是在 1990 年的第 23 届 International Conference on Sino-Tibetan Languages and Linguistics 上宣读的。在定稿 Sagart(1993)中,作者删除了这一部分。由于笔者手头没有 1990 年的研讨会论文,这里只好转引自邢公畹(1991)。引用文中"梅祖麟和罗曼(1971)"是梅祖麟、罗杰瑞(1971)。
[2]　同一个观点也见于郑张尚芳(2002a:116)和郑张尚芳(2002b:20)。

这些例子在闽北、闽中、邵将区都有"来母 S 声"的表现。而福州一律读[l]声母,厦门逢鼻化韵或[ŋ]韵时读[n]声母,其余则读[l]声母,后者[l]应该代表了早期读音。据此,我们可以得出这样的语音对应:

闽北、闽中、邵将 *ʃ: 闽南、闽东 *l

这一语音对应所显示的早期形式即原始闽语的形式不外乎是 *r(除"露、濑、□寻找"以外。见下文第 5 节)。

*r 在闽北、闽中、邵将区先变为 *ʒ,然后再清化成 *ʃ。闽中和邵将区的多数方言仍然保持着这一阶段的读音,而在闽北区这个声母进一步发展为[s]。在闽南、闽东区 *r 则变成 *l。

4　*r 的音值

笔者在上文用"r"来标原始闽语中"来母 S 声"字的声母。国际音标的"r"是指"voiced alveolar trill""voiced dental trill"和"voiced post alveolar trill",所代表的发音部位较广。另外,正如 Pullum 和 Ladusaw(1986:131)所指出的,实践当中的"r"除了标颤音以外还用来标近音[ɹ]等各种 r 类辅音。因此,我们有必要进一步讨论原始闽语 *r 的实际音值。

闽中和邵将区的多数方言能分 ts 组声母和 tʃ 组声母,构成音位对立,而"来母 S 声"的表现主要是"post alveolar"擦音[ʃ]。因为是擦音,发[ʃ]时舌尖不顶在上腭。由此笔者推测,原始闽语 *r 的实际音值是发音部位与[ʃ]相同的近音。国际音标应当标作"ɹ"。[①] 本章仍然随俗把它标作"r"。

在此顺便讨论一下上古来母 *r 的音值。正如潘悟云(2000:267—271)所概括,目前多数上古音专家认为上古来母不是 *l 而是 *r。但各

----

①　请注意"dental"近音和"alveolar"近音的音标也是"ɹ"。

家似乎还没有确定这个 * r 的详细音值,好像它并不一定是指"voiced alveolar trill"等颤音(Handel 2009：181—182)。① 拟测上古音 * r 的证据主要来自少数民族语尤其是藏语(藏文)中的同源词和越南语中的汉语借词。藏缅语中 r 的表现十分丰富,有舌尖前颤音、闪音、舌尖后近音和小舌颤音等表现。(Matisoff 2003：41)当代藏语拉萨方言中的 r 是[ɹ](日本《言语学大辞典》第 2 卷第 768 页)。越南语罗马字的 r 现在标准音当中读作[z](日本《言语学大辞典》第 1 卷第 768 页)。面临这种复杂情况,难以拟测出上古来母的实际音值。

潘悟云(2002：119—120)则从完全不同的角度举了另外一个证据。根据他自己的观察和其他学者所做的实验,有些现代汉语方言中的来母(读[l])舌位比端透定泥母(读[t、tʰ、d、n])都要后一点,比如温州方言和上海方言。他认为这也可视为上古来母拟作 * r 的证据,说明他所构拟上古 * r 的舌位偏后。

本章建议也可以把原始闽语的 * r 作为上古来母 * r 的证据之一。闽中区和邵将区"来母 S 声"字的[ʃ]声母的舌位明显后于[t、tʰ、n],比上海等方言更能说明问题。而且闽语中往往保存着比中古音更早的音韵特点,②这是众所周知的。既然如此,闽语所提供的语音信息跟汉藏语比较一样值得重视。本章认为,上古来母的实际音值有可能与原始闽语 * r 相同,是发音部位与[ʃ]相同的近音。

5 原始闽语的清鼻音和清流音③

Norman(1973：231—234)曾把"笋、螺、芦、露、雷、利利息、④狸、

---

① 李方桂(1980：14)指出上古 * r 的音值是舌尖闪音。但李方桂(1980)的上古声母 * r 并不是中古来母的前身。

② 可参看本书第 1 章的 2.6 小节。

③ 这里笔者按照 Norman(1973)的原始闽语四调类系统进行讨论。

④ Norman(1973：233)对"利"的释义 sharp 要改成 interest。另外,福州方言[lei⁵]和厦门方言的[lai⁶]韵母不对应。

李_{水果名}、老、刘_姓、留、篮、笠、卵、鳞、郎、两_{数词}、聋、六"的原始闽语声母构拟为 * lh(清边音)。除了"利_{利息}"以外都是"来母 S 声"字。这一构拟共有四个论据:(1)建阳、建瓯、邵武[s]:厦门、潮州、福州[1、n]的语音对应;(2)调类的对应;(3)原始闽语声母系统中需要与清鼻音 * mh、 * nh、 * ŋh 配合的清边音。直到罗杰瑞(2005),再加上了另外一个新证据:(4) * lh 与原始苗瑶语、原始侗台语中以清音声母开头的复辅音对应, * l 则与以浊音声母开头的复辅音对应。

　　笔者在上文中已经指出"来母 S 声"的早期表现应当是 * ʃ,舌位与[1]不一致。Norman(1973)所用的材料中没有泰宁朱口、将乐等具有"来母 ʃ 声"的方言,构拟原始形式的材料有不完备之处, * lh 的拟测恐怕难以成立。① 另外,Norman(1973)还十分重视邵武方言中"来母 S 声"字读入声(实际上是阴入)的现象。但正如平田昌司(1988:

---

① 沈瑞清(2018)则支持 * lh 的构拟。主要有两个证据。他先指出/ʃ/与边擦音/ɬ/的"频谱图曲线非常相似,说明听感上非常接近。因此,我们可以假设在邵将方言发生了[l]>[ɬ]>[ʃ]的音变"(沈瑞清 2018:148)。不过,该文却没有举出实际语言当中的演变实例。之后是调类的分化。在此以 * tone1(即古平声)为例。现代邵武方言中 * tone1 分成阳平或入声(实际上是阴入)。"来母 S 声"与"皮、头"等原始闽语送气浊音字以及"毛、麻_{植物名}、年"等原始闽语送气鼻音字(或者是清鼻音字)一起转入了阴入,而这种演变与 * tone3(即古去声)的分化平行,均以原始闽语的声母音值为条件的。(沈瑞清 2018:153—155,161)在笔者看来,对 * tone1 来说这个观察不一定准确。因为原始闽语浊音声母的"园(* ɣ)"也读作阴入[fien⁷]。也可以参考邻近光泽方言的"横(* ɣ)"读作阴入[faŋ⁷]。另外,邵将区顺昌方言"蝇(* z)"读作[sẽ⁵]。这个方言的阴去与邵武方言的阴入对应。所以,秋谷裕幸(2013)在龙安隆(2010)的基础上进一步证实光泽方言中 * tone1 转入阴入的现象是以送气塞音、塞擦音以及擦音为条件阳平甲的晚期分化。后来,秋谷裕幸(2017a)对光泽方言中 * tone4(即古入声)的分化也做了同样的分析。只是,这样的分析不能解释邵武方言以及光泽方言中"毛、麻_{植物名}、年"也转入阴入的现象, * tone4 也有同样的情况出现。总之,这个问题要做一步的研究。关于原始闽语 * lh 的构拟,也可以参看沈瑞清(2023)。

310—311）所指出邵武方言阴入的性质较为特殊,不能视为普通的阴调。① 其实,就调类来说,除了"露、濑、□寻找"以外,"来母 S 声"现象不见得与阴调有密切关系。参看平田昌司(1988：310—311）、王福堂(1999：98—99）和上文所引用 Sagart 教授的论述。② Norman教授所举的根据(4)也值得重视,但不合乎"来母 S 声"主要出现于阳调的事实。当然,他所发现的闽语和南方少数民族语之间的对应关系今后需要继续研究。这样看来,支持原始闽语﹡lh 构拟的最重要的是根据(3)。

Norman(1973：231）所构拟原始闽语具有以下鼻音、流音声母,汉字是例字:

<table>
<tr><td>浊</td><td>﹡m 梅门</td><td>﹡n 南念</td><td>﹡ń 二闰</td><td>﹡ŋ 外月</td><td>﹡1 来流辣③</td></tr>
<tr><td>清</td><td>﹡mh 妹问</td><td>﹡nh 年肉</td><td>﹡ńh 饵④</td><td>﹡ŋh 艾额</td><td>﹡lh 螺笠老露</td></tr>
</table>

本章主张要把﹡lh 改成﹡r。其中,"露"和"濑"在闽东区的调类均为阴去,如"露"福州 lou⁵｜霞浦 lu⁵｜柘荣 lu⁵;"濑"福州 lai⁵｜柘荣 lua⁵,"□寻找"在能分阴阳去的邵将区方言中的调类也是阴去,如朱口 ʃau⁵｜和平 sau⁵(比较,石陂 lɔ⁶），这三个字的语音对应都表示它们来自清音。其声母应该拟作﹡r,⑤可以与﹡mh、﹡nh、﹡ŋh 相配。⑥

---

① 还可参看 Norman(1982：561—564)以及陈章太(1983）、陈忠敏(1993）。请注意,在朱口方言中,相当于邵武阴入的调类是阴去。

② 比如,石陂方言中"螺、胴、芦、雷、狸、篮、鳞、郎、聋"读阴去,这是阳平甲和阴去合并的结果。"老、卵、两数词;笠、力、劈"都读阴平,则是早期阳上和阴入与阴平合并的结果。

③ "辣"的原始闽语声母恐怕不是﹡l。看本书第 7 章 3.2 小节。

④ Norman(1973：236)说﹡ńh 的构拟很可疑。

⑤ "濑"虽然缺乏闽中区和邵将区[ʃ]的表现,但是我们根据"闽北区[s]:闽南区、闽东区[l]"的语音对应以及闽东区方言中调类阴去的表现仍然可以把它的原始声母拟为﹡r̥。关于闽语中"濑"的读音,看本书第 7 章 3.3 小节。

⑥ ﹡mh、﹡nh、﹡ŋh 的实际音值应该是﹡m̥、﹡n̥、﹡ŋ̊。

其次,Norman(1973)拟测 *l 声母的字形成"闽北、闽中、邵将 [1]:闽南、闽东[1]"的语音对应:

来 石陂 le⁵｜朱口 li²｜和平 li²;厦门 lai²｜福州 li²

犁农具 石陂 lai⁵｜朱口 lɛ²｜和平 læ²;厦门 lue²｜福州 lɛ²

流 石陂 lɔ⁵｜朱口 liu²｜和平 liu²;厦门 lau²｜福州 lau²

蜡 石陂 la²｜朱口 la¹｜和平 lam⁴;厦门 laʔ⁸｜福州 laʔ⁸

笼 石陂 ləŋ⁵｜朱口 luŋ²｜和平 luŋ²;厦门 laŋ²｜福州 løyŋ²

笔者给这一语音对应构拟原始闽语 *l。其中,"利利息"在闽东区的调类均为阴去,如福州 lei⁵｜霞浦 li⁵｜寿宁 li⁵,表示｛舔｝的有音无字在闽东区、闽北区和邵将区的调类是阴入,如福州 liaʔ⁷｜霞浦 lɛʔ⁷｜柘荣 leiʔ⁷｜石陂 lai⁷｜朱口 lɛ³,[1]都显示来自清音。可见,这两个字的声母应该拟作 *l̥。总之,原始闽语的流音系统要改成:

浊 *r 螺老笼 *l 来流

清 *r̥ 露濑□寻找 *l̥ 利利息□舔

至今为止, *r̥ 声母只能构拟三个字, *l̥ 声母则只能构拟两个字,除"□舔"以外调类均为去声。 *r̥ 声母在闽北、闽中、邵将区方言中变为 *ʃ,而在闽南、闽东区方言中则变为 *l。

其实,正如 Norman(1973:232)所指出,在闽语各区方言中有数量较多的上声来母以及鼻音声母的字读阴上或相当于阴上的调类。不过这一现象方言之间调类对应的规律性不太明显。本章暂时不给上声构拟 *r̥ 和 *l̥,认为"李~仔、裹、老、卵、两、食"等字的原始声母也是 *r。

除"□寻找、□舔"以外,这四个原始闽语声母均与古来母对应。这种"四对一"的对应有可能是方言层次叠加的结果(比如, *r 和 *r̥ 代

表了上古层次①，*1 和 *l̩ 则代表了中古层次），也有可能是来自不同的来源(比如，*r 和 *r̩ 来自复辅音②)。这个问题今后还要继续研究。尽管如此，"螺、膔、芦、雷、狸、篮、鳞、郎、老、卵、两_数词_、宦、露、濑、健、笠、力、劈"等字有"来母 S 声"的表现，而"来、犁_农具_、流、蜡、笼、利_锋利_"以及"离、梨、料、漏、烂、莲、栗、落、岭、臁_一种晒东西用的圆形竹器_③、绿"等字则无"来母 S 声"的表现，这一界线在闽北、闽中、邵将区非常明确，说明至少追溯到这三区闽语的共同原始语言，即原始西部闽语。④

6 "来母 S 声"产生在福建西北部闽语的原因

那么，"来母 S 声"为什么产生在福建西北部的闽北区、闽中区和邵将区呢？李如龙(1983：265)首先从福建的开发史以及汉族和少数民族之间接触的角度回答了这个问题。可惜，正如丁启阵(2006：114)所指出"开发早"并不一定表示古音"保留多"。此外，对汉以前在闽西北地区汉人和越人杂处的具体情况尤其是语言接触的具体情况，我们也一无所知。尽管如此，笔者还是同意"来母 S 声"并不是偶然发生在福建西北部闽语这一观点，而认为该地区的闽语产生"来母 S 声"存在着语言内在的原因，共有三个。

其一，本章认为"来母 S 声"与上古来母的音值 *r 有关。闽语存

①　郑张尚芳(2002a：116)说："它(指来母 S 声)自然可看作来母上古 r 层次的反应。属于现存的最早层次。"

②　研究"来母 S 声"的学者往往把这个现象和上古音或少数民族语里的复辅音(Cl 或 Cr，C 指辅音)联系起来，如 Norman(1969：342—344)、梅祖麟和罗杰瑞(1971)、李如龙(1983)、罗杰瑞(2005)等。这实际上是关于原始闽语和早期汉语之间对应关系的研究。原始闽语声母系统中恐怕不会存在复辅音声母。

③　《集韵》入声锡韵狼狄切："床簀。"

④　从这个角度来看，我们不能同意"闽西北的'来'母[s]声现象不但跟上古汉语无关，甚至跟《切韵》也没有联系，可能是一种晚近出现的情况"(丁启阵 2006：121)的观点。

古性较强,也保存了来母的这一早期音值。这是产生"来母 S 声"的前提。

其二,本章给原始闽语构拟了两种流音(在此不算清浊):*r 和 *l。在福建西北部的闽语中分别发展为 *∫ 和 *l,而在沿海闽语中则合并成 *l。*r 失去了流音的身份后,福建西北部的闽语中仍然存在一个流音:*l。假使原始福建西北部闽语中只有 *r 而产生其擦音化,这个早期音系里就完全不存在流音了。但这种缺乏流音的辅音系统是极少见的。松本克己(2006)所分析的 1200 个世界诸语言中缺乏流音的只有 79 个,仅占 6.58%,①具有很高的标志性,而且包括中国在内的欧亚大陆的语言当中完全不存在缺乏流音的语言。② 应该说,只有一种流音的音系就很难产生流音的擦音化。可见,有两种流音的原始闽语声母系统给"来母 S 声"提供一个有利条件。

其三,多数闽中区、邵将区方言中存在 ts 组和 t∫ 组的对立,而这一声母特点还延伸到福建西部的部分客家话(如连城县四堡方言),是一个区域特征。这个区域特征有利于福建西北部闽语把发音部位与 t∫ 组相同的 *r 声母保存下来,并产生 *r> *ʒ>∫ 的语音演变。只是目前在闽北区方言中还没找到能够区分 ts 组和 t∫ 组的方言。③

笔者认为以上三点结合起来促进福建西北部的闽语产生了"来母 S 声"。

---

①　具有一个流音(不算清浊或腭化等)的语言共有 500 个,具有两个流音的共有 621 个,分别占比 41.67% 和 51.75%。

②　汉语方言中存在着不分[n]声母和[l]声母的方言,如西南官话。但这些方言中也出现流音。比如,成都方言的声母系统缺乏[l],但是"声母 n 有自由变体 l 或 ɭ。"(北京大学 2008:14)

③　其实,在原始闽北区方言中能够构拟发音部位同 t∫ 的擦音声母。闽北区崇安方言把"筝"读作[ɕyai²],"山"读作[ɕyaiŋ¹]。这个[ɕ]声母表示闽北区中也存在过 *∫,可以分别拟作 *∫uɑi² 和 *∫uaiŋ¹。关于这个问题,还可看秋谷裕幸(2022c:79)。

7 结论

　　"来母 S 声"的来源是原始闽语 *r("螺、胭、芦、雷、狸、篮、鳞、郎、老、卵、两_{数词}、宦、露、濑、健、笠、力、劈"等)和 * r̥(只有三个字"露、濑、□_{寻找}"),均为发音部位与[∫]相同的近音。这个音值也反映了比中古音更早的来母音值。

　　闽语的保守性、原始闽语的流音系统(*r、 *r̥、 *1、 *l̥)以及福建西部和西北部方言区分 ts 组和 t∫ 组的区域特征,这三个因素结合起来促进福建西北部的闽语产生了"来母 S 声"。

(原载《语言学论丛》第四十三辑,商务印书馆,2011:114—128)

The Origin of the "* L->S-" Change in the Mǐn Dialects
AKITANI Hiroyuki

Abstract: The "* L->S-" change in the northwestern Mǐn dialects is derived from Proto-Mǐn post alveolar approximant *r (majority) and * r̥ (in three words), which reveal the phonetic value of Old Chinese. There are three conditions for this change. (1) archaism of the Mǐn dialects; (2) liquid consonants system (*r, *r̥, *1, *l̥) in Proto-Mǐn; (3) the areal feature of western and northwestern Fukien which distinguishes [ts tsʰ s] and [t∫ t∫ʰ ∫].

Keywords: Mǐn dialects; initial [s] from *lái* initial; phonological history; reconstruction; OC *lái* initial; laterals

第 6 章　Old Chinese 'Egg' More Evidence for Consonant Clusters

Masaki Nohara

Abstract: This paper attempts to reconstruct the onset of the word for 'egg' in Old Chinese (OC). Based solely on Middle Chinese (MC), *r^{ˤ}onʔ would be the default OC reconstruction. However, philological evidence such as a phonetic relationship (also called *Xiéshēng* connections), annotations, and variant characters show the relationship between the word for 'egg' and words with the velar onset in MC. (Interestingly, most of them belong to the so-called Division-Ⅱ rhyme in MC.) In addition, comparative data from Proto-Min (*lh-), Proto-Hmong-Mien (*qr-), and Proto-Tai (*qr-) indicate the possibility of reconstructing the consonant cluster *k. r^{ˤ}- for the onset of the word for 'egg'. In § 4, I shall provide some additional evidence from the excavated documents, such as oracle bone inscriptions 甲骨文, Chǔ bamboo slips 楚简, and Qín bamboo slips 秦简. In Chǔ bamboo slips, the characters having 䜌 *luán* as a phonetic element represent the words having onset *k-, such as 關 *guān*, 卷 *juǎn*, and 宦 *huàn* (seen in *Ān Dà Jiǎn* 安大简, which is also categorized as Chǔ bamboo slips 楚简). Furthermore, the character 虄 *luán*, which has 䜌 *luán* as an additional phonetic element, represents the word for 'egg' on Qín bamboo slips 秦简. As noted above, the character 䜌 *luán* can represent the words having onset *k-. This all constitutes evidence supporting the reconstruction of the word for 'egg' with the initial consonant cluster *k. rˤ- in OC, confirming the reconstruction of T'ung-ho Tung (1944) and Baxter & Sagart (2014).

Keywords: Old Chinese (OC), Proto-Min, excavated documents, Chǔ bamboo slips

1 Introduction: Early Studies

The two pronunciations for the word meaning 'egg' in Middle Chinese (MC) have been recorded as *lwaX* and *lwanX*. [①] The character for 'egg' *luǎn* 卵 does not necessarily bear a phonetic relationship (also called *Xiéshēng* connections) with other characters in Old Chinese (OC) classical texts. [②] In addition, it does not appear as a rhyme in the *Shijing* (*Book of Odes*) or other OC poetry. Based on the MC, we only know that its initial came from a liquid, and its rhyme came originally from OC Gē rhyme group 歌部 and the Yuán rhyme group 元部. Therefore, previous studies reconstructed the word for 'egg' *luǎn* as *luanX. [③] Some early reconstructed forms are presented in Table 1.

Table 1　Previous studies: Comparison of reconstructed forms

Middle Chinese	Karlgren (1957)	T'ung-ho Tung (1944)	Fagao Zhou (1984)	Fang-kuei Li (1971)
lwanX	*lwan	*lwân (k-)	*lwan	*luanX

---

① In this paper, the MC notation is based on Baxter & Sagart (2014). *Guǎngyùn* 广韵, which is a rhyme book, provided two *fǎnqiè* 反切 spellings, as 卢管切 and 郎果切.

② The *Jíyùn* 集韵, which is a rhyme book composed in 1039, has a character 㼍 *lwánX* and *lwonX*. The latter might come from the Wén rhyme group 文部.

③ Fang-kuei Li (李方桂 1980).

Recent studies have proposed some additional hypotheses, such as the rounded vowel hypothesis *-on, L-type hypothesis, and the hypothesis of pharyngealization $^*C^ʕ$- for Type-A onsets. Following these perspectives, *l- is replaced with $^*r^ʕ$-, and the *-uan with *-on; therefore, the reconstructed form *luanX could be rewritten as $^*r^ʕ$on?. [①] Meanwhile, Baxter & Sagart (2014) reconstructed the consonant cluster *k. $r^ʕ$- for the word for 'egg'.

In §2, I summarize the reconstruction based on philological evidence. Subsequently in §3, I discuss the initial for the word for 'egg' based on comparative data. In §4, I investigate the characters representing 'egg', seen in the excavated documents such as Chǔ bamboo slips 楚简 and Qín bamboo slips 秦简.

2　Reconstruction Based on Philological Evidence

As shown in Table 1, T'ung-ho Tung 董同龢 (1944: 203) proposed the possibility of reconstructing *k- for the onset. This is because the character *luǎn* 卵 seems to have relationships with characters and words having velar onsets, as shown in (1) and (2):

(1) a. 濡魚,卵醬實蓼
　　　'A fish was stewed, with smart-weed and egg sauce.'

　　　　　　　　　　　　　　(*Lǐjì* 礼记, Nèizé 17 内则·卷第十七)
　　 b. 卵讀爲鯤也。鯤,魚子,或作攭。
　　　'The character *luǎn* 卵 'egg' represents the word *kūn* 鯤. *Kūn* 鯤 is a

---

① Schuessler (2007: 369) reconstructed it as *rôn? (Type-A). Schuessler (2007) marks Type-A syllables with a symbolic circumflex accent. As for the rounded vowel hypothesis, see the Chapter 8 [Akitani & Nohara (2019: 15—25)].

· 99 ·

'fish egg'. It is also written as *kwaen* 擱. '①

(Xuán Zhèng's 郑玄 (127 – 200) annotation)

(2) a. 流沙之西,丹山之南,有鳳之丸

'There is a (Chinese) phoenix's *wán* 丸 meaning 'pellet, ball' in the west of Liusha and the south of Danshan. '

(*Lǚshì Chūnqiū* 吕氏春秋, Běnwèi 14 本味·卷十四)

b. 丸,古卵字也。

'The character *wán* 丸 is an old form of the character *luǎn* 卵. '

[Yòu Gāo's 高诱 (168 – 212) annotation]

As we can see, the character *luǎn* 卵 seems to be related to characters (擱 *guān* and 丸 *wán*) and words (鯤 *kūn*) having the velar onsets in MC, which came from the velar and uvular onsets, as shown in Table 2.

Table 2   Related words in (1) and (2)

	Mandarin		Middle Chinese		Old Chinese	Baxter & Sagart (2014)	Meaning
卵	*luǎn*	<	*lwanX*	<	*r^{ˤ}on?	*k. r^{ˤ}or?	'egg'
鯤	*kūn*	<	*kwon*	<	*k^{ˤ}un	*[k]^{ˤ}u[n]	'fish egg'
擱	*guān*	<	*kwaen*	<	*k^{ˤ}ron	*[k]^{ˤ}ro[n]	'fish egg'
丸	*wán*	<	*hwan*	<	*ɢ^{wˤ}an	*ɢ^{wˤ}[a]n	'ball'

In addition to these annotations, Qīng scholar Yùcái Duàn 段玉裁 (1735 – 1815) mentioned that the character 卝 (卵) *guàn* is an old form of the character 卵 *luǎn*, and it was read as *kwaenH* in MC; see the annotation of *Shuōwén jiězì zhù* 说文解字注 in (3) and (4):

---

① *Kwaen* represents the sound of 關 *guān* in MC.

（3）卝：古文卵。古患切。

‘卝 *guàn* is an old form of the character 卵 *luǎn*. Its *fǎnqiè* spelling is *kuX-hwaenH*.’

（*Shuōwén jiězì zhù* 说文解字注 · Luǎn bù 卵部 · 13b 十三篇下）

（4）a.（患）……，：古文从關省。

‘（The character 患 *huàn* ‘calamity’）. . . , the character  is an old form of the character 患 *huàn* ‘calamity’, and it is composed of a reduced form of the character 關 *guān*.’

（*Shuōwén jiězì zhù* 说文解字注 · Xīn bù 心部 · 10b 十篇下）

b. 以關省爲聲也。關从䜌聲。䜌从卝聲。卝者从説文卵。

‘It has a reduced form of the character 關 *guān* as a phonetic. 關 *guān* is composed of a phonetic 䜌. 䜌 is composed of a phonetic 卝 *guàn*. According to the *Shuōwén*, 卝 *guàn* is the character ‘egg’.’

（*Shuōwén jiězì zhù* 说文解字注 · Xīn bù 心部 · 10b 十篇下）

As demonstrated in（4）a and（4）b, the old form of the character 患 *huàn*（）originally contained a reduced form of the character 關 *guān*, and it has 卝 *guàn* as a phonetic. It appears that 患 *huàn*, 關 *guān*, 卝 *guàn*, and 卵 *luǎn* are likely to have had similar readings at the time. We also can find the character 卝 *guàn* in the *Hànjiǎn* 汗简, which is a dictionary composed in the Song dynasty, as follows:

（5） 卵，力管切。

‘ is an old form of the character 卵 *luǎn*, and its *fǎnqiè* spelling is *lik-kwanX*.’

（*Hànjiǎn* 汗简 · 6 第六 · 73 七十三页）

According to the *Hànjiǎn*, 卝 *guàn* is an old form of the character *luǎn*

卵 'egg' as Yùcái Duàn noted in his dictionary *Shuōwén jiězì zhù.* [①]

In addition, the *Shuōwén jiězì zhù* noted that the ancient word for 'egg' is pronounced *guǎn* 管 'tube'; see the annotation for the character 卵 *luǎn* in (6):

(6)（卵……）,糸部绾下云,讀若雞卵。蓋古卵讀如管也。

> 'The character 绾 *wǎn* is noted as being pronounced (or meaning) *kej-lwanX* 雞卵 meaning 'chicken egg'. I conclude that the ancient word for 'egg' sounded like *guǎn* 管 meaning 'tube'.' [②]

> （*Shuōwén jiězì zhù* 说文解字注 · Luǎn bù 卵部 · 13b 十三篇下）

As Baxter (1992: 265) noted, it is not clear whether *jī* 雞 is a part of the pronunciation. If it is, then 卵 *luǎn* must have been read as 雞卵 $^*k^{ˤ}e\text{-}r^{ˤ}on\mathsf{ʔ}$ (>*kej-lwanX*).

Based on these notations, it appears that 卵 *luǎn* originally had a velar initial in OC. Baxter (1992: 265) reconstructed it as $^*g\text{-}ron\mathsf{ʔ}$. The related words and characters are summarized in Table 3.

---

① According to *Shuōwén* 说文, 卝 *guàn* is an old form of the character *kuàng* 礦 meaning 'mine, mineral'; however, 卝 *guàn* and 礦 *kuàng* do not have a phonological relationship, but rather a semantic one (might be a semantic loan). Xuán Zhèng 郑玄 noted that 卝 *guàn* is believed to be related to 礦 *kuàng*, because 礦 *kuàng* has not molded yet (just like 'egg'). In addition, as 礦 *kuàng* and 黃 *huáng* had $^*\text{-}ang$, whereas 卝 *guàn* had a rounded vowel and a dental nasal coda like $^*\text{-}on$, they cannot be related etymologically.

② The notation of 绾 *wǎn* in the *Shuōwén jiězì* is as follows: "绾, 惡也。絳也。从糸官聲。一曰綃也。讀若雞卵。（'绾 *wǎn* means 'evil, dark red'. It is composed of a semantic element 糸 *sì* and a phonetic element 官 *guān*. It also means 'raw silk'. Read like *kej-lwanX* meaning 'chicken egg'.')" (*Shuōwén jiězì zhù* 说文解字注 · Sī bù 糸部 · 13a 十三篇上). Incidentally, this annotation indicates that the character 绾 *wǎn* may have had a uvular onset $^*\text{q-}$ in OC (might be in the Late Old Chinese).

Table 3 Related words in the *Shuōwén jiězì*

	卵 *luǎn*	卝 *guàn*	患 *huàn*	關 *guān*	綰 *wǎn*	管 *guǎn*	雞卵 *jī luǎn*
Middle Chinese	*lwanX*	*kwaenH*	*hwaenH*	*kwaen*	*ʔwaenX*	*kwanX*	*kej-lwanX*
Initial	*l*	*k*	*h*	*k*	*ʔ*	*k*	*k-l*
Division	Ⅰ	Ⅱ	Ⅱ	Ⅱ	Ⅱ	Ⅰ	Ⅳ-Ⅰ

These words and characters have velar or glottal stops for onsets. Moreover, what interests us is that most of them in Table 3 belong to the so-called Division-Ⅱ rhyme 二等韵 in MC. It is believed that Division-Ⅱ rhyme reflects OC *-rV-. The -r- in the medial position affects the quality of the main vowel, thus: *-ra >-*rae* [ræ] > *ae* [æ] (* *r*-coloring). Specifically, it is completely plausible that these words and characters annotated by *luǎn* 卵 'egg' reflect *r- (>*l*-) in OC, and vice versa.

The question as to whether these annotations are relevant to reconstructing OC words has not been answered, since these notations might not be old enough to apply to the study of OC. However, as long as we refer to the philological data, the word for 'egg' must be reconstructed as *K. rˤonʔ ('K' represents the velar and the uvular stops). Additionally, as annotated by Yùcái Duàn 段玉裁, the characters *guàn* 卝 and *luǎn* 卵 seem to have been descended from the same origin (卝 *guàn* is the old form of the character 卵 *luǎn*). Since the character *guàn* 卝 (𠨸) had a falling tone (Qù shēng 去声) in MC, it must be reconstructed as *kˤron-s (>*kˤruans>*kwaenH*>*guàn*). If they both came from the same origin, then the character *luǎn* 卵 must have also had an initial consonant cluster.

In the following section, we shall investigate a new reconstruction by applying comparative evidence and loanwords.

3 Reconstruction Methods in Chinese Linguistics

3. 1 Reconstruction based on comparative evidence and loanwords

In the early twentieth century, Bernhard Karlgren initially reconstructed MC and OC. He reconstructed the former based on the philological evidence of the categories of the *Qie yun* 切韵, a rhyming dictionary composed in the Sui dynasty (581 – 618). In addition, he used data from Chinese dialects, Sino-Japanese, and Sino-Korean readings of characters.

Although most scholars have believed that modern Chinese dialects are descended from a unitary MC, it is assumed that Min dialects, which are dialects spoken in Fujian Province 福建, preserves many features descended from pre-MC (or OC). Some data from Min dialects are not attested in MC. However, in his reconstruction of OC, Karlgren did not make better use of the data from Min to reconstruct OC. In contrast, scholars such as Benedict (1987), Starostin (1989), and Pulleyblank (1973) have attempted to apply comparative methods to OC phonology. These studies were mainly based on Proto-Min, which had been reconstructed by Jerry Norman.

Norman (2005) proposed that Proto-Min *lh- came originally from *Cl- (perhaps *kl-?) based on correspondences between Chinese loans and Proto-Hmong-Mien (also called Miao-Yao) and Proto-Kra-Dai forms. Subsequently, Baxter & Sagart (2014) published a book-length study of OC phonology that emphasized the importance of applying the comparative method to the study of OC. Besides Proto-Min, they used early loanwords from Chinese to Hmong-Mien and Vietic languages. These loans show the possibility of reconstructing complex onsets for OC.

Since Chinese has been well documented, most scholars still believe that the comparative method is not always useful in the study of OC phonology. Effectively, there are some words for which scholars cannot rely on comparative methods. For example, based solely on the dialect data, the word meaning 'west' does not allow the reconstruction of any segment, except a dental fricative *s-. However, based on excavated documents such as oracle bone inscriptions in the Shang dynasty and bamboo slips dating back to the Warring States period (around 3 BC), it is believed to have a cluster *sn- in its onset. [①]

Some words lack traditional evidence, such as rhyme data, Xiéshēng connections, and phonetic loans, while others lack comparative evidence. In any case, we need to make more and better use of philological evidence, such as classical documents, early excavated documents, and comparative data.

3.2 Proto-Min

We fortunately have interesting data from the Min dialects to help in reconstructing the word for 'egg'. As shown in Table 4, in Northern Min (Mǐnběi 闽北) and Shàojiāng dialects (邵将区), the words having *l-* in MC (*láimǔ* 来母) have fricative onsets such as dental [s], postalveolar [ʃ], or lateral fricatives [ɬ]:

[①] See Unger (1990), Sagart (2004) and Nohara (2018). We might also be able to apply data from Tibeto-Burman languages.

Table 4　'Egg' in Min dialects[a]

	Fúzhōu	Xiàmén	Cháozhōu	Jiànyáng	Jiàn'ōu	Zhēnqián	Shàowǔ	Zhūkǒu
'egg'	lauŋ[6]	ŋ[6]	nɯŋ[4]	suŋ[5]	sɔŋ[6]	ɬuiŋ[6]	son[3]	ʃuan[3]

[a]Fúzhōu 福州, Xiàmén 厦门, Cháozhōu 潮州: Peking University (2003), Jiànyáng 建阳: Norman (1969), Jiàn'ōu 建瓯: Peking University (2003), Zhēnqián 镇前: Akitani 秋谷 (2008), Shàowǔ Hépíng 邵武和平: Norman (1982; 1995), Zhūkǒu 朱口: 秋谷 (2011). The data from Northern Min and Shàojiāng dialects are shown with gray background in Table 4.

Not all words with l- in MC have fricative onsets in Northern Min, according to Rúlóng Lǐ (1983: 270), only 31 words have fricatives instead of [1]. Even basic words such as *lái* 来 'come' are pronounced with [1] in all Min dialects; see Table 5.

Table 5　'To come' in the Min dialects

	Fúzhōu	Xiàmén	Cháozhōu	Jiànyáng	Jiàn'ōu	Zhēnqián	Shàowǔ	Zhūkǒu
'come'	li[2]	lai[2]	lai[2]	le[2]	le[5]	lœ[2]	li[2]	li[2]

As presented in Tables 4 and 5, it appears that words having l- in MC must have at least two origins; in one group, the initial changed to l- in MC and Southern Min (Mǐnnán 闽南) and Eastern Min (Mǐndōng 闽东), but into fricatives in the other group in Northern Min dialects, Central Min (Mǐnzhōng 闽中), and Shàojiāng dialects. Mei & Norman (1971) described this development as shown in Figure 1:

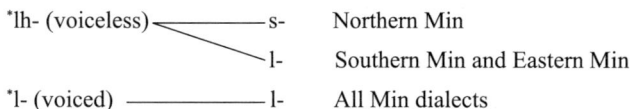

```
*lh- (voiceless) ————————— s-    Northern Min
                        ＼   l-    Southern Min and Eastern Min
*l- (voiced) ——————————— l-    All Min dialects
```

Figure 1　Development of *lh- and *l- (Mei & Norman 1971)

Since the word for 'egg' show a fricative [s] in Northern Min (see in Table 4), Norman (1973: 231 – 232) reconstructed Proto-Min 'egg' as *lhon^{toneB}. [1] Norman (2005: 1 – 5) also assumed that the contrast of *l- and *lh- might reflect different origins and indicated that *lh- comes from an earlier cluster consisting of a voiceless stop plus *l-. For example, the word *luó* 蘿 meaning 'basket' in Jiànyáng 建阳 is pronounced [sue^2], whereas it is believed to have had the consonant cluster *kl- in Proto-Kra-Dai[2] as presented in Table 6.

Table 6　Reflexes of *lh and *kl- in Hmong-Mien and Kra-Dai (Norman 2005)

	Fúzhōu	Jiànyáng	P-HM	P-KD
luó 蘿 'basket'	lai^2	sue^2		*kl-
luó 螺 'snail'	løy^2	sui^2	*klw-	
lí 笠 'bamboo hat'	li?^{8}	se^8		*kl-

Following Norman's description, Baxter & Sagart (2014: 91 – 92) replaced Norman's *lh- with *C. r- and argued that: "OC *C. r- was actually still *C. r in Proto-Mǐn, and that in Northern Mǐn, *r- developed a fricative variant, perhaps [z] or [ʐ], when a voiceless preinitial was present: after the preinitial was lost, this fricative devoiced to give the [s] initial."

As seen above, earlier studies such as the one by Mei & Norman (1971) have not used data showing a postalveolar fricative [ʃ] and a lateral fricative [ɬ]. ([ɬ] might be a variant of [s]). Including these

---

① B represents the tonal category.

② The Proto-Hmong-Mien and Proto-Kra-Dai data in Norman (2005) were derived from Fǔshì Wáng 王辅世 & Zōngwǔ Máo 毛宗武 (1995) and Mǐn Liáng 梁敏 & Jūnrú Zhāng 张均如 (1996).

data, Akitani (2011) reconstructed *ʃ- for Proto-Northern Min,[①] Shàojiāng, which he also presumed came originally from Proto-Min *r-,[②] as in Table 7.

Table 7   Development of 'egg' and 'come' in Northern Min and Shàojiāng dialects

luǎn 卵 'egg'	P-Min						
Northern Min	*r-	>	*ʒ-	>	*ʃ-	>	s-
Shàojiāng	*r-	>	*ʒ-	>	*ʃ-	>	ʃ-
lái 来 'come'	P-Min						
All Min dialects	*l			>			l-

These studies revealed that there have been at least two liquids in Proto-Min: *r- (Norman's *lh-) and *l-, the former came from *C. r-, and the latter from *r- in OC. [③] Similarly, we assume that the initial of the word for 'egg' must have come from *r-; moreover, this *r- might have come originally from the consonant cluster *C. r- such as *k. rˤ-.

① See the Chapter 5.

② Akitani (秋谷 2011) also mentioned the possibility of reconstructing four liquid onsets for Proto-Min, *r-, *r̥-, *l-, and *l̥-. The voiceless liquids *r̥- and *l̥- are reconstructed based on tonal development. These words have the so-called Yīn tone 阴调 (upper-register tone, typically derived from a voiceless onset) in the Eastern Min dialects (Mǐndōng 闽东), for example: *lù* 露 'dew, disclose' and *lì* 利 'sharp, profit' are Yīn Qù tone 阴去 in the Eastern Min dialects. *Lù* 露 in Shàojiāng has [ʃ] with Yīn Qù tone 阴去. Therefore *lù* 露 is reconstructed as *r̥-, *lì* 利 as *l̥-. Also see Shen (沈瑞清 2011).

③ However, the word 'come' 来 could not have the singleton onset *rˤ-; based on the Xiéshēng connections with *mài* 麥 'wheat', it must have had the clusters like *mə. rˤək. We have to leave the question open for now.

See Table 8 for the development of *k. r^ˤ-. ①

Table 8　Development of *k. r^ˤ- ('egg')

	Non-Min Chinese	Northern Min, Central Min, Shàojiāng	Eastern Min, Southern Min
Old Chinese	*k. r^ˤ-	*k. r^ˤ-	*k. r^ˤ-
loss of *k-	*r^ˤ-	*r^ˤ-	*r^ˤ-
lenition (fricative)	—	*z, *ʑ, *ʒ-	—
devoicing	—	*ʃ-	—
*r- >*l*-	l-	—	l-
result	l-	s, ʃ-, ɬ-	l-

In the following section, we consider data from other languages.

3. 3　Proto-Hmong-Mien

It is assumed that early loanwords in other languages, such as Hmong-Mien and Kra-Dai languages, provide additional evidence for reconstructing OC. ② Mei & Norman (1971) and Norman (2005) indicated that Proto-Min *lh- (*r-) seems to correspond to consonant clusters in Proto-Hmong-Mien and Proto-Kra-Dai. However, they did not compare the word for ' egg ' ; see Table 6. Meanwhile, Baxter & Sagart (2014) used the data from Proto-Hmong-Mien and reconstructed

---

① As Baxter & Sagart (2014: 91) mentioned, lenition (fricative) might occur earlier, before the loss of *k-; however, we assume that the existence of two liquids *r- and *l- in Proto-Min caused lenition (fricative) in Northern Min, the loss of *k- comes first in Table 8. Also see the Chapter 5 in this book (Akitani 秋谷 2011: 123).

② Baxter & Sagart (2014: 34 – 37).

it as *k. r$^\varsigma$or?.[1] The Proto-Hmong-Mien data in Baxter & Sagart (2014) were derived from Ratliff (2010), who reconstructed the Proto-Mien word for 'egg' as *kləuC and reconstructed Proto-Hmong as *qæwC, since Proto-Mien *kl- usually corresponds to Proto-Hmong *ql- ({*kl-: *ql-}), Ratliff (2010) regarded it as exceptional. Conversely, Ostapirat (2016: 137) reconstructed Proto-Hmong-Mien 'egg' as *qr- rather than *kl-,[2] as shown in Table 9.

Table 9   Proto-Hmong-Mien reconstructed by Ostapirat (2016: 137)^a

		Miao (Hmong)			Yao (Mien)			P-HM
	Tone	Dn	Zd	Yh	Sj	Lx	Zm	
'road'	B	ke	kæ	ki	klu	kjau	tsu	*kr-
'egg'	C	qe	hæ	ki	klu	kjau	tsu	*qr-

^{a} Dn: Dananshan, Zd: Zongdi, Yh: Yanghao, Sj: Sanjiang, Lx: Luoxiang, Zm: Zaomin

Based on data from Proto-Hmong-Mien, the word for 'egg' in Chinese must have had a cluster. The problem is that tone categories of the word for 'egg' in Chinese and Hmong-Mien do not correspond to one another.

In addition to the reconstruction, Ostapirat (2016: 143) investigated the borrowing direction of loanwords. It has been believed that Chinese is a donor language, while other languages conversely are borrower languages. Ostapirat (2016: 143), however, pointed out

---

[1]   Baxter & Sagart (2014: 163) used Proto-Min *lh- to reconstruct *k. r$^\varsigma$- as well.

[2]   As for the onset *kl- (Ratliff 2010), it was replaced with *kr-; see Ostapirat (2016: 137). Ostapirat (2016) reconstructed *kl- for the set of words that show -l- in most dialects, such as the word 'dog'.

that the words 'dog', 'to cross over', 'wide', and 'cucumber,' in Chinese were borrowed from Hmong-Mien languages as presented in Table 10.

Table 10　Loans from Hmong-Mien

	Graph	Tone	P-HM	OC		MC		Mandarin
'cucumber'	瓜	A	*klᵛa	*kʷˤra	>	*kwae*	>	guā
'to cross over'	過	C	*klᵛai	*kʷˤaj-s	>	*kwaH*	>	guò
'wide'	廣	B	*klᵛaŋ	*kʷˤaŋʔ	>	*kwangX*	>	guǎng
'dog'	狗	B	*klu	*Cə-kˤroʔ	>	*kuwX*	>	gǒu

Based on the comparative data, Ostapirat (2016) reconstructed velarized *-lᵛ- in these words, positing that the onsets *klᵛ- in P-HM changed to *kʷ- in OC through lenition. According to this sound change (*klᵛ-> *kʷ-), it is highly probable that these words were borrowed from Hmong-Mien into Chinese languages. [①] As for the word for 'dog', there are two words in Chinese, *gǒu* 狗 and *quán* 犬. The former is related to the word for 'dog' in Hmong-Mien, whereas the latter is related to the word for 'dog' in the Tibeto-Burman languages. [②] Similarly, the word

---

[①]　Also see Jacques (2021).

[②]　See Akitani *et al.* (秋谷, 汪, 野原 2022: 264 - 280). Proto-Tibeto-Burman 'dog' *kʷəy (Matisoff 2003: 448) is thought to be related to *kʷʰˤenʔ 犬 in OC. Proto-Hmong-Mien 'dog' *klu is thought to be related to *Cə-kˤroʔ 狗 in OC. However, the relationship between 犬 and 狗 are quite complicated. For example, *Éryǎ* 尔雅 annotated that 狗 means 'an animal' still without its fur [*Shi xu* 释畜: 未成毫, 狗; see (Sagart 1999: 190)], and also that 狗 is a word for 'pup' of bears and tigers [*Shi shou* 释兽: 熊虎醜, 其子狗; See Li Wang (王力 1982: 182 - 183)]. Meanwhile, Weihui Wang (汪维辉 2007; 2018) revealed that there was no difference between 犬 and 狗, and concluded that the word 犬 gradually began to be replaced with 狗 in the Warring States period. As for the word for 'pup' for bears and tigers, I have no clear explanation so far. Further studies are needed.

for 'egg' might have been borrowed from other languages such as Proto-Hmong-Mien. [1]

3.4 Proto-Tai

As with Chinese and Proto-Hmong-Mien, the tones for 'egg' in OC and Proto-Tai do not correspond to one another. [2] The MC Shǎngshēng tone 上声 ('rising tone') normally corresponds to the Proto-Tai C tone. As for the vowels, they do not seem to be related to each other. However, we know that loanwords are not always borrowed from the same place and at the same time. In the case of the word for 'egg', if it is a loanword, it must have been borrowed in the early stage. According to Pittayaporn (2009), the word for 'egg' seems to have the cluster *qr- in Proto-Tai just as in Proto-Hmong-Mien, as shown in Table 11.

Table 11   The word for 'egg' in Proto-Tai

	PT	Siamese	Sapa	Bao Yen	Cao Bang	Lungchow	Shangsi	Yay	Saek
'egg'	*qraj^B	k^{h}aj^2	saj^{B1}	k^{h}aj^{B1}	saj^{B1}	k^{h}jaj^{B1}	laj^{B1}	caj^{B1}	—

---

[1]   Baxter & Sagart (2014: 324) pointed out that there is a vulgar word 'egg', also used for 'testicles' in southern Chinese dialects: Cantonese /tʃʰœn¹/ 'egg' and Hakka /tʃʰun¹/ 'eggs of birds, reptiles; roe of fish'. They assumed that /tʃʰœn¹/ and /tʃʰun¹/ are derived from OC *tʰu[n], and it is related to Proto-Tibeto-Burman *twij 'egg'. This shows that there had been two words for 'egg' in OC, the same as the word for 'dog'. Besides, the words for 'heel' in TB languages share the root with 'egg': ke-a: r-tui (foot-chicken-egg) in Lushai, and k^{h}e^3-tu: i² (chicken-egg) in Tiddim. See Marrison (1967: 121), Benedict (1972: 45), and Bhaskararao (1996: 58). Similarly, OC 'egg' 卵 might have shared the root with 踝 huà 'ankle'. If so, 卵 might not be a loan from Hmong-Mien or Kra-Dai languages. Moreover, the coda in 'egg' must have been *-r rather than *-n. However, since the word 'ankle' is not shown in the excavated documents, at present I cannot fully explain it.

[2]   But the tone of guàn 卝 (丱) actually corresponds to Tone C in Proto-Hmong-Mien and Proto-Tai. As mentioned above, Yùcái Duàn regarded the character guàn 卝 as the old form of the character luǎn 卵.

Based on these data from Min dialects (§3. 2), Proto-Hmong-Mien (§3. 3), and Proto-Tai (§3. 4), the words for 'egg' in these languages seem to be etymologically related.

As mentioned above, the word for 'egg' in MC has two sounds: *lwaX* and *lwanX*. The words 'egg' in Hmong-Mien and Tai seem to be related to the former *lwaX* (< *k. r^{ʕ}oj < *k. r^{ʕ}or).

Both the philological data (§2) and the comparative data (§3) indicate that the word for 'egg' in OC might have had the consonant cluster *k. r^{ʕ}-. In §4, examples from excavated documents are presented.

4　The Characters for 'Egg' in the Excavated Documents

4. 1　Oracle bone inscriptions

As Yùcái Duàn 段玉裁 (1735—1815) noted in his *Shuōwén jiězì zhù*, the character 卝 *guàn* is an old form of the character 卵 *luǎn* 'egg', and 卝 *guàn* and 卵 *luǎn* might have been descended from the same character (§2).

Unfortunately, a character representing the word for 'egg' does not seem to appear among the oracle bone inscriptions. However, the character 𡧈 seen in the oracle bone inscriptions might contain a character 卵 *luǎn* (the left part 𡧈). Paleographers have deciphered this character as the word *zhuó* 剢 meaning 'to castrate,' as presented in (7):

(7) 庚辰卜,王,朕𡧈(剢)羌不死。

　　'Cracking on the Gēng Chén day, the king tested: If I castrate Qiāng people, they will not die. '

　　　　　　　　　　　　　　(*Jiǎgǔwén héjí* 甲骨文合集 no. 525)

In this sentence, the character 𗊼 represents the verb 'to castrate'; castration was a serious penalty in ancient China. According to this study, the left part 𗊼 has been believed to represent 'testicles' (perhaps a pictograph, with a knife represented on the right side), which scholars have regarded as related to the character 卵 *luǎn*. It seems natural that the words 'egg' and 'testicles' have relationships in a semantic sense;[①] see the semantic diagram in Figure 2 described by Matisoff (2008: 1).

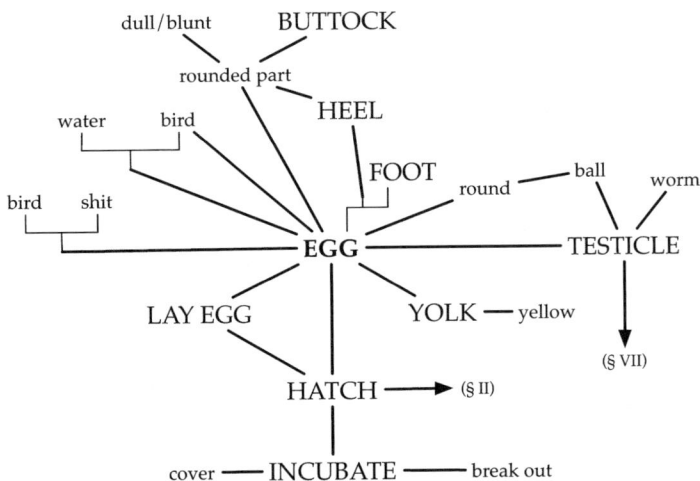

Figure 2   Semantic diagram: 'egg' (Matisoff 2008: 1)

From the diagram, the word for 'egg' can be semantically connected the notions of 'testicle,' 'hatch,' 'round,' and so on. Therefore, I assume that the left part 𗊼 is an ancestral form of the character 卵, and was commonly associated with both 'testicles' and 'egg', as shown in (12).

---

① In Tuoluo Bai 妥洛白语, the word [sen⁵] has a meaning 'testicles', whereas in other Bai languages, it means 'egg'. See Wang (2006: 187). As mentioned in Footnote ① on page 112, the word for 'egg' seen in Cantonese and Hakka is also used for 'testicles'.

4.2　Bamboo slips

In neither oracle bone nor bronze inscriptions, we do not find the character *luǎn* 卵 'egg' itself, whereas a few characters of 卵 *luǎn* are found on bamboo slips dating back to the Warring States periods (around 3 BC), as in (8), (9), (10) and (11):

(8) 𠂤 二卵缶①

　　'A name of bronze ware.'

(9) 🦋 卵盏②

　　'A name of bronze ware.'

(10) 𠂤 又(有)鳦(燕)監(銜)卵③

　　'A swallow holds an egg in its mouth.'

(11) 🪶 鮮卵白色④

　　'A fresh white egg.'

The characters in (8), (9), (10) and (11) represent the word 'egg'. 二卵缶 *Èr luǎn fǒu* and 卵盏 *Luǎnzhǎn* in (8) and (9) are kinds of bronze wares, so named because they were shaped like an 'egg'. The character 卵 *luǎn*, especially the shape in (11) 🪶, is likely to have etymological relationships to the character 🪶 seen in oracle bone inscriptions, as shown in (7).

　　Conversely, in (12), the character 卵 *luǎn* represents the word 'testicle':

---

① *Bāoshān Chǔjiǎn* 包山楚简 no. 265.
② *Wàngshān Chǔjiǎn* 望山楚简 M2. No. 46, 53.
③ *Shànghǎi Museum bamboo slips* 上博楚简, Zǐgāo 子羔 no. 11.
④ *Shuìhǔdì Qínjiǎn* 睡虎地秦简, Rìshū Jiǎ 日书甲 no. 74. 2.

(12) 𤺅癩,先上卵①

'As for the Tuí (a disease of the testicles), first, raise the testicles ...'

As you can see, the character 卵 *luǎn* can represent either 'egg' or 'testicles,' as shown in Figure 2.

4.3 卝 *guàn* and 卵 *luǎn*

Yùcái Duàn 段玉裁 noted that the character 卝 (屮) *guàn* seems to have an etymological relationship with the character 卵 *luǎn*. In the bamboo slips, we can find the character 卝 *guàn*, as in (13):

(13) 𤯷閒(間)屮(關)惄(謀)司(治)②

'Keep working hard and govern a country well.'

Since the character 𤯷 in (13) represents the word 關 *guān*, where 閒 關 *jiān guān* means 'keep working hard,' the character 𤯷 must be 卝 *guàn*. Both 關 *guān* and 卝 *guàn* have a velar stop $^*k^ʕr$- (Division-Ⅱ rhyme in MC) and a rounded vowel in the rhyme *-on in OC, as shown in Table 12.

Table 12　關 *Guān* and 卝 *guàn* reconstructed form

	Old Chinese		Middle Chinese		Mandarin
關	$^*k^ʕ$ron	>	*kwaen*	>	guān
卝	$^*k^ʕ$rons	>	*kwaenH*	>	guàn

As can be seen, the character in (13) is slightly different from the shape of the characters 卵 *luǎn* seen in (8)-(10), as in Table 13. ③

---

① *Mǎwángduī bóshū* 马王堆帛书, *Wǔshíèr bìngfāng* 五十二病方 no. 234.

② *Shànghǎi Museum bamboo slips* 上博楚简, *Yìshī* 逸诗 no. 3, 4.

③ Since the characters in (11) and (12) are not from Chǔ state, we did not add them in Table 13.

Table 13　The characters for 'egg' in Chǔ bamboo slips compared

Example (8)	Example (9)	Example (10)	Example (13)
〔image〕	〔image〕	〔image〕	〔image〕
卵	卵	卵	卝 (卵)

Specifically, it shows that the Chǔ people 楚人 might have distinguished these two characters 卵 *luǎn* and 卝 *guàn* in their writing system at the time. Thus, based solely on these data, we cannot conclude that the characters 卵 *luǎn* and 卝 *guàn* are etymologically related. Further studies are needed to confirm this. [1]

As for the word 關 *guān*, we can find another phonetic loan in *Ān Dà Jiǎn* (*ADJ*), [2] as in (14):

(14) 〔image〕 闗(關) = 雎鳩

'Guan-guān go the ospreys' [3]

The character 〔image〕 in (14) has 䜌 *luán* as a phonetic element and represents the word 關 *guān*.

Note that the phonetic element 䜌 *luán* can represent a word with a velar onset in Chǔ bamboo slips. For example, in *ADJ*, characters having 䜌 *luán* as a phonetic represent the words having the consonant cluster *$kr^{(ʕ)}$- in OC: 關 *guān*, 卷 *juǎn*, and 贯 (宦) *guàn*. [4]

---

[1]　We do not have enough data to confirm this. To begin with, the data from the Chǔ bamboo slips are not old enough to discuss the etymology of the characters.

[2]　*Ānhuī dàxué cáng Zhànguó zhújiǎn* 安徽大学藏战国竹简, Zhōunán 周南, Guānjū 关雎 no. 1.

[3]　James Legge's translation.

[4]　Guānjū 关雎(*ADJ*: no. 1), Juǎněr 卷耳 (*ADJ*: no. 6), Shuòshǔ 硕鼠 (*ADJ*: no. 80). See Nohara (野原 2022: 97 – 114).

In addition, we can find another remarkable example in the Qín bamboo slips 秦简, as in (15):

(15) 🐾 麕麛(卵)鷇①

'Fawns, eggs, and fledglings'

The character 🐾 (䲞) is composed of 綝 *luán* and 卵 *luǎn*, and represents the word for 'egg'. Since these documents are official, they must reflect the language of the Qín state 秦地 at that time.② The characters 卵 *luǎn* and 綝 *luán* have the same sounds in MC, except for tonal category. The character 綝 *luán* is thought to be the additional phonetic element, and thus must represent the sound of the word for 'egg' as shown in Table 14 (K: velar or uvular stops).

Table 14   綝 *luán*: Reconstructed form

	Old Chinese		Middle Chinese		Mandarin
綝	*K. r^{ˤ}on	>	*lwan*	>	luán
卵	*k. r^{ˤ}on?	>	*lwanX*	>	luǎn

As mentioned above, the phonetic 綝 *luán* can represent the word having the velar onsets as 關 *guān* in (14); hence, these phonetic loans revealed that the word for 'egg' must have had the velar onset at the time.

---

① *Shuìhǔdì Qínjiǎn* 睡虎地秦简, Tiānlǜ 田律 'Statutes on agriculture' no. 4.

② However, some excavated documents unearthed in the Qín states 秦地 do not always represent the language of the Qín state. For example, in the *Day book* (a kind of divinatory book), the *Rìshū* 日书, we can find some features related to the language of the Chǔ state 楚地 (Húnán Province 湖南 and Húběi Province 湖北).

5　Conclusion

This paper tried to reconstruct the onset of the word for 'egg' in OC. In the early days of Chinese historical phonology, the Qīng scholar Yùcái Duàn 段玉裁 noted that the character 卵 *luǎn* seems to be related to certain other characters and words, such as 卝 *kwaenH*, 患 *hwaenH*, 關 *kwaen*, 绾 *ʔwaenX*, and 管 *kwanX*. Interestingly, the first four words and characters belong to the Division-Ⅱ rhyme in MC, reflecting *-r- in OC. Therefore, it is plausible that these words and characters attest the word for 'egg' as having an *r- in OC. However, this philological evidence is not old enough to reconstruct the OC form. In §3, I examine the comparative data in Min dialects. In addition, data from Proto-Hmong-Mien and Proto-Tai show that the word for 'egg' originated from the consonant cluster *Cr- in an early stage.

Although the philological evidence and the comparative data from Min, Proto-Hmong-Mien, and Proto-Tai indicate that the word for 'egg' has the consonant cluster *k. rˤ- in OC, even in the oracle bone inscriptions and the bronze inscriptions, we do not find a character meaning 'egg'. Eventually, in the bamboo slips dating back to the Warring States period, we do find a few characters like 卵 *luǎn* meaning 'egg', but there is, unfortunately, no direct evidence to reconstruct the onset *k-. Nevertheless, I conclude that it is better to reconstruct it as *k. rˤonʔ. As in (14), the character 䜌 *luán* can represent the word having velar onsets in *ADJ*. In the Qín bamboo slips, the character 🦪 (䖵), which has 䜌 *luán* as the additional phonetic element, represents the word for 'egg'. These phonetic loans revealed that the word for 'egg' originally contained the preinitial *k-, although it would be lost by early MC.

In addition, the word for 'egg' is believed to be etymologically related to characters meaning 'round'. We need further study of related words such as *wán* 丸, *yuán* 圓 meaning 'round', *guǒ* 果 'result', *juǎn* 卷 'roll', and *huà* 踝 'ankle'.[①] What interests us is that these words have the velar and uvular onsets in OC.

Acknowledgments

I would like to thank the anonymous reviewers and the editors for their valuable feedback on the manuscript. This study is partly based on the project (JSPS KAKENHI grant number JP18K12379).

Abbreviations

ADJ	*Ān Dà Jiǎn* 安大简
MC	Middle Chinese
OC	Old Chinese
P-HM	Proto-Hmong-Mien
P-KD	Proto-Kra-Dai
P-Min	Proto-Min
TB	Tibeto-Burman

[原载 *Language and Linguistics* 2023, 24(2): 325 – 344]

---

① Based on the meaning of the words *wán* 丸, *yuán* 圓 'round,' and *luǎn* 卵 'egg', they seem to share the same root; the words *wán* 丸 and *yuán* 圓, however, have unrounded vowels *-a- and *-e- in OC. Conversely, the word 'ankle' *huà* 踝 had the rounded vowel at the time; therefore, *luǎn* 卵 might have shared the same root with *huà* 踝. Also see Footnote ① on page 112.

第7章　闽语中来自*m.r和*ŋ.r的来母字*

秋谷裕幸　野原将挥

提要　Ostapirat(2011)曾研究苗瑶语和侗台语里的早期汉语借词而推断"辣""笠""犁"等字在早期上古音里应该带有复辅音声母。与此同时它还注意到了早期上古音*m.r-和*ŋ.r-在原始闽语里变为弱化浊声母*-d-。本章拟通过构拟"懒""辣""鲤""蛎""鹿"以及{鸡虱}义词的原始闽语形式进一步证实并修订Ostapirat(2011)所提出的观点。本章认为早期上古音的*m.r-和*ŋ.r-在原始闽语当中变为弱化舌叶浊塞音,暂且把它标作*-dʳ-。

关键词　原始闽语　上古音　来母　弱化声母

1　引言

　　闽语中来母的表现比较特殊,除了流音[l]以外还有[s]等擦音和[d]或[t]等塞音的表现。比如,闽北区镇前方言"来"读作[lœ²],

---

　　* 本章初稿"闽语中来自*m. r和*ŋ. r的来母字——兼论原始闽语在汉语史上的位置"曾在"语言学前沿与汉语史研究讲坛·第六讲"(浙江大学汉语史研究中心主办,史文磊教授主持,2022年2月18号线上召开)上宣读并与向柏霖(Guillaume Jacques)教授和沈瑞清助理教授等多位专家进行对谈,承蒙许多中肯的意见。在此一并致谢。当然,文中的错误一概由笔者负责。

"六"读作[ɬu⁶],"鲤"读作[ty⁵]。①

罗杰瑞(2005)根据原始苗瑶语和原始侗台语中汉语借词的拟音推测读擦音声母的来母字追溯到早期汉语中包括清塞音的复辅音,读流音或塞音声母的来母字则追溯到浊音作为第一个成分的复辅音。比如"箩"闽北区建阳方言读作[sue²],原始侗台语的声母拟音是*kl-;"辣"建阳方言读作[lue⁸],原始苗瑶语的声母拟音是*mbdʐ-。

后来 Norman(2014:11—12)专门关注源自共同闽语*d-声母的"懒""鲤"和"鹿"而指出这 3 个字在原始侗台语里的读音分别是*granᶜ、②*mbləiᵃ/ᶜ 和*glɔkᵈ,都含有复辅音声母。③

Ostapirat(2011)则研究"辣""鲤""蓝靛""笠"和"犁"在汉语上古音以及原始侗台语、原始苗瑶语当中的早期声母读音。原始侗台语和原始苗瑶语保存着比较复杂的声母读音。比如"笠"的原始苗瑶语声母是*k-r-,原始台语的声母则为*kl-。(Ostapirat 2011:13)由于来母"立"用于溪母"泣"的声符,"笠"在上古音中具有*kr-之类的声母是有可能的。(梅祖麟,罗杰瑞 1971:101)Baxter 和 Sagart(2014a:163)根据原始闽语的*lh-声母和原始台语的*klɣp D,把"笠"的上古音拟做了*k.rəp。

Ostapirat(2011:15)还注意到了早期上古音④和原始闽语之间这样的对应关系。⑤ 例字由笔者补充。

---

① 关于[s]等擦音的表现,参看本书第 1 章 2.6 小节和第 5 章。

② 按照梁敏、张均如(1996:62—63)的系统,"c"要改为"B"。

③ 罗杰瑞(2005)和 Norman(2014)里原始苗瑶语用了王辅世、毛宗武(1995)的系统,原始侗台语则用了梁敏、张均如(1996)的系统。

④ 笔者对该文所说"early Old Chinese"即"早期上古音"的理解是"早于《诗经》语言阶段的上古音"。

⑤ Baxter 和 Sagart(2014a:33)认为来母读塞音是闽语在音韵方面的鉴别性创新特点。他们说:"In phonology, a unique Mǐn innovation is the shift of OC *r to the Proto-Mǐn softened initial *-d- in words such as 路 lù 'road' and 鲤 lǐ 'carp'."｛路｝闽东区古田方言说[tuo⁶],闽北区镇前方言说[tio⁹],可以构拟原始闽语的弱化声母*-d-。不过,这个词是否是"路"还要做进一步的研究。

Early OC		Proto-Min	例字
*m.r-①	>	*nd-（Norman's *-d）	鲤
*ŋ.r-	>	*nd-（Norman's *-d）	懒
*k-r-	>	*hl-（Norman's *lh-）	笠、鳞

Ostapirat（2011）大概是没有参照罗杰瑞教授两篇文章的情况下独立进行的。尽管如此,该文所提出的这个语音对应可视为罗杰瑞教授所提出观点的进一步发展。笔者认为 Ostapirat（2011）的观点可以接受并很值得继续发展。

本章以"懒""辣""鲤""蠡""鹿"以及｛鸡虱｝义词为例验证早期上古音 *m.r->原始闽语 *nd-（Norman's *-d-）和早期上古音 *ŋ.r->原始闽语 *nd-（Norman's *-d-）的语音对应和语音演变。②

2　原始闽语的舌叶塞音声母

在进入正题之前有必要介绍秋谷裕幸（2022c）所构拟原始闽语的舌叶塞音声母。

Norman（1973,1974）所构拟原始闽语当中共有 49 个声母。"-"表示弱化声母。

*p	*ph	*-p	*b	*bh	*-b	*m	*mh
*t	*th	*-t	*d	*dh	*-d	*n	*nh	*l	*lh
*ts	*tsh	*-ts	*dz	*dzh	*-dz			*s	*z
*tš	*tšh	*-tš	*dž	*džh	*-dž	*ń（*ńh）		*š	*ž
*k	*kh	*-k	*g	*gh	*-g	*ŋ	*ŋh	*x	*ɣ
*ʔ		*ø							*ɦ

---

① Ostapirat（2011）没有说明 *m.r 和 *ŋ.r 当中小黑点的功能,也没有说明它和 *k-r 当中短横之间有什么样的区别。本章只好照样保留。

② 关于这个语音对应,还可以参看 Ostapirat（2016a：136,142）、Ostapirat（2016b：143）和郭必之（2022）。

秋谷裕幸(2022c)在 Norman(1973,1974)的基础上构拟了另外一系列原始闽语声母即舌叶塞音声母。另外,该文还指出 Norman(1974)的 *tš 系声母可以改成舌叶塞擦音和擦音。由于本书第 5 章给所谓"来母 S 声"现象构拟了原始闽语 *r 和 *ṛ,所以笔者目前原始闽语声母系统方案如下,共有 58 个声母。舌叶塞音用上标"r"来表示。[1] 送气成分用了上标的"h",清鼻音流音则用"m̥"之类加小圆圈的音标。

*p	*pʰ	*-p	*b	*bʰ	*-b	*m	*m̥		
*t	*tʰ	*-t	*d	*dʰ	*-d	*n	*n̥	*l	*l̥
*ts	*tsʰ	*-ts	*dz	*dzʰ	*-dz			*s	*z
*tʳ	*tʳʰ	*-tʳ	*dʳ	*dʳʰ	*-dʳ		*r	*ṛ	
*tʃ	*tʃʰ	*-tʃ	*dʒ	*dʒʰ	*-dʒ	*ń (*ń̥)		*ʃ	*ʒ *-ʒ
*k	*kʰ	*-k	*g	*gʰ	*-g	*ŋ	*ŋ̥	*x	*ɣ
*ʔ			*ø						*ɦ

舌叶塞音主要根据邵将区塞擦音、其他闽语塞音的语音对应构拟的。以下举出三个较为典型的例子。

睁脚后跟

厦门 tī¹ 散后~ | 永福 tī¹ 后~ | 仙游 na⁻⁵⁴⁴ 后散~ | 古田 naŋ¹ 散~ | 咸村 naŋ¹ 散~卵 | 镇前 tʰiaŋ¹ 散后~,声! | 崇安 tiaŋ¹ 散~卵 | 峡阳 tiaŋ¹ 散~ | 盖竹 tiā¹ 散~ | 顺昌 tʃʒ¹ 散~ | 光泽 tsaŋ¹ 散~;原始闽语 *tʳaŋ^tone1;上古音——。

厦门方言和永福方言的[ĩ]来自原始闽南区方言 *ẽ,即洪音。关于仙游、古田和咸村方言里的声母[n]和镇前方言里的送气塞音[tʰ],参看秋谷裕幸(2022c:62)。

獭

厦门 tʰuaʔ⁷ 水~ | 永福 tʰua⁷ | 仙游 tʰya⁶ | 古田 tʰiak⁷ | 咸村 tʰit⁷ 韵! | 镇前

---

① 请注意,舌叶塞音的发音部位与舌尖后塞音[ʈ、ɖ]等不一样。

tʰye³|崇安 hyai⁷~huai⁷ 水~|峡阳 tʰie⁷|盖竹 tʰia⁷ 单字音|顺昌 tʃʰa²|光泽 tʰɔi⁷ (<*tsʰ)水~；原始闽语 *tʳʰɑttone⁴|上古音 *[m-r̥]ˤat。

此处厦门方言[uaʔ]和永福方言[ua]来自早期的 *yaʔ。咸村方言的[it]韵与其他闽东区方言的韵母不对应。关于这个问题，参看秋谷裕幸(2018a：588)。古田方言的[tʰiak⁷]才是能够代表闽东区方言的正规读音。原始闽东区方言的读音可以拟作 *tʰiat⁷。崇安方言的[huai⁷]是[hyai⁷]的变体。关于"獭"的上古音，参看下文 3.4 小节。

□干燥①

厦门 ta¹|永福 ta¹|仙游 tɔ¹|古田 ta¹|咸村 ta¹|镇前 tio⁵|崇安 liəu¹|峡阳 tiəu⁹|盖竹 tiɯ¹|顺昌 tʃʰaoʔ⁴|光泽【干 kɔn¹】；原始闽语 *-tʳautone1；上古音——。

舌叶塞音对后面的元音会起到几种不同的作用。其中最重要的是促使后面的 *ɑ 变成 *iɑ，*a 变成 *ia。前者发生在除邵将区方言以外所有闽语方言，以上以"獭"为例。后者则发生在除邵将区方言以外所有闽语西部方言，以上以"静脚后跟"和"□干燥"为例。

比如，以 *a 为主要元音的原始闽语 *au 在东部闽语中变成 *a。莆仙区仙游方言的[ɔ]是 *a 的进一步发展，而在西部闽语中一般保持着 *au 的音值。举一例：

骹脚

厦门 kʰa¹|永福 kʰa¹|仙游 kʰɔ¹|古田 kʰa¹|咸村 kʰa¹|镇前 kʰau¹|崇安 kʰau¹|峡阳 kʰau¹|盖竹 kʰo¹|顺昌 kʰao¹|光泽 kʰau¹；原始闽语 *kʰautone1；上古音——。

盖竹方言的[o]当来自早期的 *au。关于原始闽语的 *au，参看 Norman(1981：44)。

---

① Bodman(1980：178)曾指出这个词和 Proto-Vietnamese-Muong 的｛干燥｝义词 *traw B 之间有同源关系，并认为闽语脱落了 *r。从本章的角度来说，*traw B 的 *r 和 *-tʳ 的 *ʳ 可以比较。北京大学(1989/2008：196)则认为这个词的本字是"焦"。

由于"□干燥"的原始声母是舌叶塞音* -tʳ,所以在西部闽语中增生出介音* i 变成了* iau。镇前[io]、崇安[iəu]、峡阳[iɐu]、盖竹[iɯ]都来自* iau。

我们研究"懒""鲤"等字的原始闽语声母时,舌叶塞音的构拟具有重大意义。

3 "懒""辣"以及"獭"——剌声字

"懒"和"辣"都以"剌"为声符。本节讨论这两个字以及另外一个剌声字"獭"。

3.1 闽语的"懒"

懒

厦门 tūã⁶ | 永福 tuã⁶① | 仙游—— | 古田 tiaŋ⁶ | 咸村 tiɐn⁶ | 镇前 tyiŋ⁵ | 崇安 luaiŋ⁵ | 峡阳 tiŋ⁴② | 盖竹 tɯŋ⁴③ | 顺昌 tʃʰaŋʔ⁴ | 光泽 lan³ 声!;原始闽语 * -dʳɑntone2 | 上古音 * [N-kə.]rˤanʔ。④

崇安方言的[luaiŋ⁵]当为* lyaiŋ⁵ 的进一步发展。邵将区光泽方言的[lan³]显然是外来读音,顺昌方言的[tʃʰaŋʔ⁴]才能代表邵将区的固有读音。顺昌方言塞擦音、其他闽语塞音及其进一步发展这种语音对应很清楚地说明"懒"的原始闽语声母是舌叶塞音。闽北区方言的调类对应则表示"懒"的原始声母是弱化浊声母,原始调类则为

① 同音字表里"惰"的单字音。本字当为"懒"。
② 峡阳方言|懒惰|说"懒懒"[laiŋ²tiŋ⁴]。前字文读音,后字白读音。
③ 盖竹方言|懒惰|说"懒懒"[lẽ³tɯŋ⁴]。前字文读音,后字白读音。参看邓享璋(1997:28)。
④ Baxter 和 Sagart(2014a)构拟上古音时利用了原始闽语以及苗瑶语等语言中的早期汉语借词。所以,本章所要研究的"懒""辣""鲤""蛎""鹿"等字的上古音声母已经都构拟了鼻音成分。

* tone2。"懒"的声母和调类可以跟"厚"比较。

厚

　　厦门 kau⁶｜永福 kau⁶｜仙游 kau⁶｜古田 kau⁶｜咸村 kau⁶｜镇前 keu⁵｜崇安 jɐu⁵｜峡阳 kɐu⁴｜盖竹 kœ⁴｜顺昌 haiʔ⁴｜光泽 hɐu³；原始闽语 * -gəu^tone2｜上古音 * Cə.[g]ˤ(r)oʔ。

　　"懒"的原始闽南区方言的韵母可以拟作 * uã，原始闽东区方言的韵母则为 * ian。原始闽北区方言的韵母可以拟作 * yaiŋ。以上的读音均与原始闽语的 * ian 韵（Norman 1981：63—64）对应。闽中区盖竹方言[tɯŋ⁴]的韵母来历目前还不太清楚。不过，也可以与原始闽语 * iɑn 对应。比如"线"的原始闽语韵母是 * iɑn，盖竹方言读作[sɯŋ⁵]。

　　根据 Branner（2000：94），龙岩市万安镇松洋方言{懒惰}说[tsəŋʔ⁸]，连城县赖源镇下村方言说[tsɒʔ⁸]，均为"懒"。① 拼 tʃ 组声母时，顺昌方言的[aŋ]韵也可以与早期的细音韵母对应。比如"正~月"顺昌读作[tʃaŋ¹]，闽北区峡阳方言则读细音[tsiaŋ¹]。后者才代表早期韵母。不过，松洋方言的[əŋ]韵和下村方言的[ɒ]韵一般与早期的洪音韵母对应。具体的例子可参看 Branner（2000：282—288）。② 所以，顺昌方言的"懒"[tʃʰaŋʔ⁴]应该也来自洪音。

　　邵将区洪音、其他闽语细音这种语音也见于"獭"，参看上文第 2 节。试比较：

	原始闽语	一般闽语	顺昌
獭	* ɑt	* iɑt	tʃʰa²
懒	* ɑn	* iɑn	tʃʰaŋʔ⁴

　　总之，"懒"的原始闽语形式可以拟作 * -dʳɑn^tone2。除邵将区方言

---

① 松洋和下村方言在闽语内的归属不详。

② "全"和"泉"也读[əŋ]韵和[ɒ]韵，为例外。请注意，这两个字的早期声母当为 * ts 系。

以 外 的 闽 语 方 言 中 以 舌 叶 塞 音 *-d^r 为 条 件 发 生 了 *-d^{r}ɑn^{tone2} > *-diɑn^{tone2}。邵 将 区 顺 昌 方 言 以 及 松 洋、下 村 方 言 中 *-d^r-先 变 成 *-dʒ- 然 后 再 变 成 了[tʃ^h]和[ts]。

Ostapirat(2011：13)所 提 出 "懒" 早 期 上 古 音 *ŋ. r->原 始 闽 语 *nd-的 假 设 笔 者 认 为 可 以 改 成 早 期 上 古 音 *ŋ. r->原 始 闽 语 *-d^r-。具 体 的 演 变 过 程 当 为 *ŋ. r->*ŋgr->*ndr->*-d^r-。舌 叶 塞 音 的 发 音 部 位 显 然 代 表 了 上 古 *r 的 发 音 部 位。[1]

3.2　闽语的"辣"

辣[2]

厦门 luaʔ^8｜永福 lua^6 单字音｜仙游 lua^8｜古田 lak^8｜咸村 lat^8｜镇前 la^3 韵！调！ ｜崇安【麻人 ma^{2}nɜiŋ^2】｜峡阳 luai^1｜盖竹 lua^4 单字音｜顺昌 laʔ^8 韵！｜光泽 lai^6 韵！； 原始闽语 *lɑt^{tone4}｜上古音 *mə. r^{ʕ}at (~ C. r^{ʕ}at？)。

闽语方言中"辣"的韵母往往不合乎对应规律。合乎对应规律的 读音是镇前方言 lua^5、顺昌方言 luaɛʔ^8、光泽方言 lɔi^6。

值得注意的是个别闽语方言中"辣"的声母读作塞音[t]。

3.2.1　闽东区福安方言

Diccionario Español＝Chino, *Dialecto de Fu-an* 第 787 页除了与 原始闽语 *lɑt^{tone4} 对应的 lat^8/lat^8 以外还记录了 tiɑt^8/tiɑt^8。[3] 该词典 里的 iɑt 韵起码还有两个字："□濺"chiɑt^7/tʃiat^7 和 "撅用肩扛"kiɑt^8/ kiat^8。"□濺"是原始闽语 *iɑt 的例字之一(Norman 1981：63—64)，

---

　①　Baxter 和 Sagart(2014a：192)参考原始苗瑶语的读音把"懒"拟作 *[N-kə.]r^{ʕ}anʔ 并推测原始闽语中声母部分要变成 *gə. d$^{-ʕ}$-。这种音值恐怕难以解释顺昌方言[tʃ^{h}aŋʔ^4]的 舌叶发音部位。

　②　《现代汉语词典》第 7 版对"辣"的释义是｛像姜、蒜、辣椒等有刺激性的味道｝。 Douglas(1873：318)对厦门方言"辣"[lua^8]的释义则是｛pungent｝，即表示气味或味道有刺 激性。"辣椒"是在 16 世纪明末时期才引进的外来蔬菜(彭世奖 2012：225—227)。可以 说"辣"的词义重点原来在于刺激性。

　③　释义为｛picante｝，即｛带有刺激性的辣味｝。

可见"辣"tiɑt⁸/tiat⁸ 与原始闽语 * iɑt 对应。

3.2.2　闽东区庆元江根方言

据徐丽丽(2020：137)，江根方言中"辣"读作[tiaʔ⁸]。她还注意到江根方言中"獭"也读细音[tʰiaʔ⁷]，而这两个字都是中古曷韵字。

3.2.3　闽北区寿宁平溪方言

据徐丽丽(2020：188)，平溪方言中"辣"读作[tyə²]。读[yə]的还有：纸 tʃyə³ | 寄 kyə² | 徛站立 kyə⁸ | 蚁 ŋyə⁸ | 舌 tʃyə⁸ | 月 ŋyə⁸。除了"月"以外均与原始闽北区方言的 * yai 韵对应。该方言中读 2 调即阳平甲的入声字不多。但我们注意到"药"[yə²]和"学"[u²]的调类均为 2 调。这两个字在崇安方言当中都带有浊音声母，"药"读作[jyoʔ⁸]，"学"读作[wuʔ⁸]。① 总之，从现有的材料来看，平溪方言的"辣"[tyə²]能够追溯到原始闽北区方言 * dyaiʔ⁸。原始闽北区 * d-与原始闽语的浊弱化声母 * -d-对应，原始闽北区的 * yaiʔ 则与原始闽语的 * iɑt 对应。

综上所述，原始闽语中"辣"除了 * lat^tone4 以外还有 * -diɑt^tone4。笔者认为代表最早期读音的应该是 * -diɑt^tone4，因为其他方言中声母为塞音的"辣"字读音很罕见而且浊弱化声母 * -d-是闽语独特的声母。我们也可以关注闽东区寿宁方言中的"辣"字读音[liaʔ⁸]。试比较：

> 江根 tia ʔ⁸
> 福安 tiɑt⁸/tiat⁸
> 寿宁 lia ʔ⁸
> 咸村 lat⁸

寿宁方言的[liaʔ⁸]可以理解为[tiaʔ⁸]的声母受到外方言影响的读音。早期寿宁方言中"辣"应该读作 * tiaʔ⁸，与江根方言一致。闽南区三乡方言中"鹿"字的读音也是同样性质的读音。参看下文 6.1 小节。

---

① 崇安方言中[j]和[w]均与[ʔ]声母构成音位对立。

　　根据现代闽语方言的材料,"辣"的读音只能追溯到原始闽语 *-diɑt^{tone4},因为这个原始形式不能参考邵将区方言的材料。我们不妨尝试它与上古音和原始苗瑶语之间的比较。

	上古韵母	原始闽语	除邵将区以外的原始形式	原始苗瑶语声母
獭	*ˤat	*t^{rh}at^{tone4}	*t^{h}iat^{tone4}	ʔ①
懒	*ˤanʔ	*-d^{r}ɑn^{tone2}	*-dian^{tone2}	*ŋ. r-
辣	*ˤat	X	*-diɑt^{tone4}	*m. r-②

　　根据这个比较,我们有理由推测"X"为 *-d^{r}ɑt^{tone4}。

　　邵将区明溪方言"辣"读作[tsʰo⁶]。请注意明溪方言不分 ts 组和 tʃ 组。这个读音可以跟⟨蟑螂⟩义词比较:

	原始闽语	明溪
辣	*-d^{r}ɑt^{tone4}	tsʰo⁶
⟨蟑螂⟩	*-dzɑt^{tone4}	tsʰo⁶

　　可见,明溪方言"辣"[tsʰo⁶]可以证实原始闽语 *-d^{r}ɑt^{tone4} 的构拟。

　　Ostapirat(2011:10)给北部台语中表示⟨辣⟩的词构拟了 *draːt,十分接近原始闽语的 *-d^{r}ɑt^{tone4}。*draːt 的 *dr-源自原始台语的 *m. r-,与原始苗瑶语 *m. r-一致。

3.3　闽语的"濑"

濑

厦门 lua⁶ a rapid on a river|永福 lua² 水中浅滩|仙游——|古田 lai⁵ 水流较急、较浅的地方|咸村——③|镇前 ɬua⁶ 河流的浅滩|崇安 ɕyai⁶ 水流很急的地方|峡阳 suai⁶ □ie⁻⁵⁵~: 水流很

---

①　Ratliff(2010:150)把原始苗语的⟨水獭⟩义词拟作了 *ntshjuạ^A,Theraphan(1993:217)则把原始瑶语的⟨水獭⟩义词拟作了 *tshat D。

②　Ratliff(2018)对原始苗瑶语 *m. r->*mbr-的语音演变提出质疑,并支持 Ratliff(2010)所构拟的 *mbr-。

③　地名"富濑"里的"濑"读作[luɔ⁵],与原始闽语 *rɑi^{tone3} 对应。

^{急的地方}|盖竹——|顺昌——|光泽——;原始闽语 *rɑi^{tone3} 上古音 *C.rˤa[t]-s。

在东部闽语中 *rɑi^{tone3} 先变成 *luɑi^{tone3}，然后在闽南区方言中变成了 *lua⁶，在闽东区方言中则变成 *luɑi⁵，然后在古田方言中以 t 组和 ts 组声母为条件脱落了介音 *u。（秋谷裕幸 2020a：785—788；秋谷裕幸 2022b：81—84）在闽北区方言中 *rɑi^{tone3} 经过 *ʒɑi^{tone3} 变成了 *ʃuai⁶。请注意，崇安方言［çyai⁶］中介音［y］的前舌特征是后起的。

根据蒙元耀（2010：243—244），壮语也用"濑"表示｛浅水滩｝，读作［raːi⁵］。该书还指出［r］的音值与上古音对应。不知［raːi⁵］能追溯到什么样的早期读音。单数调 5 调与原始闽语的清音 *r̥-一脉相承。

3.4　刺声字的上古音

以上讨论的"懒""辣""濑"以及"獭"都是由"刺"得声的。^①"刺"本是会意字。《说文》："戾也。从束从刀。刀者，刺之也。盧達切。""刺"声的谐声关系较为复杂：

表 1　"刺"声的谐声关系

	懒	濑	獭	辣	刺
上古音	元部 *[N-kə.]rˤanʔ	祭部 *C.rˤa[t]-s	月部 *r̥ˤat/*[m-r̥]ˤat	月部 *mə.rˤat（~C.rˤatʔ）	
中古音	寒韵来母上声 *lanX*	泰韵来母去声 *lajH*	曷韵透母入声 *that* 鎋韵彻母入声 *trhaet*	曷韵来母入声 *lat*	

虽然"刺"声字不入韵，但是它们的中古音都表示上古月部 *-at(-s)

----

① "赖"本身由"刺"得声的。《说文》："赖：赢也。从贝刺聲。"本章认为赖声的"懒""濑"以及"獭"均与"刺"有谐声关系。

和元部 *-an 的来源。①

　　除了"獭"之外，其他字的声母都是中古来母。为了说明中古透母，上古音学者一般给"獭"的上古声母拟作清流音声母，如：*r̥ˤ->th-。《广韵》里"獭"字有两种反切，"他达切"和"他鎋切"。《经典释文·鸳鸯》卷五则为"敕辖反，又他末反"。"他达切"和"他末反"属于中古一等韵曷韵，"他鎋切"和"敕辖反"则属二等鎋韵。因此Baxter 和 Sagart（2014b：107）给"獭"字构拟了两种上古音，*[r̥]ˤat> that 和 *[m-r̥]ˤat > thaet。二等韵的读音表示它的上古声母为复辅音 *C. r̥-。不然，我们无法理解"獭"变为中古二等韵的理由。

　　"刺"字在金文中可表{烈}，如：《猷簋》"朕皇文刺（烈）且考。"（《集成》4317）值得注意的是在各种文献中"刺"声字与"萬"声字之间关系密切。在传世文献中"赖"往往作"厉"，如：《左传·昭公四年》"遂灭赖"。《公羊传》和《穀梁传》均作"厉"。"厉"由"萬"（*m-）得声。另外，《说文》也给"蠇"字加注为："从虫萬声。读若赖。"②关于"读若赖"，参看下文5.2小节。

　　在出土文献中也有与此相似的通假例，如：

　　（1）刺（厉）鬼（睡虎地秦简《日书》甲本27背壹/140反壹）

　　《左传·昭公七年》将"刺鬼"作"厉鬼"。③ 可见，"刺"声字跟"萬"（*m-）得声的"厉"有通假关系。

　　其次我们可以关注上古汉语当中的词族。藤堂明保（1964）共建立了223组词族。其中词族148（该书第550页至552页）是基本义为{切断之处（切れめ）}或{用力加刺激（はげしい刺激を与える）}

---

　　① "刺"通假为"烈"。"烈"在《诗经》中往往与 *-an 韵字押韵，如：《国风·豳风·七月》"七月流火、九月授衣。一之日觱 發 、二之日栗 烈 。無衣無 褐 、何以卒 歲 。"据此"刺"也可拟为 *-at。

　　② 《说文》："蠇：蚌屬。似螊，微大，出海中，今民食之。从虫萬聲。讀若賴。"

　　③ 《左传·昭公七年》："今夢黃熊入于寢門，其何厲鬼也。"

的词族,其语音类型为 LAT/LAD,是一个属于上古月部和祭部的词族。这个词族一共包括 10 个词:"列""裂""烈""刺""瘌·辣""瀬""厉""劢""癘""癩"。藤堂明保(1964)的词族框架和语义难免带有牵强附会之处,①但是"刺"声字和"厉"都含有﹛用力加刺激﹜之义,这一点还是值得我们参考的。

在此做个小结。

"辣"字本身在文献上没有双唇鼻音的迹象出现,但是与"辣"有谐声关系的"刺"和"赖"等字都显示出双唇鼻音的痕迹。当然,这些零散的证据并不能作为给"辣"构拟 *m.r-的直接书证。

除了谐声关系以外,"懒"字也没有足够的证据构拟其声母。Ostapirat(2011:13)通过侗台语和苗瑶语之间的比较给"懒"的早期上古声母构拟了 *ŋ.r-。这个拟音与文献上"赖"与 *m 声母字之间的接触难以兼容。以"赖"为声符的"瀬"字也表现出很明显的双唇鼻音。请看下文 5.2 小节的例(9)。所以,本章推测"懒"字是个后起字,②是在上古音中 *m.r-和 *ŋ.r-合流之后才出现的字。笔者的推测如下:出现"懒"这个汉字之前已经存在声母为 *ŋ.r-的﹛懒惰﹜义词。后来,它发生了 *ŋ.r->*ŋgr->*ndr->*r-(后期上古音)的声母演变。声母为 *ndr-或 *r-的阶段才造了"懒"这个字。③

4　"鲤"以及"狸""裹"——里声字

"鲤"以"里"为声符。本节讨论这个字以及另外两个里声字

---

① 比如,藤堂明保(1964:551)对"瀬"的理解是﹛激流(はげしい急流)﹜,词义上离﹛用力加刺激﹜较远。另外,王力(1982:493)认为"厉""癘(癩)"和"瘌"是同源字。

② 《说文》:"嬾,懈也,怠也。""嬾"即"懒"。这大概是"懒"字较早的用例。在古文献中常用的﹛懒惰﹜义词是"怠"和"惰"。

③ 郑伟(2009:55)根据各种侗台语中"懒"的读音把它的上古音拟作了 *g-raanʔ。这个拟音也难以解释"懒"的声符"赖"和鼻音 *m 声母之间的接触。

"狸"和"裹"。

4.1　闽语的"鲤"

鲤

厦门 tai⁶₋鱼; a sort of large fish｜永福 li³₋鱼,声!韵!调!｜仙游 li³₋鱼!韵!调!｜古田 li³₋鱼,声!韵!调!｜咸村 lei³₋鱼,声!韵!调!｜镇前 ty⁵单说｜崇安 lɔi⁵₋鱼｜峡阳 tue⁻⁵³₋鱼｜盖竹 ti⁴单说｜顺昌 tʰeʔ⁴₋鱼｜光泽 li³₋鱼,声!韵!；原始闽语 *-diəi^tone2｜上古音 *mə-rəʔ。

永福、仙游、古田、咸村和光泽方言的读音都是外来读音,即郭必之(2022：69)所说的类型甲。峡阳方言的[tue⁻⁵³]来自早期的 *ti⁻⁵³。演变过程是 *ti>*tɾi>*təi>*toi>*toe>tue。可参看秋谷裕幸(未刊稿)的3.2.1.1 小节。镇前[t]声母 5 调、崇安[l]声母 5 调的对应追溯到弱化浊声母 *-d-、原始调类 *tone2。"鲤"的韵母对应不包括在 Norman(1981)所构拟原始闽语韵母系统内,本章暂且把它拟作 *iəi。①

*iəi 在东部闽语中脱落介音 *i 与 *əi 合并后变成了[ai]。西部闽语里的读音较为复杂。*iəi 在原始闽北区方言中似乎变成了 *ɨ。镇前、松溪方言中 *ɨ 变成 *y,其他方言中则变成 *i。顺昌方言的 e/eʔ 来自早期的 *ie/*ieʔ。*iəi 可以解释这个音值,即 *iəi>*ie。

总之,"鲤"的原始闽语形式大致上可以拟作 *-diəi^tone2。

"懒"和"辣"的原始闽语声母都是舌叶音声母 *-dʳ-。不过,我们根据闽语内部证据"鲤"的原始闽语声母只能拟作舌尖塞音 *-d-。

在此我们不妨观察外部证据。吴语处衢片江山、常山和遂昌方言中"懒"和"鲤"的声母不读流音[l]而读浊塞擦音。试比较：

	懒	鲤
江山	dʑiẽ⁴	dʑø⁻³³₋鱼
常山	lã⁴₋病	dzi⁴单说
遂昌	dʑiẽ⁴	liŋ⁴单字音

---

① 郭必之(2022：72—75)则拟作 *əi。

　　江山、遂昌方言中"懒"字塞擦音的读音与顺昌方言以及松洋、下村方言一致,细音韵母则与除邵将片以外的闽语相同。这似乎表示吴语处衢片"懒"字的读音与闽语共享同一个来源。"鲤"在江山、常山方言中也有塞擦音的声母读音,情况与"懒"字相近。

　　如果参考这些外部证据,我们就可以推测"鲤"的原始闽语＊-diəi^{tone2} 来自更早期的＊-d^{r}iəi^{tone2}。顺昌方言的[t^h]也许是以＊iəi 为条件的音值。

　　"鲤"的原始苗瑶语声母是＊m. r-(Ostapirat 2011：10)。[①] 除了"辣"以外,我们还可以把"鲤"作为苗瑶语＊m. r-、原始闽语＊-d^r-的对应例。关于侗台语里的"鲤"的读音,将在下文第 7 节进行讨论。

4. 2　闽语的"狸"

狸

　　厦门——┃永福 li^2~猫；狐狸,韵！┃仙游 li^{2}狐~,韵！┃古田——┃咸村 lɛi^{2}狐~,韵！┃镇前 ɬœ^{2}猫~；野猫┃崇安 çie^{2}猫~；野猫┃峡阳 sɛ^{2}猫~；野猫┃盖竹 ʃæ^{2}猫子～；豹猫┃顺昌 ʃɛ^{5}猫~；野猫┃光泽 li^{-4}狐~,韵！；原始闽语＊rəi^{tone1}┃上古音＊p. rə。

　　闽南区方言可以参考漳州方言中"狸"字的读音。该方言中{a sort of wild animal like a fox}说"狸猫"[lai^{2}ba^2]。[lai^2]可以和西部闽语中"狸"字读音对应。试比较：

	狸	使用
漳州	lai^2~猫	sai^3
崇安	çie^{2}猫~	çie^3
顺昌	ʃɛ^{5}猫~	ʃɛ^3

　　由于东部闽语和西部闽语都有分布,所以"狸"可以构拟原始闽语形式,当为＊rəi^{tone1}。

---

① Ostapirat(2016a：136)拟作了＊m. r^ɣ-。原始苗瑶语里"鲤"表示{鱼}。

4.3　闽语的"裹"

裹里面

厦门 lai⁶~面｜永福 lai⁶~面｜仙游 li⁶~□li⁻⁵²,韵!｜古田【内底 noi⁶tie³】｜咸村【底爿 ti⁶pɛn²】｜镇前【底界 ti³kai⁵】｜崇安【底边 tɜi³piŋ¹】｜峡阳 nue⁻⁵³~底,声!｜盖竹【屋底 u⁷ti³】｜顺昌【底地 ti³tʰe⁶】｜光泽 lɐi⁶~底,声!；原始闽语 * r[ə]i^tone2｜上古音 * m. rəʔ。

"裹"字的声母闽语一般都读作流音[1]。

此处我们要关注的是邵将区朱口方言的读音。该方言{裹面}说"裹边"[ʃɔi³pan⁰]。[ʃɔi³]可以和闽南区厦门、永福方言的[lai⁶]构成语音对应。试比较：

	裹里面	使用
厦门	lai⁶	sai³
朱口	ʃɔi³	ʃɔi³~力：努力

由于东部闽语和西部闽语都有分布,所以"裹里面"可以构拟原始闽语形式。但能够区分原始闽语 * əi 和 * iəi 的镇前方言已经不用"裹里面",所以我们无法决定它的原始韵母。本章暂且把"裹里面"的原始闽语形式标作 * r[ə]i^tone2。

4.4　里声字的上古音

以上所讨论"鲤"以及"狸""裹"都由"里"得声。"鲤"以及"狸""裹"都与之部字押韵,所以这3个字的韵母可拟为上古之部 * -ə。①关于声母,有些"里"声字与双唇鼻音有谐声关系,如：由"里"得声的"薶(埋)"是中古皆韵二等平声明母。根据雅洪托夫(1960/1986)的

---

① 　在《诗经》中"鲤"与"子""有""喜""久""有"等字押韵,"裹"与"已"押韵,"狸"则与"裘"押韵。

假设,属于中古二等韵"薶(埋)"的上古声母来自复辅音 *Cr-。[1] 表 2 是"里"声字的上古音以及中古音:

表 2 "里"声的谐声关系

	鲤	狸(貍)、狹	薶(埋)	裏
上古音	之部 *mə-rəʔ	之部 *p.rə、*[r]ˤə	之部 *mˤrə (dialect:*m.rˤ>*mˤr-)	之部 *m.rəʔ
中古音	之韵来母上声 liX	之韵来母平声 li 哈韵来母平声 loj(狹)	皆韵明母平声 meaj	之韵来母上声 liX

Baxter 和 Sagart(2014a:349)把"貍"的声母拟作了 *p.r-。[2] 这是因为"貍"似乎跟双唇塞音字有异文关系,如:《方言》卷八"貔:陈楚江淮之间谓之狹。北燕朝鲜之间为之貊。關西謂之狸。"[3]

黄德宽(2007:200)指出:"{貍}初文本为貍之象形,金文或追加里旁为声符,晚周以后习从豸、里声,音转至明母,明来母二纽古多同转。"[4]据此,我们认为"貍"的声母也源自上古 *m.r-。[5] 其实,这个 *m.r-声母反映在战国出土文献中的通假例。以下是来母"貍"字表示中古明母{薶/埋}的通假例:

---

① 《说文》:"薶:瘞也。从艸貍聲。"其声符"貍"由"里"得声。《说文》:"貍:伏獸,似貓。从豸里聲。"

② 第 162 页标作 *p.[r]-。郑张尚芳(2013:400)则拟作 *p·r-。

③ 梅祖麟、罗杰瑞(1971:100)说:"貍是一种野猫(广韵),现代口语还有'貍猫'一词,古音是 *Bi-lịəg/lji,狹 Bi-ləg/lâi。四川珙县白苗呼猫为 pli,藏语'猫' byi-la, bi-la, bi-li。……这个词的分布地区包括印度东部及东北部,喜马拉雅山南北两麓,西藏高原以及中国全部,可能是极早来自 Munda 的借词。"

④ "貍"的初文:《克罍》🐾(也有把该字隶定为"马"的)。《貍乍父癸尊》"貍乍父癸宝","貍"作🐾(《集成》5904)。

⑤ 根据《方言》,{貍}这个词的声母至少曾经发生了两种不同的演变,即 *m.r->*mb.r->*b.r->*p.r-的,如"貊"以及 *mə.r->*r-的,如"狹"。

（2）或自杀，其室人弗言吏，即葬狸（薶/埋）之，问死者有妻子当收，弗言而葬，当赀一甲（睡虎地秦简《法律答问》77）

（3）生子，吉。可葬狸（薶/埋）。雨，（齐）霁。亡者，不得（睡虎地秦简《日书甲》34—35）

与此不同，"狸"的异体字"貍"反过来表示来母的词，如：①

（4）貍（狸）莫（貘）之家（蒙）（望山简 2—6）

（5）貍（狸）貘之靾（望山简 2—8）

"貍（狸）貘"表示｛狸皮｝之意。可见，"狸"字不仅表示中古明母的动词｛薶（埋）｝，其异体字"貍（狸）"也表示中古来母的｛狸｝。从这一点来看，"里"声字原带有鼻音成分 *m. r-的盖然性较为高。② 不然我们难以解释"狸"与｛薶｝的两个不同方向（中古来母与明母）的通假。

另外，如上所示，《方言》指出"狸（狸）"和"狹"似乎是同一个动物。"狹"是由"来"得声的字，"来"当为｛麥｝的初文。"麥"是中古二等麥韵明母字，其声母来自上古 *m-r$^{\varsigma}$-。加之，在燕陶中"来"或"俫"字也表示｛里｝。③

在此做个小结。

"鲤"字和"裏"字本身在文献上没有双唇鼻音的迹象出现，④但是与"里"有谐声关系的"薶"和"埋"等字都是中古明母字。所以，"鲤"和"裏"的上古声母也有可能是带有双唇鼻音成分的 *m. r-。

"狸（狸）"字的上古声母则当为带有双唇鼻音成分的 *m. r-，这是比较清楚的。

5 "蠣"——萬声字

"蠣"以"萬"为声符。本章讨论这个字的原始闽语形式及其上古音。

---

① "貍"是从鼠里声的形声字。在楚简中，"鼠"和"豸"常混用。

② 据《说文》，中古溪母的"悝"也由"里"得声。

③ "左缶来易殷國"（《古陶文汇编》4.7），（來）表示｛里｝。

④ 《石鼓文》有"鲤"字。

5.1　闽语的"蛎"

蛎牡蛎

厦门【蠔 o²】｜永福——｜仙游 tya⁶｜古田 tie⁶｜咸村 tiɛ⁶｜镇前——｜崇安——｜峡阳——｜盖竹——｜顺昌——｜光泽——；原始闽语 *Diɑi^{tone2/3}｜上古音——。

"蛎"只分布在莆仙区和闽东区。这两区的读音都表示它的韵母源自 *iɑi。（Norman 1981：49）调类不能决定是 *tone2 还是 *tone3。原始闽语声母 *d-、*dʳ-和 *-d-、*-dʳ-都有可能。总之，假设"蛎"能够追溯到原始闽语阶段，我们可以暂且把它标作 *Diɑi^{tone2/3}。

5.2　萬声字的上古音

"蛎"的中古音是蟹摄去声祭韵开口三等来母。据《说文》的说解，"蛎"由"萬"得声。关于《说文》的说解，留待后文再进行讨论。

"萬"的谐声关系也较为复杂，与唇音、舌音和喉音都有谐声关系，如表 3 所示：

表 3　"萬"声的谐声关系

	萬	蕳、勱	蠆	噧	糲	蛎① 厲
上古音	元部 *C.ma[n]-s	祭部 *mrˤat-s	祭部 *mə-rˤa[t]-s	月部 *rˤat *m.rˤat-s	月部/祭部 *[r]ˤat-s *[r]at-s *[r]ˤat	祭部 蛎 *mə-rat-s 厲 *[r]at-s

---

①　Baxter 和 Sagart（2014a：179）把"蛎"的上古音拟作了 *mə-rat-s。他们所利用的迹象是"萬"的谐声系列和原始闽语的弱化浊声母 *-d-。由于西部闽语没有"蛎"分布，我们无法构拟它的原始闽语声母。此外，他们把"蛎"的词义定为｜stinging insect｜。笔者认为他们大概把｜牡蛎｜义词"蛎"和｜stinging insect｜义词"蠆"混淆了。Hill（2019：167）沿袭了 Baxter 和 Sagart（2014a）的这个说法。

（续表）

	萬	邁、勱	蠆	嘬	糲	蠣	厲
中古音	願韵明母 *mjonH*	夬韵明母 *maejH*	夬韵徹母 *trhaejH*	曷韵透母 *that* 怪韵晓母 *xeajH*	泰韵来母 *lajH* 祭韵来母 *ljei* 曷韵来母 *lat*	祭韵来母 *ljejH*	

"蠆"的中古音是夬韵徹母，《经典释文·卷六·都人士》也给"蠆"加注为："勑邁反，又勑界反"。为了解释中古徹母，我们把"蠆"的声母拟作清流音声母，如*mə-r̥ˤa[t]-s。"嘬"有两种中古声母，透母和晓母。与"蠆""嘬"相同，"邁"和"勱"也是中古二等字。可见，"蠆""嘬"和"邁""勱"都来自上古的复辅音*Cr-。从谐声关系来看，*C-应该是双唇鼻音之类的辅音。这些字由"萬"得声（或是"蠆省声"），因此带*m.r-的可能性较为高。除了谐声关系之外，在出土文献中"萬"声字的声母跟来母似乎有着密切关系。

在郭店简中，"萬"和"萬"声字既可以代表中古明母{萬}，也可以代表中古来母的{厲}。比如：

（6）是古（故）聖人專（輔）萬勿（物）之自狀（然）（郭店简《老子》甲本12）

（7）或萬（厲）之（郭店简《性自命出》10）

例（6）的"萬"表示万物之{萬}。与此相反，例（7）的"萬"表示{厲}。前者的中古声母是明母，后者则是来母。以下是"贎"（無販切）通假为来母{赖}的例子。

（8）墙（萬）民贎（赖）之（郭店简《缁衣》13）

《楚帛书》里有"濿"读为{濑}的例子：①

---

① 何琳仪（1986：57）指出："'濿'，亦见石鼓文'濿有小魚。''濿'同'砅。'《說文》'砅，履石渡水也。从水从石。《詩》曰。深則砅。濿，砅或从厲。'字亦通'濑'。"刘信芳（2002：94）把它读为{漫谷}，认为："'漫谷'泛指河谷，与前'山川四海'乃错综为文。"

（9）山川溝（瀨）谷（《子弹库楚帛书》乙 11）

再者，在上博简《逸诗·交交鸣乌》的同一句诗里出现两次"萬"字，如：

（10）交 =①（交交）鸣鷅（乌），集于丳（中）溝（瀨）（上博简《逸诗·交交鸣乌》3）

（11）敨（豈）娧（美）是好，隹（唯）心是萬（勵）（上博简《逸诗·交交鸣乌》4）

总之，"萬"和"萬"声字在战国楚简中既可以表示中古明母字，也可以表示中古来母字。② 这一点与谐声系列的表现完全一致。

关于"牡蠣"，历来有几种不同的说法。《说文·十三上》说解为"蠣：蚌屬。似蠊，微大，出海中，今民食之。从虫萬聲。讀若賴"。"萬声。读若赖"很费解。这大概意味着"蠣"的读音既接近"萬" *C.ma[n]-s 也接近"赖" *rˤa[t]-s。"蠣"的上古音有可能也是 *mə.ra[t]-s，调类为去声。

另外，《说文》将亀（蛤）说解为："亀（蛤），蜃屬。有三。皆生於海，千歲化為亀，秦謂之牡厲。"关于这条，可参看华学诚（2007：286—287）。有趣的是秦人"蛤"叫做"牡厲"。关于"牡蠣"之"牡"，唐段成氏《酉阳杂俎》十七卷云："牡蠣言牡非謂雄也。介蟲中唯牡蠣是鹹水結成也。""牡蠣"的"牡"不一定指性别，而更可能是前置双唇鼻音的痕迹。③

---

① "="是重文符号，表示"交交"。

② 王力（1982：410—411）还指出"勉"和"勵"是一组同源字。不过 Baxter 和 Sagart（2014a：352）给"勉"构拟唇化元音 *o。其实"勉"（包括"免"声字）不入韵，因此我们无法判断其元音是否唇化元音。根据王力（1982）的观点，"勉"的主要元音也可以拟为非唇化元音。这表示"勵"原带声母 *m.r-。请注意，"勉"属于中古上声狝韵重纽三等明母，应该归为上古 *mr-。

③ 其他相关记载如下：梁陶弘景《本草经集注》："是百歲雕所化，以十一月採為好，去肉，二百日成。今出東海，永嘉、晉安皆好，道家方以左顧者是雄，故名牡蠣；右顧則牝蠣爾"；明李时珍撰《本草纲目》第四十六卷介之二"時珍曰，蛤蚌之屬皆有胎生、卵生，獨此化生，純雄無雌，故得牡名。"对"牡蠣"之"牡"的解释都有些牵强。

5.3 "蠣"的原始闽语形式

如果只根据闽语的内部证据,我们只能把⎰牡蛎⎱义词"蠣"的原始闽语形式拟作*Diɑi$^{tone2/3}$。正如上文 5.1 小节所说,我们不能决定声母的具体音值以及调类。

在此我们不妨参照"蠣"有可能的上古音*mə-rat-s,韵母为^{ˤ}a[t]-s,调类为去声。"蠣"可以跟"懒"和"辣"比较。以下原始闽语 A 是只根据闽语内部证据而构拟的原始形式,原始闽语 B 则是参照苗瑶语或上古音等外部证据而构拟的原始形式。

	原始闽语 A	原始闽语 B	上古韵母
懒	*-d^{r}ɑn^{tone2}		^{*ˤ}anʔ
辣	*-diɑt^{tone4}	*-d^{r}ɑt^{tone4}	^{*ˤ}at
蠣	*Diɑi$^{tone2/3}$	X	^{*ˤ}at-s 读若赖

根据这个比较,我们有理由推测"X"为*D^{r}ɑi^{tone3},声母为舌叶浊塞音*d^r-或舌叶浊弱化塞音*-d^r-,调类为*tone3。

6 "鹿"——鹿声字

6.1 闽语的"鹿"

鹿_{单说}

厦门 lɔk^8 韵! ┆永福 lok^8 单字音。韵! ┆仙游 lɔʔ^8 韵! ┆古田 løyk^8 ┆咸村 lœk^8 ┆镇前 lu^5 ┆崇安 luʔ^8 ┆峡阳 lu^1 ┆盖竹 lu^4 单字音 ┆顺昌 luʔ^8 ┆光泽 lu^6;原始闽语 *luk^{tone4} ┆上古音 *mə-r^{ˤ}ok。

除闽南区和莆仙区以外闽语的读音可以追溯到*luk^{tone4}。闽南区和莆仙区的读音应该都是外来读音。

不过,正如 Norman(2014:11)所指出,闽南区潮汕片和琼文区方言中"鹿"的声母读作[t]。① 它的韵母则与原始闽语的 * yk 对应。
(Norman 1981：66)试比较：

	鹿	竹
潮州	tek^8	tek^7
海丰	tiok^8	tiok^7
雷州	tiak^8	tip^7

"竹"就是原始闽语 * yk 的例字。

闽南区中山市三乡方言的"鹿"字读音值得注意,读作[liok^{21}]
(数字为调值)。(高然 2000：253)韵母的细音音值应该代表固有读
音。既然如此,我们可以推测这个读音是只有声母受到了外方言影
响的读音。原来的读音应该是 * tiok^8。情况和闽东区寿宁方言的
"辣"字读音相同。参看上文 3.2 小节。

如果这种"鹿"的读音能够追溯到原始闽语,我们可以先把它拟
作 * Dyk^{tone4}。和"蠓"一样,原始闽语声母 * d-、* d^r-和 * -d-、* -d^r-都有
可能。Norman(2014：11—12)根据原始侗台语中"鹿"的拟音 * glɔk^d
指出闽语中的舌尖塞音源自某种复辅音。

原始闽语中可能还可以构拟另外一个形式, * luk^{tone4}。* Dyk^{tone4} 为
细音, * luk^{tone4} 则为洪音。至少有一个迹象表示 * Dyk^{tone4} 的细音是后
起的。

下面我们观察"双$_{量词}$"的原始闽语形式。

双$_{量词}$

厦门 siaŋ^1 │永福 saŋ^1 │仙游 ɬaŋ^1 │古田 søyŋ^1 │咸村 θøŋ^1 │镇前 ɬoŋ^1 │崇安
səŋ^1 │峡阳 souŋ^1 │盖竹 ʃaŋ^1 │顺昌 ʃuŋ^1 │光泽 sɔŋ$^1_{韵}$;原始闽语 * ʃuŋ^{tone1} │上古
音 * [s]roŋ。

秋谷裕幸(2020a：807—811)曾把"双"的原始闽东区方言形式

---

① 　请注意,潮州一带的现实生活当中并不存在"鹿"这种动物。笔者承蒙张燕芬副教
授指教这个信息。

拟作了 $^*\theta iu\eta^1$。① 该书推测, $^*\theta iu\eta^1$ 在寿宁方言中变成了 $^*\theta y\eta^1$,与 $^*y\eta$ 韵合并,在其他方言中变成了 $^*\theta u\eta^1$,与 $^*u\eta$ 韵合并。不过,现在我们在原始闽语中构拟了舌叶擦音塞擦音声母,所以可以假设原始闽东区方言中存在舌叶擦音的残留而把"双"拟作 $^*\int u\eta^1$。我们根据这个原始形式推测出这样的语音演变过程:

寿宁　　$^*\int u\eta^1$　　　$>$　　$^*\int y\eta^1$　　　$>$　　$^*\theta y\eta^1$　　　$>$　　$su\eta^1$

其他　　$^*\int u\eta^1$　　　$>$　　$^*\theta u\eta^1$　　　$>$　　$^*\theta u\vartheta\eta^1$　　　$>$　　$^*\theta\alpha\eta^1$

寿宁方言的[su\eta]与多数闽东区方言的[sy\eta]相当。比如"松树名"寿宁读作[su\eta²],古田读作[sy\eta²]。$^*\theta\alpha\eta^1$ 可视为除寿宁方言以及泰顺方言、苍南方言以外闽东区方言的原始形式。

闽南区方言中大概也发生了同样的演变。② 以下 $^*\int u\eta^1$ 为原始闽南区方言形式。③

厦门　　$^*\int u\eta^1$　　　$>$　　$^*\int y\eta^1$　　　$>$　　$^*\int iu\eta^1$　　　$>$　　$^*\int i\vartheta\eta^1$　　　$>$　　$sia\eta^1$

永福　　$^*\int u\eta^1$　　　　　　　　　　　　　　　　　$>$　　$^*\int\vartheta\eta^1$　　　$>$　　$sa\eta^1$

如果"鹿"的原始闽语是舌叶塞音声母洪音韵母的 $^*d^ruk^{tone4}$ 或者 $^*-d^ruk^{tone4}$(以下标作 $^*D^ruk^{tone4}$),我们就可以假设与厦门方言中"双"平行的语音演变过程。以下 $^*t^ruk^8$ 为原始闽南区方言形式。④

潮州　$^*D^ruk^{tone4}$　$>$　$^*t^ruk^8$　$>$　$^*tyk^8$　$>$　$^*tiuk^8$　$>$　$^*ti\vartheta k^8$　$>$　tek^8

海丰　$^*D^ruk^{tone4}$　$>$　$^*t^ruk^8$　$>$　$^*tyk^8$　$>$　$^*tiuk^8$　　　　　　　　$>$　$tiok^8$

雷州　$^*D^ruk^{tone4}$　$>$　$^*t^ruk^8$　$>$　$^*tyk^8$　$>$　$^*tiuk^8$　$>$　$^*ti\vartheta k^8$　$>$　$tiak^8$

---

① 关于原始闽东区方言的齿间擦音 $^*\theta$,可参看秋谷裕幸(2018:422—423)。

② 同样的演变也发生在闽东区和闽南区方言的"窗"字,可参看秋谷裕幸(2020a:807—811)。由于这个问题比较复杂,笔者拟另专文论述。

③ 这是笔者自己构拟的。Kwok(2018:194)拟作 $^*sa\eta^1 \sim {}^*sia\eta^1$。关于原始闽南区方言 $^*u\eta$ 和 $^*y\eta$ 的演变,可参看秋谷裕幸(2023)。

④ 这是笔者自己构拟的。Kwok(2018:104、185)拟作 $^*lok^8 \sim {}^*l\mathrm{u}k^8 \sim {}^*t\mathrm{u}\mathrm{u}k^8$。关于原始闽南区方言 $^*uk$ 和 $^*yk$ 的演变,可参看秋谷裕幸(2023)。

问题是"双"潮州方言读作[saŋ¹],海丰方言也读[saŋ¹],与"鹿"的演变不一致。雷州方言"双"读作[siaŋ¹],与"鹿"[tiak⁸]平行。[①]

本章暂且把"鹿"的原始闽语形式拟作 * D^{r}uk^{tone4}。

6.2　鹿声字的上古音

"鹿"只跟中古来母字谐声。值得关注的是 Sagart(1999：161)所指出"鹿"和"角"之间的关系。"角"是中古二等见母字,当源自上古的 * k. r-。[②] 除此之外,"婁""樓"和"數"似乎由"角"得声。参看黄德宽(2007：944)。目前,我们无法判断"鹿"和"角"到底有没有词源关系。[③] 表 4 是"鹿""麓"和"角"的上古音和中古音。

表 4　"鹿""麓""角"的上古音和中古音

	鹿	麓	角
上古音	屋部 * mə-r^{ʕ}ok	屋部 * [r]^{ʕ}ok	屋部 * C. [k]^{ʕ}rok
中古音	屋韵一等来母 *luwk*	屋韵一等来母 *luwk*	觉韵二等见母 *kaewk* 屋韵一等来母 *luwk*

①　雷州方言中"竹"[tip⁷]的韵母较为特殊,与"鹿"不相同。"叔"[tsip⁷]也是同一类读音。试比较:潮州"叔"[tsek⁷],海丰"叔"[tsiok⁷]。有一个可能的解释是在雷州方言中"竹"首先发生 * tyk⁷ > * tiuk⁷ >tip⁷ 的语音演变,然后再发生"鹿"的 * t^{r}uk⁸ >tiak⁸ 。关于这个问题,可看秋谷裕幸(2023)。

②　《周礼·春官宗伯下·大司乐》"凡樂,圜鐘為宮,黃鐘為角",《經典釋文·周礼音义上》"为角:古音鹿。"张亚兴(1996：9—10)根据"角"的异文关系和方言材料等把它的上古声母拟作了复辅音 * kl-(相当于本章的 * kr-)。

③　据甲骨文的字形,"鹿"跟"角"没有关系,如:"鹿" (《合集》10265)、"角" (《合集》10467)。也有强调"鹿头"的字形,如: (《合集》5129,从口),还是跟"角"字形不同。

　　"鹿"本身缺乏能够构拟鼻音成分的书证。Schuessler（2007：366,2009：159）曾指出"麓"也许跟原始越语*m-ruː?｛forest（森林）｝有关。因为韵母和声调都不对应，所以我们不敢肯定它与"麓"之间的同源关系。"麓"的原义大概是｛山脚｝。① "麓"也有古文"蘩"，该字是从林彔声。② 值得注意的是在"彔"的谐声系列中出现中古觉韵二等帮母的"剥"。③ 此处有双唇塞音声母出现，是值得关注的。④

　　Baxter 和 Sagart（2014a：56,179）对"鹿"的上古音提出了不同的观点。他们参照布央语中早期汉语借词"鹿"的读音［maᵒlɔk¹¹］（数字为调值）⑤ 把"鹿"拟作了 *mə-rˤok。*mə-为表示动物的前缀。此时他们还参考了"鹿"的原始闽语声母*-d-。由于闽北区方言和邵将区方言中都没有"鹿"的塞音声母出现，所以，我们无法知道"鹿"的原始闽语声母。后来，Ho（2016：210—217）指出［maᵒlɔk¹¹］可视为借自壮语"马鹿"［mɑ⁴lok⁸］的借词。⑥ Jacques（2017）则支持 Baxter 和 Sagart（2014a）的观点。

　　郑伟（2009：55）根据原始侗台语*glɔkᴰ（梁敏，张均如 1996：228,662）把"鹿"的上古音拟作了 *g-roog。他的观点与 Sagart（1999：

---

① 《诗经·大雅·旱麓》，《经典释文》加注为"麓：音鹿，本亦作鹿。旱：山名。麓：山足。"关于"麓"的同源字，可参看王力（1983：383）。另外，关于"麓"的语义演变，可参看朱庆之（2012：456—474）。

② 《说文》："麓：守山林吏也。从林鹿聲。一曰林属于山为麓。春秋傳曰'沙麓崩。'蘩，古文从录。"如：甲骨文"蘩"🀥（《合集》37452）。

③ 《说文》："剥：录亦声。""剥"是否由录得声尚存疑。李学勤（2006：203）指出"剥"字或从"卜声"。

④ Baxter 和 Sagart（2014a：330）把"剥"的上古音拟作了*［p］ˤrok（~ *mə-pˤrok）。关于*mə 的构拟，参看 Sagart（1999：80—81）。

⑤ 布央语的声母系统中不存在［r］。参看李锦芳（1999：12）。所以，我们不能判断［lɔk¹¹］的声母来历。

⑥ 张均如等（1999：613）列出了 36 个壮语方言中的｛鹿｝义词。可以参看。

161)一脉相承。①

由于相关迹象不够充分,"鹿"的上古音尤其是它的声母难以构拟。

7 ｛鸡虱｝

最后我们观察闽语中表示一种细小的虫子。英文论文中一般称作"chicken louse"。本章把这个词标作｛鸡虱｝。这种虫子也生在米或米糠中。

> ｛鸡虱｝
>
> 厦门 tai² a small stinging insect smaller than a flea, almost like dust｜永福——｜仙游 tai²｜古田 tai² 米糠里的小黑虫｜咸村 tai²｜镇前 ty⁹｜崇安 lɜi⁵ 与"鲤"同音｜峡阳 tue⁹ 一种生在糠里的细小虫子｜盖竹 ti² 生于米糠中的小虫｜顺昌 tʰi² 韵!｜光泽 hy² ~仔;原始闽语 *-dʳiəi^tone1｜上古音——。

关于峡阳方言[tue⁹]的[ue]韵,参看上文 4.1 小节。

这个词的读音除了调类以外基本上与"鲤"同音。只是,顺昌方言的[tʰi²]与"鲤~鱼"[tʰeʔ⁴]不一致。光泽方言的[hy²]来自早期的 *tʰy²。[y]韵的形成过程大概与镇前方言的[y]韵相同,即 *iəi> *ɨ>y。*ɨ 可视为原始西部闽语形式。

据 Branner(2000:89,193),龙岩市万安镇松洋方言｛鸡虱｝说[tsi²],连城县赖源镇下村方言则说[tsɿ²]。和上文 3.1 小节所讨论"懒"的原始闽语声母一样,我们参考这两个方言中塞擦音的表现可以把｛鸡虱｝的原始闽语声母拟作舌叶塞音 *-dʳ-。只是,顺昌方言的

---

① 原始侗台语中除了 *gl 以外还有 *gr。(梁敏,张均如 1996:230—231)如果认为 *glɔk^d 和汉语的"鹿"有关系,有必要解释 *gl 之 *l 的来历。

[tʰ]和光泽方言的[h]都不与*-dʳ-对应。①

总之,{鸡虱}的原始闽语形式大致上可以拟作*-dʳiəi^{tone1}。

郭必之(2022:71)指出"鲤"和{鸡虱}两个词在闽语和原始侗台语里的声母读音较为相近。即:

原始闽语②　原始侗台语(梁敏,张均如 1996:346,347,557,597)

鲤　　　　*-dʳiəi^{tone2}　　*mbləi^{A/B}

{鸡虱}　*-dʳiəi^{tone1}　　*mbrɛi^A

Thurgood(1988:199)把"鲤"和{鸡虱}的原始侗水语(Proto-Kam-Sui)形式分别拟作了*mprai³和*mprai¹。请注意,原始侗水语的*mprai³不是{鲤鱼}的意思,是{鱼}的统称。Ostapirat(2011:11)给原始侗水语的{鸡虱}构拟了*m. r-声母。它的原始台语形式则为*rwɤjᴬ(Pittayaporn 2009:329),没带鼻音成分,似乎发生了*m. r->* r-,即*m的脱落。③

{鸡虱}也可以作为原始闽语方言中弱化舌叶浊塞音*-dʳ-和侗台语*m. r-的语音对应例之一。④

8　结论

我们首先总结本章所构拟除邵将区以外闽语方言中声母读作塞

---

① 松洋方言[i]和下村方言[ɪ]的来源比较复杂。比如,松洋方言的"细小"[si⁵]来自原始闽语*e,"菜"[tsʰi⁵]来自*əi,"刹"[tʰi⁵]来自*ie。

② 郭必之(2022:71)把"鲤"的原始闽语拟作*-dəi^B,{鸡虱}的声母也拟作了*-d。

③ 关于侗台语各语言中的{鸡虱},可参看张均如等(1999:621)和广西壮族自治区少数民族语言文字工作委员会(2008:93)。{鲤鱼}可参看广西壮族自治区少数民族语言文字工作委员会(2008:97)。

④ 值得注意的是客家话当中也有相同的{鸡虱}义词分布。比如,上杭方言说[tsʰ ŋ²]。(邱锡凤 2012:196)温昌衍(2012:52)认为它的本字是"蟵",《集韵》平声脂韵陈尼切:"虫名。蛭也。"不过,正如罗杰瑞(1988:43)所指出它"明明应属之韵"。而且从与"鲤"之间的比较来看,声母当为来母。

音［t］或［d］之来母字以及｛鸡虱｝义词的原始闽语形式及其相关迹象。"≈"表示通假关系。

	原始闽语 A	原始闽语 B	谐声、通假	苗瑶语	侗台语
懒	*-dʳɑn^{tone2}		赖≈属	*ŋ.r-原始苗瑶①	*gran^B 原始侗台语②
辣	*-diat^{tone4}	*-dʳat^{tone4}	刺≈属	*m.r-原始苗瑶③	*m.r-原始台语
鲤	*-diəi^{tone2}	*-dʳiəi^{tone2}	蘸、埋	*m.r-原始苗瑶④	*mprai^3 原始侗水⑤
蠣	*Diai$^{tone2/3}$	*Dʳai^{tone3}	萬	——	——
鹿	*Dʳuk^{tone4}		——	——	ma^{0}lɔk^{11} 布央语
鸡虱	*-dʳiəi^{tone1}		——		*mprai^1 原始侗水⑥

Ostapirat（2011：11）给原始侗水语的"鲤"和｛鸡虱｝构拟了 *m.r-声母。

从中我们可以发现：

（1）在除邵将区方言以及龙岩万安一带方言以外的闽语中，来母读舌尖塞音"懒""辣""鲤""蠣"和"鹿"的原始闽语声母都可以构拟舌叶浊塞音。除"蠣"和"鹿"以外都是浊弱化声母。

（2）除了"懒"以外，谐声、通假、苗瑶语以及侗台语方面的证据都表示这些字带有双唇鼻音成分 *m。

---

①　举二例：苗语先进方言 ŋken^4｜苗语复员方言 ŋkaŋ^B。（王辅世，毛宗武 1995：304、639）王辅世、毛宗武（1995）的原始苗瑶语拟音是 *ŋguːn^B。

②　梁敏、张均如（1996：230,530）的拟音。比如，泰语 khraːn^4｜傣语傣拉方言 tsaːn^4｜壮语龙州方言 kjaːn^4。

③　举二例：苗语宗地方言 mpzɹ^8｜瑶语长坪方言 blaːt^8。（王辅世，毛宗武 1995：121，487）王辅世、毛宗武（1995）的原始苗瑶语拟音是 *mbdzₑaːt^D。

④　表示｛鱼｝。举二例：苗语宗地方言 mpzₑe^4｜瑶语长坪方言 blau^4。（王辅世，毛宗武 1995：120,470）王辅世、毛宗武（1995）的原始苗瑶语拟音是 *mbdzₑau^B。

⑤　比如，仫佬语 mɤəi^4｜水语 mbjai^3。（Thurgood 1988：199）

⑥　比如，Then 语 ʔbai^4｜莫语 bjai^1。（Thurgood 1988：199）

（3）"鲤"和"蠡"的谐声系列表示上古的双唇鼻音成分 ˚m。从声符"刺"的通假情况来看，"辣"的上古声母可能也带有双唇鼻音成分 ˚m。

（4）除了"鹿"以外，谐声、通假、苗瑶语以及侗台语方面的证据都表示在鼻音成分后面带有 ˚r。①

总之，Ostapirat（2011：15）所提出"早期上古音 ˚m. r->原始闽语 ˚nd-（Norman's ˚-d）"的定律可以成立。只是，笔者认为要把它改为：早期上古音 ˚m. r-> ˚mbr-> ˚ndr->原始闽语 ˚-dʳ-。②"辣""鲤""蠡"以及{鸡虱}都支持这个定律。请注意，在原始闽语阶段我们不能构拟鼻音成分。Baxter 和 Sagart（2014a）在上古音当中假设了多种复杂声母，如 ˚m-r̥-、˚mə. r-、˚mə-r-、˚mˤr-、˚m. r-。这种构拟如果能够成立，我们就要假设在原始闽语的前身语言中，这些复辅音已经合并成 ˚m. r-。

˚m. r-> ˚-dʳ-也证实了 Norman 教授早在 1986 年所提出原始闽语的弱化声母源自前冠鼻音这个观点的一部分内容。参看 Norman（1986）。

问题是"懒"和"鹿"。

"懒"当来自 ˚ŋ. r-。不过，目前尚未发现表示 ˚ŋ. r-> ˚ŋgr-> ˚ndr-> ˚-dʳ-的其他对应例。上文 3.4 小节已经指出"懒"字可能是 ˚m. r-和 ˚ŋ. r-合流之后才出现的后起字。另外，笔者目前不能解释原始侗台语的浊塞音声母 ˚g。

"鹿"的相关证据实在是太少了。本章只能根据与"懒""辣""鲤""蠡"以及{鸡虱}之间的对比去推测"鹿"的上古声母可能带有双唇鼻音 ˚m。

---

① 梁敏、张均如（1996：346,557）把"鲤"的原始侗台语形式拟作了 ˚mbləiᴬ/ᴮ。此处所出现的流音不是 ˚r 而是 ˚l。

② 根据 Ratliff（2018：124—128），像 mr->mbr-这种"epenthesis（插入音）"音变不是很常见的语音演变过程。不过，闽语音韵史上我们不得不假设这种语音演变。

本章还研究了"瀬""狸"和"裏"。"瀬"与"懶""辣"共享声符"刺","狸""裏"与"鯉"则共享声符"里"。这说明这三个字的声母在上古音当中可能带有鼻音成分。① 尽管如此,它们的原始闽语声母都不能构拟﹡-dʳ-,只能构拟﹡r-。在此提出两个有可能的解释。

(1)这三个字所代表的是﹡m.r-或﹡ŋ.r-等复辅音声母脱落鼻音后的读音。

(2)"懶""辣"和"鯉"等字的鼻音是具有某种语法功能的前缀。

由于形容词"辣"和名词"鯉""蠣"之间难以建立具有共同语法功能的前缀,本章暂且采用(1)的解释而认为"瀬""狸"和"裏"的原始闽语﹡r-代表了﹡m.r-或﹡ŋ.r-等复辅音声母脱落鼻音后的读音。

"瀬""狸"和"裏"的原始闽语﹡r-也表示"来母 S 声"不一定来自头一个辅音为清音的复辅音。罗杰瑞(2005)的观点要做进一步的研究。

(本文原载《辞书研究》2022 年第 5 期:1—23)

Lái Initial Words Descended from ﹡m.r and ﹡ŋ.r in the Mǐn Dialects

AKITANI Hiroyuki　NOHARA Masaki

Abstract:Ostapirat (2011) has investigated Old Chinese loanwords seen in Hmong-Mien and Kra-Dai languages and assumed that words '辣 spicy,' '笠 bamboo-splint hat,' and '犁 plow' had consonant clusters in the early Old Chinese. Simultaneously, he also argued that the softened initial ﹡-d- in Proto-Mǐn has developed from the early Old Chinese prenasalized onsets such as ﹡m.r- and ﹡ŋ.r-.

---

① 除了这三个字以外以"卯"为声符的"留"和"刘"也存在同样的问题。这两个字的声母在西部闽语中不读塞音而读[s]等擦音。可参看梅祖麟、罗杰瑞(1971:100—101)。

This chapter attempts to reconstruct the proto-form of the words such as ' 懒 lazy , ' ' 辣 spicy , ' ' 鲤 carp , ' ' 蛎 oyster , ' ' 鹿 deer , ' and ' chicken louse ' and tries to confirm the Ostapirat's practice. We propose that the early Old Chinese * m. r- and * ŋ. r- changed to the softened post-alveolar in Proto-Min * -dʳ- (temporary notation) .

Keywords: Proto-Mǐn ; Old Chinese ; *lái* initial ; softened initials

第三部分　韵母研究

第8章　上古唇化元音假说与闽语[*]

秋谷裕幸　野原将挥

提要　雅洪托夫（1960/1986）所提出的唇化元音假说（the rounded-vowel hypothesis）是上古音六元音体系的基础之一。现代闽语方言还保留着非唇化元音和唇化元音之间的对立。本章以"泉""反/飯""發/髮"和"過/裏、禾"等字为例揭示这个现象。它们支持唇化元音假说，同时也说明闽语最早的音韵层次能够追溯到公元前三世纪。

关键词　上古音　唇化元音假说　闽语

1　引言

汉语上古音的韵母系统目前采取六元音体系（the six-vowel system）的学者居多。比如郑张尚芳（2013）给上古音构拟出六个元音：*i、*e、*a、*o、*u、*ɯ。Baxter 和 Sagart（2014a）也构拟了六个元音：*i、*e、*a、*o、*u、*ə。

六元音体系的要点之一是*o 和*u 这两个唇化元音的分布。雅洪托夫（1960/1986）首先根据中古音当中合口介音的分布、《诗经》等上古文献当中的押韵、谐声系统以及联绵词等多方面的证据而指出元、月、祭、歌部除了*a 以外还有与此构成音位对立的唇化元音*o 分

---

*　本章的写作过程中作者与 William Baxter 教授多有讨论，《中国语文》匿名评审专家提出了很多富有启发性的修改意见，谨此一并致谢！

布;文、物、微部除了 *ə 以外还有与此构成音位对立的唇化元音 *u 分
布。这就是唇化元音假说(the rounded-vowel hypothesis) 的主要内
容。① 此举一例:

	上古韵部	上古拟音②	中古音
原	元部	*ngʷjan	山合三平元疑
願	元部	*ngjons	山合三去愿疑

"原"和"願"在中古音里除了调类以外同音,但是在上古音里这
两个字的主要元音不相同,"原"带有非唇化元音 *a,"願"则带有唇
化元音 *o。③ 详细的讨论请看 Baxter(1992:383)。

元、月、祭、歌部的 *o 和文、物、微部的 *u 大约在公元前三世纪以
后变成了 *ua 和 *uə。(雅洪托夫 1960/1986:70—71) 可见,在这些
韵部当中 *a 和 *o 的对立以及 *ə 和 *u 的对立是一个很古老的现象。

雅洪托夫(1960/1986) 没有利用现代汉语方言的材料。直到秋
谷裕幸(1995a) (本书第 9 章) 才发现闽语和客家语当中还有非唇化/
唇化元音之间对立的痕迹。Norman(2014) 则补充了闽语里的其他
例子。

本章的目的是在以上研究的基础上进一步探讨闽语中上古非唇
化/唇化元音之间对立的表现,并讨论相关的音韵史问题。

本章中主要元音为 *o 或 *u 的字称作唇化字,其余则称作非唇
化字。

---

① 关于唇化元音假说也可以参看 Baxter(1992:236—240) 和 Baxter、Sagart(2014a:
203—207)。

② 此处上古拟音据 Baxter(1992)。

③ Baxter(1992:383) 指出"願"字可能是后起的。{願}在金文中由唇化字"元"
(*Nkjon)得声。而在战国楚简中"元"声字通常也表示{願}。比如在上博简《孔子诗论》
14 中用"恋"字表示{願}。

2 "泉"

2.1 上古音

"泉"的中古音是仙韵合口从母。按照唇化元音假说,"泉"在上古音里只能是唇化字,韵母为 *on 或 *or。不过,雅洪托夫(1960/1986:57—58)很早就指出,"泉"只与非唇化字(*an、*ar)押韵。比如:[①]

(1)我思肥 泉 ,兹之永歎。(《诗经·邶风·泉水》)

(2)洌彼下 泉 ,浸彼苞稂,愾我寤嘆、念彼周京。(《诗经·曹风·下泉》)

(3)莫高匪山,莫浚匪 泉 ,君子無易由言,耳属于垣。(《诗经·小雅·小弁》)

(4)有洌氿 泉 ,無浸穫薪,契契寤歎,哀我憚人。(《诗经·小雅·大东》)

(5)無飲我 泉 ,我泉我池,度其鮮原。(《诗经·大雅·皇矣》)

(6)觀其流 泉 ,其軍三單,度其隰原。(《诗经·大雅·公刘》)

请注意,"垣"的上古音是 *[ɢ]ʷar,"原"的上古音是 *N-ɢʷar,均为非唇化字。

另外,由"泉"得声的"綫/線"是中古仙韵开口心母的字。《说文》:"綫,縷也。从糸戔。線,古文綫。""綫"在上古音里应该是非唇化字,所以雅洪托夫(1960/1986:58)认为"泉"的上古音是 *dzhian。

其实,"泉"的上古声母是一个很复杂的问题。Baxter(1992:

176）把"泉"拟为 * Sgᵂjan。后来，Baxter 和 Sagart（2014a：258）把它改为 * s-N-Gᵂar。郑张尚芳（2013：451）的拟音是 * sgᵂen。这些声母拟音都根据"泉"和"原""源"的谐声关系。《说文》："灥，水泉本也。从灥出厂下。⟨篆⟩，篆文。从泉。"《说文》认为"原"是"灥"的篆文，不过，从词义来看，"灥"不是｛原｝而是｛源｝。"原"和"源"都是中古元韵合口疑母的字。由于存在这种词源关系，学者把"泉"的上古声母拟作 * Sgᵂ-、* sgᵂ-或 * s-N-Gᵂ-等。

我们有点怀疑在从母"泉"、心母"线"、疑母"原""源"之间到底有没有谐声关系，因为至今尚未发现与此平行的谐声关系。《说文》也没有说"灥"由"泉"得声。我们目前的观点是"泉"与"原"之间不存在谐声关系或词源关系，这两个字之间的关系应该是一种训读的现象。因为"泉"和"源"意思极为接近，所以在文献中"泉"也可以表示｛源｝。① 当然，这一点我们还要做更多的研究。②

2.2 闽语里的"泉"

秋谷裕幸（1995a）（本书第 9 章）搜集并研究了现代闽语和客家语当中的"泉"字读音，发现这些方言里的读音"泉"字往往是开口呼或来自早期开口呼的读音。以下是闽南区厦门方言、莆仙区仙游方言、闽东区福清方言和闽北区崇安方言的例子：

	中古音	厦门	仙游	福清	崇安
泉	山合三平仙从	tsūā²	ɬyā²	θiaŋ²	tɕyaiŋ²
癣	山开三上狝心	tsʰūā³	tɕʰyā³	tɕʰiaŋ³	tɕʰyaiŋ³
鳝	山开三上狝禅	tsʰūā⁶	tɕʰyā⁶	tɕʰiaŋ⁶	ɕyaiŋ⁶

---

① 比如郭店简《成之闻之》14"穷潨（源）反本者之貴"，野原将挥（2015）（本书第 4 章）曾指出"少"与"小"之间不存在谐声关系。这两个字的关系也是一种训读的现象。

② 本书第 10 章就是这方面的探索。

| 转 | 山合三上狝知 | tɕy³ | tuɪ³ | tuoŋ³ | lyiŋ³ |
| 旋 | 山合三去线邪 | tsɕy⁶ | —— | —— | tɕyiŋ⁶ |

除福清以外的三个方言中"泉"和"癣""鳝"的介音都带有圆唇特征。不过这是后起的。(Norman 1981：63—64)福清的齐齿呼才能代表早期闽语里的读音。

2.3　本节的结论

"泉"字在上古音里的例外性非唇化读音可以得到现代闽语材料的印证，[①]它的上古韵母当为非唇化 *an 或 *ar。这也说明现代闽语仍保存上古音里非唇化元音和唇化元音之间对立的反映。Norman (2014：14)也提出了相同的观点，可以参看。

3　"反"和"饭"

"反"和"饭"都是中古元韵非组字，上古韵部都是元部。

3.1　上古音

Baxter(1992：364—366，372，388)主要根据《诗经》里的押韵把"反"拟作了 *pjanʔ。该书没有构拟"饭"的上古音。Baxter 和 Sagart (2014a：274、282)把"反"和"饭"分别拟作了 *Cə. panʔ 和 *bo[n]ʔ-s。"反"的前置音节 *Cə 是为了解释闽北区以及邵将区当中弱化声母的表现(如崇安 wuaiŋ³)而加的。[②] 郑张尚芳(2013：267，268)把"反"和"饭"分别拟作 *panʔ 和 *bons，也假设了 *a 和 *o 之间的对立。请看表 1：

---

① 部分客家方言里也有同样的现象。参看本书第 9 章第 3 节。
② 关于闽北区方言中"反"字的读音，可参看秋谷裕幸(2017b：49)。

表 1 "反"和"飯"的上古音

	反	飯
Baxter(1992)	*pjan?	—
郑张尚芳(2013)	*pan?	*bons
Baxter & Sagart(2014a,2014b)	*Cə.pan?	*bo[n]?-s

正如雅洪托夫(1960/1986：63)所指出，"反"字通常与非唇化字押韵。比如：

(7) 老使我怨，淇则有岸，隰则有泮，總角之宴，言笑晏晏，信誓旦旦，不思其反。(《诗经·卫风·氓》)

(8) 既不我嘉，不能旋反，視爾不臧，我思不遠。(《诗经·鄘风·载驰》)

(9) 賓之出筵，溫溫其恭，其未醉止，威儀反反，曰既醉止，威儀幡幡，舍其坐遷，屢無僛僛。(《诗经·小雅·宾之出筵》)

(10) 騂騂角弓，翩其反矣，兄弟昏姻，無胥遠矣，爾之遠矣，民胥然矣，爾之教矣，民胥傚矣。(《诗经·小雅·角弓》)

(11) 民亦勞止，汔可小安，惠此中國，國無有殘，無縱詭隨，以謹繾綣，式遏寇虐，無俾正反，王欲玉女，是用大諫。(《诗经·大雅·民劳》)

(12) 降福簡簡，威儀反反。(《诗经·周颂·执竞》)

中古阮韵合口的"遠"是非唇化字，拟音为*C.Gʷan?。

也有少量的例子与唇化字押韵。例(7)中《诗经·卫风·氓》里的"怨"是唇化字，上古拟音为*[?]o[r]-s。例(11)中《诗经·大雅·民劳》里的"綣"也是唇化字，可以拟作*kʰon?。① 以下是《诗经·齐风·猗嗟》的例子：

---

① Baxter 和 Sagart(2014a、2014b)都没有构拟"綣"的上古音。

（13）猗嗟孌兮,清扬婉兮,舞则選兮,射则貫兮,四矢 反 兮,以禦亂兮。

此处"反"不能作为正例。关于《猗嗟》的押韵以及"反"字,
Baxter（1992：364—366）和 Baxter、Sagart（2014a：208—209）已做了
很详细的分析,可以参看。上博简《孔子诗论》也提到《猗嗟》:"於
（猗）差（嗟）曰:四矢弁。"①此处上博简把"四矢反"写成"四矢弁"。
"弁"也是唇化字,上古音是 *C.[b]ro[n]-s。可见,在《诗经·猗嗟》
里的"反"原来是"孌"或"弁"等唇化字。

总之,除了"怨"和"緣"以外,与"反"押韵的字都是非唇化字。
"反"的上古韵母应该是非唇化的 *anʔ。

在《诗经》里,"飯"字不入韵。《说文》认为,"飯"是由"反"得声。
除此之外,《经典释文·礼记音义》说:"依字书食旁作卞,扶万反。食
旁作反,符晚反。二字不同今则混之,故随俗而音此字。"可见,古代
"飯"字有两种,一种是从食卞声的去声"餅",另外一种是上声的
"飯"。段注不同意《经典释文》的观点,认为:"陆语殊误。古祇有饭
字。后乃分别作餅。俗又作餅。此正如汳水俗作汴也。唐以前书多
作餅字。后来多訛为餅字。"（《说文解字注》五篇下）不过,"弁"和
"卞"的上古音分别是 *C.[b]ro[n]-s 和 *[b]ro[n]-s,都是唇化字,
似乎不是偶然。②所以我们倾向于接受《经典释文》的记载,而认为
"飯"是唇化字。到了汉代,"反"字也可以表示｛飯｝。比如,武威汉
简《仪礼·服传乙》:"反（飯）素食。"这说明"飯"的主要元音已经经历
了 *o> *ua 的语音演变。关于"飯"字,也可参看 Norman（2014:16）。

———————————

① 　上博简《孔子诗论》22：䇍。同样在郭店简《五行》21 中,其字表示｛变｝。

② 　在出土文献中我们尚未发现｛飯｝由"弁"得声或由"卞"得声的例子。只是在包山
简中,我们可以看到"䰩"字（包山简 206）。有学者把这个字隶定为"饙"字。不过,何琳仪
（1998:1068）却认为"疑餅之繁文,即飯之异文。《集韵》'飯,食也。或从弁'"。请看参看包
山简的"㲋（弁）"字:䰩（包山简 240）。"弁"原是"㲋"的异体字。《说文》:"弁,或㲋字。"

3.2 闽语里的"反"和"飯"

Norman(2014：16)已注意到闽东区方言里的"飯"字读音与上古唇化元音 *o 相应。其实其他闽语方言亦如此。现代闽语方言中"反"和"飯"的韵母一般不相同：

	厦门	仙游	福州	建瓯	顺昌
反	pɪŋ³	pĩ³	peiŋ³	paiŋ³	pʰaŋ⁴
飯	pŋ̍⁶	puĩ⁶	puɔŋ⁶	pyɪŋ⁶	pʰuẽ⁶

Norman(1981)根据福安、福州、厦门、揭阳、建瓯、建阳、永安和将乐八个方言之间的比较构拟了原始闽语的韵母系统。根据这个韵母系统，"反"的原始闽语韵母是 *an，"飯"则为 *ion。(Norman 1981：60、61—62)

3.3 本节的结论

上古音当中"反"和"飯"不同音。前者的主要元音是 *a，后者则为 *o。大多数闽语方言中"反"和"飯"也不同音。前者的主要元音大概来自 *a，后者则来自 *o。可见，上古音当中"反"和"飯"之间主要元音的区别，即非唇化元音和唇化元音之间的对立，仍保存在闽语中。

4 "發"和"髮"

与元部"反"和"飯"相配的月部"發"和"髮"也有同样的上古音保存出现。

4.1 上古音

Baxter(1992：393，397)主要根据《诗经》里的押韵把"發"和

"髪"分别拟作了 *pjat 和 *pjot。Baxter 和 Sagart(2014a：273)把"發"和"髪"的上古音分别改为 *Cə. pat 和 *pot。新的拟音取消了介音 *j。另外,为了解释闽北区以及邵将区当中弱化声母的表现(如崇安 wuai³),"發"加了前置音节 *Cə。① 郑张尚芳(2013：267,268)把这两个字分别拟作 *pad 和 *pod,也假设了 *a 和 *o 之间的对立。请看表 2：

表 2　"發"和"髪"的上古音

	發	髪
Baxter(1992)	*pjat	*pjot
郑张尚芳(2013)	*pad	*pod
Baxter & Sagart(2014a、2014b)	*Cə. pat	*pot

《说文》说"發"是"癹"得声,但是它的甲骨文没有加声符"癹",如：▨(《合集》26909),可见"發"原来是象形字。雅洪托夫(1960/1986：63)很早就指出,"發"字只与非唇化字押韵。以下是《诗经·商颂·长发》的例子：

　　(14)玄王桓撥,受小國是達,受大國是達。率履不越,遂視既 發。相土烈烈,海外有截。

中古月韵合口的"越"是非唇化字,上古拟音为 *[ɢ]ʷat。由"發"得声的"撥"也跟非唇化字押韵。比如：

　　(15)文王曰咨,咨女殷商。人亦有言,顛沛之揭。枝葉未有害,本實先 撥。殷鑒不遠,在夏后之世。(《诗经·大雅·荡》)

"撥"跟"揭" *m-[k]at、"害" *N-kˤat-s 和"世" *l̥ap-s 押韵。可见,"發"与"撥"的上古韵母应该都是非唇化韵 *at。

---

① 关于闽北区方言中"發"字的读音,参看秋谷裕幸(2017b：49—50)。

据《说文》，"髮"由"犮"得声。① "髮"跟元部唇化字押韵。比如：

(16) 彼都人士，臺笠緇撮，彼君子女，綢直如髮，我不見兮，我心不說。（《诗经·小雅·都人士》）

"撮"和"说"的上古拟音分别是 *[tsʰ]ˤot 和 *mə-l̥-em̥ot，均为唇化字。这种押韵显示"髮"的上古韵母是唇化韵母 *ot。由"犮"得声的"拔"在《诗经·大雅·緜》中跟"駾""兑""喙"等唇化字押韵：

(17) 柞棫拔兮，行道兑矣，混夷駾矣，維其喙矣。（《诗经·大雅·緜》）

"駾""兑""喙"的上古拟音分别是 *l̥ˤots、*l̥ˤots、*t-l̥o[r]-s。需要指出的是，正如雅洪托夫（1960/1986：65）所指出，"犮"声字并非每次都跟唇化字押韵，也有少量的例子和非唇化字押韵。比如：

(18) 蔽芾甘棠、勿翦勿伐、召伯所茇。（《诗经·召南·甘棠》）

(19) 載謀載惟，取蕭祭脂，取羝以軷。載燔載烈，以興嗣歲。（《诗经·大雅·生民》）

"伐"以及"烈""歲"的上古拟音分别是 *m-pat、*[r]at、*s-qʷʰat-s，均为非唇化字"伐"在《诗经》中跟开口字押韵。比如：

(20) 武王載旆，有虔秉鉞。如火烈烈，則莫我敢曷。苞有三蘖，莫遂莫達，九有有截。韋顧既伐，昆吾夏桀。（《诗经·商颂·长发》）

"伐"与"鉞"*[ɢ]ʷat、"烈"*[r]at、"達"*[l]ˤat、"曷"*[ɢ]ˤat、"截"*[dz]ˤet、"桀"*N-[k]<r>at 等非唇化字押韵。

由"犮"得声的"髮"和"拔"和唇化字押韵，"茇"和"軷"则与非唇化字押韵。"犮"声字在非唇化和唇化之间动摇不定。我们认为这个现象和唇音声母有关。雅洪托夫（1960/1986：65）认为在《诗经》时

---

① 《说文》："髮，跟也。从髟犮声。鬚，髮或从首。頮，古文。"在金文中，我们可以看到从首的字。如 🀙 （《髮鐘》："福無疆，髮其萬年，子子孫孫永寶。"）。

代,声母为唇音时,唇化元音和非唇化元音可以交替。尽管如此,和"發"相比,"髪"和唇化字之间的关系很明确。我们同意 Baxter（1992）而认为"髪"上古韵母是唇化韵 *ot。

4.2　闽语里的"發"和"髪"

由于不少闽语方言"头发"说"头毛",如崇安说"头毛"[hiɐu²mau²],"髪"的白读音并不多见。其中,在莆仙区、闽东区、闽北区、闽中区和邵将区的少数方言当中"發"和"髪"这两个字的白读音齐全。以下是莆仙区和闽东区方言的例子:

	仙游	福安	寿宁
發	poe⁶	put⁷	puoʔ⁷
髪头~	poe⁶	put⁷	puoʔ⁷

莆仙区和闽东区方言中,"發"和"髪"的白读音都同音。

接着观察浦城县境内的闽北区方言和邵将区光泽方言的例子:

	临江	山下	观前	枫溪	光泽
發	paɛ⁶	puaæ³	buaæ³	puᴀ³	pʰɐi³
髪头~	bui⁷	buei⁷	po⁷	buei⁷	pei⁷

Norman（1981：61—62）把"發"和"髪"的原始闽语韵母都拟作了 *iot。不过,从一部分浦城县境内闽北区方言和邵将区方言的材料来看,在原始闽语里这两个字无疑是不同音的。

我们接受"髪"的 *iot。"發"的原始闽语韵母则可以考虑改为 *yat。这样构拟有两个目的:（1）能够解释一部分闽北区和邵将方言当中"發"的主要元音 a;[①]（2）Norman（1981）的原始闽语系统中

———————

①　秋谷裕幸（2017b：50）把"發"和"髪"的原始闽北区方言形式分别拟做了 *buai³ 和 *pui⁷。后来,沈瑞清（2019）通过原始闽北区方言和建阳黄坑方言之间的比较构拟了"早期闽北语"。现在根据早期闽北语把"髪"的原始闽北区方言形式改成 *pioi⁷。

*yat 韵是个空格,"發"*yat 可以填补这个空格。①

4.3 本节的结论

上古音当中"發"和"髪"不同音。前者的主要元音是*a,后者则为*o。一部分闽语方言中"發"和"髪"也不同音。前者的主要元音大概来自*a,后者则来自*o。可见,上古音当中"發"和"髪"之间主要元音的区别,即非唇化元音和唇化元音之间的对立,仍保存在一部分闽语方言中。

由于"發"和"髪"与"反"和"飯"是对应的入声字,这里归纳一下这四个字的表现:

	上古韵部	上古韵母	中古音	原始闽语韵母
反	元部	*an	山合三上阮非	*an
發	月部	*at	山合三入月非	*yat
飯	元部	*on	山合三去愿奉	*ion
髪	月部	*ot	山合三入月非	*iot

仙游、福安和寿宁等方言不能区分"發"和"髪",而且合并后的主要元音 u 和 o 都带有圆唇特征。② 我们的解释是在这些方言中"發"的主要元音受到圆唇介音的影响而带上圆唇特征。换言之,"發"字的主要元音 u 和 o 是后起的。

---

① 建瓯方言把"發"和"髪头~"分别读作[puɛ³]和[pyɛ³],不同音。北京大学(2005:46)指出:"建瓯话城区口音因年龄不同而存在分歧:中老年人口音 yɛ、yiŋ 韵母个别字开始向合口韵转化。如'怪'kyɛ⁵ kuɛ⁵,'饭'pyiŋ⁶ puiŋ⁶,各各两读,而青年人口音一般已转入合口韵,无 yɛ、yiŋ 韵母"。我们认为"發"[puɛ³]的[uɛ]韵是这一语音演变的先驱,其性质与浦城县境内闽北区方言当中"發"和"髪头~"不同音不相同。

② 厦门方言的"發"字读音[puʔ⁷]也是同一个性质的读音。

5 "過"和"裹""禾"

"過"(平声)①和"裹""禾"都是中古戈韵见晓组字,上古韵部都是歌部。

5.1 上古音

各家给出"過"(平声)和"裹""禾"的上古拟音如表 3 所示。郑张尚芳(2013)认为"過"是唇化字,与 Baxter(1992)和 Baxter 和 Sagart(2014a,2014b)的拟音不一致。关于"裹"*s.[k]$^{\Omega}$o[r]ʔ 里前缀 *s-的功能,可参看 Baxter 和 Sagart(2014a：136—137)。

表 3 "過"和"裹""禾"的上古音

	過平声	裹	禾
Baxter(1992)	*kʷaj	——	——
郑张尚芳(2013)	*klool	*kloolʔ	*gool
Baxter & Sagart(2014a、2014b)	*kʷˤaj	*s.[k]ˤo[r]ʔ	*[ɢ]ˤoj

"過"与非唇化字押韵。比如:

(21) 江有沱,之子歸,不我 過,不我 過,其嘯也歌。(《诗经·召南·江有汜》)

(22) 考槃在阿,碩人之薖,獨寐寤歌,永矢弗 過。(《诗经·卫风·考槃》)

"沱""歌""阿""薖"的上古音分别是 *lˤaj、*[k]ˤaj、*qˤa[j]、*kʷʰˤaj,都是非唇化字。此外,在出土文献中"化"声字往往表示非唇

---

① 《经典释文·毛诗音义》卷五:"我過,音戈。"

化的词。比如，在上博简《缁衣》中"迅"字表示{过}：

（23）即忠敬不足而富贵已(已)**迅**(过)。(上博简《缁衣》11)

"化"还表示{祸}：

（24）化(祸)莫大膚(乎)不智(知)足。(郭店简《老子》甲本6)

"化"和"祸"的上古音分别是 *q$^{wh\gamma}$<r>aj-s、*[g]$^{w\gamma}$aj?。

总之，"过"应该是非唇化字。

"裹"由"果"得声：《说文》："缠也。从衣果声。""果"声字在传世文献中不作韵脚。不过，在出土文献中"果"偶尔通假为"裹"。①比如：

（25）果(裹)以賣(奔)而远去之。(睡虎地秦简《日书·甲·诘》)

联绵词"果蠃"(一种瓜)的后字"蠃"是中古果韵来母字，按照唇化元音假说只能来自上古唇化字。参看 Sagart(1999：107,138)。可见，"果"和"裹"都是上古唇化字。

其实，"果"声字在传世文献中与"过"通假。如《国语·晋语九》"智果"在《战国策·赵策一》《汉书·古今人表》里都作"智过"或"知过"。我们认为当时"果"的主要元音已经经历了 *o>*ua 的语音演变。

由"禾"得声的"和"在《诗经》中与"吹"押韵：

（26）蘀兮蘀兮，風其吹女，叔兮伯兮，倡予和女。(《诗经·郑风·蘀兮》)

"吹"的中古音是支韵合口昌母。按照唇化元音假说，"吹"在上古音里应该是唇化字，主要元音为 *o。可见，"和"和"禾"都是唇化字。

---

① "裹"字本身好像在甲骨文、金文都不出现。到了秦简，我们才能看到"裹"字。比如，睡虎地秦简《治狱·出子》87"以布巾裹"。

综上所述，"過"是上古非唇化字，"果""裏"和"禾"则是上古唇化字。

5.2　闽语里的"過"和"裏""禾"

我们接着观察现代闽语里"過"和"裏""禾"三个字的读音。在闽语里平声的"過"表示"菜老"。"裏"的白读音主要出现在"裏粽_{包粽子}"一词里。"禾"在西部闽语里表示"稻子"。闽南区、闽东区和莆仙区一般不用这个字。一般来说"裏~粽"和"禾稻子"的韵母同音，而与"過菜老"的韵母有区别。比如：

	厦门	永福	仙游	福州	建瓯	顺昌
過菜老	kua^1	——	kua^1	kuai^1	kuε^3	——
裏~粽	——	kue^{3}包起来	——	kuei^3	xo^{5}调!	kuaε^3
禾稻子	——	gue^2	——	——	o^5	uaε^2

建瓯的[o]韵来自原始闽北区方言的*oi($>$*ø$>$o)。比如镇前方言"裏~粽"读作[hoi^3]，"禾稻子"读作[oi^2]。建瓯"裏~粽"的阴去不合乎规律。

按照 Norman(1981：50—51)的韵母系统，"過菜老"的原始闽语韵母可以拟作*-uɑi。Ostapirat(2016：143)指出，表示"to cross over"的"過"(去声)可能是借自苗瑶语的早期借词。他把原始苗瑶语的"to cross over"拟作*kl^{ɣ}ai C。此处也有非圆唇元音*a出现，可以作为"過菜老"之*aj韵的旁证。

"裏~粽"和"禾稻子"的原始闽语韵母则可以拟作*oi。(Norman 1981：43—44)

5.3　本节的结论

上古音当中"裏"和"禾"的主要元音都是唇化元音*o，而"過"的主要元音是非唇化元音*a。现代闽语方言中"裏"和"禾"同韵，而与

"過"的韵母有区别,前者来自＊oi,后者则来自＊uɑi。可见,上古音当中"過"和"裏"和"禾"之间主要元音的区别,即非唇化元音和唇化元音之间的对立,仍保存在闽语方言当中。

6 "夥"的上古音

从"泉""反"和"飯""發"和"髮"以及"過菜老"和"裏、禾"的表现,我们可以了解到现代闽语还保存着上古非唇化/唇化元音之间的对立。我们可以根据这一观点解决一些汉语音韵史上的问题。此处以"夥"的上古音为例。

"夥"是个古代方言词:《方言》卷一:"凡物盛多谓之寇,齐宋之郊、楚魏之际曰夥。"《说文》写作"緺":"齐谓多为緺。从多果声。"关于"夥",参看 Norman(1983:204)。"夥"缺少构拟上古音的证据。《说文》说"果声"。而郭璞(276—324)对《方言》里"夥"字的音注是"音祸。""果"和"祸"的上古音分别＊[k]ˤo[r]ʔ和＊[g]ʷˤajʔ,前者为唇化字,后者则为非唇化字。

郑张尚芳(2013:346)把"夥"的上古音拟作唇化元音韵母的＊gloolʔ,似乎根据《说文》的"果声"。Baxter 和 Sagart(2014b:47)则拟作＊[g]ʷˤajʔ,与"祸"同音,合乎郭璞的"音祸"。

《说文解字》和郭璞的时代很有可能已不能区分非圆唇元音和圆唇元音,所以"果声"和"音祸"都不能视为一个有力证据。我们不妨参考现代闽语方言里的读音。

现代闽语还在使用"夥"。闽东区和莆仙区用复合词"若夥"①来表示问数量的｛多少｝。邵将区的一部分方言用"夥"表示｛多｝,与《方言》和《说文》的记载一致。韵母读音一般与"過菜老"同韵。例如:

---

① 关于"若夥",可参看秋谷裕幸、汪维辉(2016)。

	福州	仙游	顺昌
夥_{若~}	uai⁶	ua⁶	
夥_多	——	——	ua⁴
過_{菜老}	kuai¹	kua¹	——

厦门方言"not many；only a few or a little；not enough，as price offered"说"无夥" **bô-oā**，当为 [bo²ua⁶]。（Douglas 1873：346）闽北区一般不用"夥"。不过，*Gospel of Matthew*，*Kien-yang Colloquial*（1900）①的建阳方言，{很长时间}说"夥时"。"夥"标作 uói，当为 [uɔi⁵]。另外，根据 Norman（2014：13），建阳书坊方言{多}说"夥" [oe⁵]。这些"夥"都代表{多}义。

按照 Norman（1981）的系统，原始闽语里的韵母可以拟作 *uɑi，与上述的"過_{菜老}"同韵。

除了闽语以外吴语处衢片的少数方言也用"夥"表示{多}。这个韵母应该来自早期的 *uɑi 韵或 *uai 韵。试比较：

	庆元	云和	玉山
夥_多	uɑ⁴	uɑ³	——
怪	kuɑ⁵	kuɑ⁵	kuai⁵
快	kʰuɑ⁵	kʰuɑ⁵	kʰuai⁵

庆元、云和方言的"夥"字韵母当来自 *uɑi 或 *uai，与闽语一致或相近。

"夥"不存在先秦的用例。它有可能是在非唇化元音和唇化元音合流以后才产生的后起字。不过，闽语和吴语共同祖先语的来历应该相当古老，而且对闽语而言"夥"的表现和"過_{菜老}"完全一致。所以我们倾向认为"夥"可以构拟上古音，而它的上古韵母是与"過_{菜老}"相

---

①　关于这个文献的音系，参看秋谷裕幸（1994c）。

同的﹡aj,也反映着上古的非唇化元音。①

7　结语

现代闽语仍然保存着上古非唇化元音﹡a 和唇化元音﹡o 之间的对立。② 这个结论反过来进一步证实 Sergej Jaxontov 教授所提出的唇化元音假说能够成立,也支持上古六元音体系。③

此外,我们还想指出的是:

(1) 本章所讨论的例子并不是闽语所保存非唇化/唇化元音之间对立的全部例子。今后我们需要继续发掘其他例子。比如 Norman (2014:16,17)指出闽语里"管"和"關"的读音反映着上古唇化元音﹡o。

(2) 雅洪托夫(1960/1986:70—71)指出大约在公元前三世纪以后,元、月、祭、歌部里不再存在﹡o,文、物、微部里也不存在主要元音﹡u。闽语至少还有一个和非唇化元音/唇化元音之间的对立一样古老的音韵现象。一部分中古书母源于上古﹡ST-声母。公元前三世纪的战国楚简里我们还能够观察到﹡ST-声母的迹象。而闽语中读作不送气塞擦音的书母都来自上古﹡ST-声母。参看野原将挥、秋谷裕幸 (2014)(本书第 3 章)。既然如此,闽语最古老的语言层次能够追溯到公元前三世纪之前,也就是在战国时期。④

---

①　我们最近发现北大秦简里有"夥"的通假例,如:北大秦简《禹九策》93 背"亓(其)一占曰:半門有闖,濿(謁)來閦=(夥夥)"。由"化"得声的"閦"字表示¦夥"。"化"可拟为﹡qʷʰˤ<r>aj-s,可见,与此通假的"夥"也无疑为非唇化元音 aj。

②　至今所找到的例子主要是中古非组字。这个情况不知是否有音韵史意义。

③　尚未采用唇化元音假说的 Karlgren(1957:84)把"反"和"飯"的上古音分别拟作﹡piwăn 和﹡b'iwăn,韵母相同,不能解释闽语中"反、飯"不同韵的现象。

④　请注意,这并不能理解为原始闽语的年代也能追溯到公元前三世纪之前。原始闽语的年代要根据闽语诸方言共享的创新演变去探索。关于这个问题,参看本书第 1 章 3.3.3 小节。

（3）本章以及白一平（2010）、野原将挥和秋谷裕幸（2014）（本书第 3 章）及秋谷裕幸（2020）（本书第 1 章）等都证明了闽语无疑保存着《切韵》音系里观察不到的一些上古音位对立。既然如此，我们构拟上古音时可以并需要参考闽语的材料。本章第 6 节"夥"的构拟根据这一观点而做的尝试。

总之，本章的研究再一次让我们认识到上古音研究和闽语音韵史研究之间互动的重要历史语言学意义。

（原载《中国语文》2019 年第 1 期：15—25）

The Rounded-vowel Hypothesis of Old Chinese and the Mǐn Dialects

AKITANI Hiroyuki　　NOHARA Masaki

Abstract：The rounded-vowel hypothesis, first proposed by Jaxontov（1960）, is one of the basic studies conducted on the reconstruction of the six-vowel system in Old Chinese. Modern Mǐn dialects still preserve the distinction between unrounded-vowels and rounded-vowels. This chapter tries to prove this by examining the words "泉", "反/飯", "發/髮" and "過/裹, 禾" in the Mǐn dialects. It is concluded that the rounded-vowel hypothesis is correct. Further, this study shows that the most archaic phonological stratum of Mǐn dialects possibly date back to as early as the 3rd century BCE.

Keywords：Old Chinese; rounded-vowel hypothesis; Mǐn dialects

第9章　闽客语的"泉"字读音[*]

秋谷裕幸著　张梦瑶译

提要　"泉"的中古音是山摄合口三等仙韵从母,即 dziuɛn 平声。原始闽语中"泉"字的读音则是 * dziɑn$^{\text{tone1}}$,为开口呼,与中古音不对应。原始客家话中"泉"字的读音则为 * tsʰAn^2,亦为开口呼。闽客语共同祖语里的读音可以拟作 * dziɑn$^{\text{tone1}}$。根据雅洪托夫(1960/1986),"泉"字的上古音也不含合口成分,主要元音是非圆唇元音,拟音为 * *dzhi̯an*。闽语和客家话里的"泉"字读音所反映的就是这种上古音。

关键词　原始闽语　原始客家话　上古音　泉　唇化元音假说

1　引言

王育德(1969/1987:585)曾指出,闽南区方言中"泉"字读音(厦

---

* 本章以 1994 年 7 月在汉语史研究会例会(1994 年 7 月 3 日,日本青山学院大学)口头发表的《论闽语的两个例外字:"影"与"泉"》一文的后半部分为基础撰写而成。本章中上古音系统根据 Baxter(1992),也有部分参考雅洪托夫(1960/1986),用斜体表示雅洪托夫(1960/1986)的构拟,以示二者区别。原始客家语系统是在 O'Connor(1976)基础上根据笔者个人见解加以修订的版本。K 等大写字母用来表示舍去发音方法的音值。雅洪托夫(1960/1986)及 Jerry Norman 教授的英译资料由远藤光晓教授复印提供。在此表示感谢。本章是平成 7 年度文部省科学研究费补助金奖励研究(A)[项目编号:07710324,负责人:秋谷裕幸,《客家语长汀方言译"马太福音传"(1919 年)の音韵に关する历史的研究》]成果的一部分。

门 tsūã² 等）韵母与中古音对应不规则。① 不只是闽南区方言，同样不规则的读音在其他闽语及客家话中亦存在。本章以韵母为中心，旨在探讨闽客语中不规则的"泉"字读音的来历。

2　闽语的"泉"字读音②

本节讨论闽语诸方言中"泉"字的读音。

"泉"中古音为山摄合口三等仙韵从母 dziuɛn 平声。③ 闽语诸方言中"泉"及其他仙韵合口字的读音形式如下所示。"全"与"泉"中古同音。

> **泉**
>
> 厦门 tsūã² I 福安 sian²/θian² I 崇安 tɕyaiŋ² I 中古音 dziuɛn 平声
>
> **转**
>
> 厦门 tŋ̍³ I 福安 tun³/tun³ I 崇安 lyeiŋ³ I 中古音 ȶiuɛn 上声
>
> **全**
>
> 厦门 tsŋ̍² I 福安 chun²/tʃun² I 崇安 lyeiŋ² I 中古音 dziuɛn 平声
>
> **旋** 头发旋儿
>
> 厦门 tsŋ̍⁶ I 福安 —— I 崇安 tɕyeiŋ⁶ I 中古音 ziuɛn 去声
>
> **捲**
>
> 厦门 kŋ̍³ I 福安 kun³/kun³ I 崇安 kyeiŋ³ I 中古音 kɪuɛn 上声

我们可以了解"泉"字音为仙韵合口字的例外读音。接下来我们观察仙韵开口字的读音，这些读音要分成 A、B 两类。

---

① 　同时，他还指出闽南区方言的"泉"字读音与仙韵开口字或合口一等桓韵字一致。正如本章第 2 节所述，就全部闽语的情况对照来看，和闽南区方言的"泉"字读音一致的就是仙韵开口字。

② 　关于闽语以及上古音里的"泉"字读音，也参看本书第 10 章。

③ 　本章里把中古音的合口三等介音标作 iu。

A 类

癣

厦门 tsʰūā³ | 福安——| 崇安 tɕʰyaiŋ³ | 中古音 siɛn 上声

鳝

厦门 tsʰūā⁶ | 福安 chhian⁶/tʃʰian⁶ | 崇安 ɕyaiŋ⁶ | 中古音 ʑiɛn 上声

线

厦门 sūā⁵ | 福安 sian⁵/θian⁵ | 崇安 suaiŋ⁵ 韵! | 中古音 siɛn 去声

B 类

变

厦门 pī⁵ | 福安 pin⁵/pin⁵ | 崇安 piŋ⁵ | 中古音 piɛn 去声

钱

厦门 tsī² | 福安 chin²/tʃin² | 崇安 tɕiŋ² | 中古音 dziɛn 平声

扇 名词

厦门 sī⁵ | 福安 sin⁵/θin⁵ | 崇安 ɕiŋ⁵ | 中古音 ɕiɛn 去声

以上三种方言都呈现出了 A、B 两类读音形式。其中读音 A 是固有层次,B 是外来层次。[1]"泉"字音与仙韵开口的 A 类的读音一致。[2]

"泉"的原始闽语形式可以拟作 *dzian^tone1。"线、癣、鳝"的原始闽语韵母也是 *ian。(Norman 1981:63)都不含圆唇成分。闽北区方言中,受 *ian 之主元音 *a 前面的过渡音(可能为[ɔ]或[ʌ])的影响,介音 *i 变成了 *y。而在闽南区方言中,此 *y 介音则有舌齿音后

---

① 关于层次问题,参看 Norman(1979:271)及秋谷裕幸(1994a:484)。另外,"泉"以外的仙韵合口字,与 A、B 类相应的固有层次和外来层次读音形式一致,表面上无法区分二者。开口一等寒韵见组字亦如此。

② 其他闽语的"泉"字音例举以下五种:闽南区长泰 tsuā²、莆仙区莆田 sioⁿ²(《新约圣书·兴化平话》,American Bible Society,1912)、闽东区福清 siaŋ²、闽北区松溪 tɕyŋ²、闽北区建瓯 cṳiŋ²(《新约全书·建宁府个土腔》,British and Foreign Bible Society,1922),都与正文中所举三种方言的"泉"字音规则对应。由于松溪与建瓯方言音韵史上较新阶段的音韵变化(*yaiŋ"泉、团"等字与 *yeŋ"旋、转、捲"等字合流),其"泉"字读音与其他仙韵合口字的读音规则能够对应。例如松溪的"旋"tɕyŋ⁶、"转"tyŋ⁹、"捲"kyŋ³(="团")。

为 u、牙喉音后为 i 等种种变化。①

另外,"全、旋、转、卷"等"泉"以外的仙韵合口字,韵母可追溯到原始闽语的 *ion。(Norman 1981: 61—63)②而论及与中古音的关系,*ion 主要元音 *o 在圆唇性上与中古合口介音 *u 对应。

本节可以总结如下:

Ⅰ(1) 闽语诸方言的"泉"字韵母与中古音对应不规律。

Ⅰ(2) 除"泉"字以外仙韵合口字的原始闽语形式可以拟作 *ion,主要元音为圆唇元音。

Ⅰ(3) "泉"字的原始闽语形式可以拟作 *dziɑn^{tone1},不含圆唇成分。

3 客家话的"泉"字读音

本节探讨客家话诸方言中"泉"字的读音形式。

客家话诸方言中"泉"及其他仙韵合口字的读音如下所示。

泉

永定 tsʰan² │庙前 tsʰa² │广东客家 tshan² │连南——│中古音 dziuɛn 平声

转

永定 tsɛn³ │庙前 tʃɥie³ │广东客家 chon³ │连南 tʃuɔn³ │中古音 ȶiuɛn 上声

全

永定 tsʰiɛn² │庙前(tsʰeu²)③│广东客家 tsh(i)en² │连南 tsʰyɛn² │中古音 dziuɛn 平声

选

永定 siɛn⁶ │庙前 sie³ │广东客家 s(i)en³ │连南——│中古音 siuɛn 上声

---

① 原始闽语 *ian 的变化过程与 *iɑi 大致平行,可参看秋谷裕幸(1994b: 21—22)。

② 厦门的 ŋ 可能在之前经历了像泉州一样的 uĩ("全"tsuĩ²、"捲"kuĩ³ 等)阶段。

③ 庙前的[tsʰeu²]可追溯到早期的 *tsʰon²(主要元音为圆唇元音 *o)。广东客家"旋"tshion³ 也是同一类的读音。

圈

永定 kʰiɛn¹ ┃庙前 tʃʰ ʮieʰ¹ ┃广东客家 khen¹ ┃连南 kʰyɛn¹ ┃中古音 kʰ ɪuɛn 平声

按照声母的种类,客家话的仙韵合口字呈现出多样的读音形式。但是就介音情况而言,连南"全"介音为[y],庙前"转"为[ʮ],[①] 而"圈"字连南、庙前介音分别为[y]、[ʮ],由此先假定原始客家话有圆唇介音 *y。据《马太福音传·汀州》(1919),客家话长汀方言将"选"字注音为 suin³,尚能观察到圆唇介音。[②] 就与中古音之间的对应关系而言,这些介音在圆唇特征上与中古合口介音 *u 对应。

从声母的发音部位来看,"泉"要以与"全、选"同音的形式出现,实际却并非如此。另外,带有其他声母的仙韵合口字亦未见与"泉"字相同的读音形式。如下所示,与"泉"字同音的是山摄一等寒韵、二等山韵的开口舌齿音字。[③]

懒

永定 lan¹ ┃庙前 la¹ ┃广东客家 lan¹ ┃中古音 lɑn 上声

盏

永定 tsan³ ┃庙前 tsa³ ┃广东客家 tsan³ ┃中古音 tʂɐn 上声

残

永定—— ┃庙前 tsʰa² ┃广东客家 tshan² ┃中古音 dzɑn 平声

散

永定 san³ ┃庙前 sa⁵ ┃广东客家 san⁵ ┃中古音 sɑn 去声

接下来构拟"泉"字的原始客家话形式。首先是韵母。根据 O'Connor(1976:39—40),"懒、盏、残、散"等山摄一等寒韵、二等山韵

---

① 在此无法详细论述,笔者认为"转"的主元音所出现的圆唇性[o、ɔ],是由于原始客家话中圆唇介音的影响而形成的。

② 《马太福音传·汀州》介音 u 的音值等问题请参看秋谷裕幸(1995b:10)的4.1.6小节。

③ 举两例其他客家话的"泉"字读音:清流 tsʰaŋ² 清溪 tsʰan²。都与永定、庙前和广东客家话的"泉"字音规则对应。

的开口舌齿音字,原始客家话形似可以拟作 * an。O' Connor(1976)
的体系中低元音只有 * a。而正如秋谷裕幸(1992a：177—178)所指出
的,原始客家话里 * ɑ 与 * a 很可能是对立的。只是原始客家话里不存
在 * Kɑn 与 * Kan 的对立。下面把"间"拟音为 * kan¹,是因为永定的读
音形式有[i]介音。如：

间

永定 pan³ | 庙前 pa⁵ | 广东客家 pan⁵ | 中古音 pɑn 去声 | 原始客家 * pɑn⁵

斑①

永定 piɛn¹ | 庙前 pa¹ | 广东客家 pan¹ | 中古音 pan 平声 | 原始客家 * pan¹

泼

永定 pʰat⁷ | 庙前 pʰo⁷ | 广东客家 pʰat⁷ | 中古音 pʰɑt 入声 | 原始客家 * pʰɑt⁷

八

永定 piɛʔ⁷ | 庙前 pia⁷ | 广东客家 pat⁷ | 中古音 pɐt 入声 | 原始客家 * pat⁷

杂

永定 tsʰaʔ⁸ | 庙前 tsʰũə³ | 广东客家 tsʰap⁸ | 中古音 dzʌp 入声 | 原始客家 * tsʰɑp⁸

插

永定 tsʰiaʔ⁷ | 庙前 tsʰia⁷ | 广东客家 tsʰap⁷ | 中古音 tʂʰɐp 入声 | 原始客家 * tsʰap⁷

间

永定 kiɛn¹ | 庙前 ka¹ | 广东客家 kan¹② | 中古音 kɐn 平声 | 原始客家 * kan¹

　　因此,在拟测"泉"的原始客家话形式时,必须考虑其主要元音
是 * ɑ 还是 * a。但从目前搜集到的材料来看,在原始客家话当中我们
还无法构拟 * TSɑn 和 * Tsan 之间的对立或者发音位置与 * TS 相近的
声母之后 * ɑn 和 * an 之间的对立。

---

　　①　永定的读音出现在"斑鸠"(黄雪贞 1983a：157)以及"斑面鬼麻子脸的男性"。(黄雪
贞 1983b：236)黄雪贞(1983a,1983b)把它处理成有音无字。
　　②　广东客方言还记有 kian¹、ken¹、kien¹。

在此不妨比较"泉"和"盏"的读音。连城县文亨方言在谱系分类中与客家话极为相近。(秋谷裕幸 1992a：172)[1]

泉

文亨 $ts^h\upsilon^2$ | 永定 ts^han^2 | 庙前 ts^ha^2 | 广东客家 ts^han^2 | 中古音 dziuɐn 平声

盏

文亨 $tsie^3$ | 永定 $tsan^3$ | 庙前 tsa^3 | 广东客家 $tsan^3$ | 中古音 tʂɐn 上声

对应客家话的 TSa(n)，文亨方言出现了 TSɒ 和 TSie。可以推测，它们的共同原始方言，即假设在原始客家话之前阶段的客家话诸方言及文亨方言之共同原始方言音系里[2]存在着 * TSɑn 与 * TSan 的区别。[3] 可见，此阶段的"泉"字韵母形式可推测为 * ɑn，而"盏"字则为 * an。

基于以上内容，本章先用 * An 来表示"泉"字韵母的客家话形式。这里的 A 表示 * ɑ 还是 * a 未能确定。[4] 由于包括文亨方言在内的较早阶段的原始韵母为 * -ɑn，所以整体用 * -An（< * -ɑn）来表示。

"泉"字的原始声母为 * ts^h-（O'Connor 1976：18），调类为第 2 声（O'Connor 1976：11）。包含文亨方言在内阶段的原始形式亦是如此。

综上所述，"泉"字的原始客家话形式拟定为 * ts^{h}An^2（< * ts^{h}ɑn^2）。

本节可以总结如下：

Ⅱ（1） 客家话诸方言的"泉"字韵母与中古音对应不规律。

Ⅱ（2） 除"泉"字以外仙韵合口字的原始客家话形式具有圆唇元音介音。

---

① 关于这个问题更详细的讨论，参看秋谷裕幸（1996）。

② 秋谷裕幸（1992a）通过客家话诸方言与文亨方言之间的比较，推测出少数两者的共通原始形式。

③ 但据笔者调查，能推测出 * TSan 的只有"盏"。另外，在文亨方言中，原始客家话形式为 * pat^7 的"八"字读［pie^7］，原始客家话形式为 * kan^1 的"间"读［kie^1］。

④ 原始客家话音节 * TS-n 当中 * ɑ 与 * a 之间的对立也可能中和了。

Ⅱ(3) "泉"字的原始客家话形式可以拟作 $^*\mathrm{ts^hAn^2}(<^*\mathrm{ts^h\alpha n^2})$，不含圆唇成分。

4 原始闽客共同祖语的"泉"字读音

本节首先通过原始闽语和原始客家话之间的比较构拟出原始闽客共同祖语的"泉"字读音，其次再讨论其反映的年代问题。

4.1 构拟原始音值

第2节的总结Ⅰ和第3节的总结Ⅱ相符。可见，闽、客两种方言的原始方言中的"泉"字读音当属同一个方言层次，从两者的比较中可以构拟出原始闽客共同祖语的形式。此时"漈"（《集韵》去声祭韵子例切："水涯。"）字①的读音也能为这种探讨提供重要线索。"漈"表示｛瀑布｝，多用为地名，②此时可写作"际"或"磜"③。（游汝杰1992：102,170—171）

4.1.1 闽语的"漈"字读音

关于闽语的"漈"字读音，秋谷裕幸（1994b：25）以及本书第12章的3.4小节都有相关论述，在此不再赘述。福安方言读作 chie⁵/tʃiɛ⁵、松溪方言读作 tsœ⁵，原始闽语形式可以拟作 *tsiɑi^tone3（原始闽语的 *tone3 对应于中古去声）。

另外，最近 Branner(1995)发表了闽语连城县姑田中堡方言的方言材料。这种方言中"漈"（写作"磜"）音为[tsiɔ⁵]。（Branner 1995：303,321）从原始闽语韵母形似为 *iɑi 的"徛站立"[tʃʰɔʔ⁸]（Branner 1995：332）、"蚁"[nɔ⁵]（Branner 1995：334）、"□～种：播种"[iɔ⁶]（Branner 1995：320）等字的读音可知，此方言的"漈"字音亦可溯及

---

① "漈"字实际上是"际"。参看本书第12章的3.4小节。
② 周振鹤、游汝杰(1986)卷末图6—7显示了含有"漈"字的地名的分布。
③ 黄雪贞(1983a：150)注释了此字是"本地字"。

原始闽语 * tsiɑi$^{\text{tone3}}$。

4.1.2　客家话的"漈"字音

客家话的"漈"字音,见于三种方言:永定 tsai^3|上杭 tsɑ^5|广东客家 tsai^5。皆使用"磜"字,在广东客家话中表示{瀑布}(MacIver & Mackenzie 1926:899),永定方言则义为{绝壁}(黄雪贞 1983a:150),而上杭方言用在地名"白水磜"中(上杭县地方志编纂委员会 1993:884)。

接下来构拟"漈"的客家祖语形式。首先,拟测声母为 * ts-(O'Connor 1976:18),调类是第 5 声(O'Connor 1976:11)。

其次是韵母。本章第 3 节论述了原始客家话里 * a 与 * ɑ 对立,这种对立在元音韵尾 * i 之前也存在。例如 O'Connor(1976:33)将"荷用肩扛"和"鞋"的原始客家话韵母形式都拟为 * ai。但在永定方言中"荷用肩扛"读[kʰai^1],"鞋"读[hei^2],两字韵母表现不同。我们认为前者为 * ɑi、后者为 * ai。以下列出 * ɑi 和 * ai 的部分例字。

　　* ɑi

　　大

　　永定 tʰai^6|上杭 tʰɑ^3|广东客家 tʰai^5|清溪 tʰai^5|中古音 dɑ 去声|原始客家 * tʰɑi^6

　　癩

　　永定 lai^3|上杭 lɑ^5|广东客家 lai^5|清溪 lai^5|中古音 lɑi 去声|原始客家 * lɑi^5

　　债

　　永定 tsai^3|上杭 tsɑ^5|广东客家 tsai^5|清溪 tsai^5|中古音 tʂaɪ 去声|原始客家 * tsɑi^5

　　蔡

　　永定——|上杭 tsʰɑ^5|广东客家 tsʰai^5|清溪 tsʰai^5|中古音 tsʰɑi 去声|原始客家 * tsʰɑi^5

　　□贪食、饿

　　永定 sai^2|上杭——|广东客家 sai^2|清溪——|中古音——|原始客

家 ˙sɑi²

个那

永定 kai⁶ l 上杭 kɑ³ l 广东客家 kai² l 清溪 ai² 声₁ l 中古音 kɑ 去声 l 原始客家 ˙*kɑi?

荷用肩扛①

永定 kʰai¹ l 上杭 kʰɑ¹ l 广东客家 kʰai¹ l 清溪 kʰai¹ l 中古音 ɦɑ 上声 l 原始客家 ˙*kʰɑi¹

我

永定 ŋai² l 上杭 ŋɑ² l 广东客家 ngai² l 清溪 ŋai² l 中古音 ŋɑ 上声 l 原始客家 ˙*ŋɑi²

˙*ai

底

永定 tei³ l 上杭 tei³ l 广东客家 tai³、te³ l 清溪 tai³ l 中古音 tei 上声 l 原始客家 ˙*tai³

犁

永定 lei² l 上杭 lei² l 广东客家 lai²② l 清溪 lai² l 中古音 lei 平声 l 原始客家 ˙*lai²

街

永定 kei¹ l 上杭 kei¹ l 广东客家 kai¹、ke¹ l 清溪 kai¹ l 中古音 kaɪ 平声 l 原始客家 ˙*kai¹

溪

永定 kʰei¹ l 上杭 kʰei¹ l 广东客家 kʰai¹、hai¹③ l 清溪 kʰai¹ l 中古音 kʰei 平声 l 原始客家 ˙*kʰai¹

鞋

永定 hei² l 上杭 hɑ² l 广东客家 hai²④ l 清溪 hai² l 中古音 ɦaɪ 平声 l 原始客家 ˙*hai²

---

① 本字考参看温昌衍(2012：28)。

② 潮州府为 le²。

③ 潮州府为 kʰe¹。

④ 潮州府为 he²。

矮

永定 ei³ | 上杭 ei³ | 广东客家 ai³、e³ | 清溪 ai³ | 中古音 ʔai 上声 | 原始客家 *ai³

上杭方言中"鞋"的[ɑ]韵应该是以声母[h]为条件的变体,因为这个方言中不存在 hei 这样的音节。上杭方言的表现也属于永定方言的类型。只是发生了*ɑi 元音韵尾*i 的脱落。广东客家话里*ai 既可以读作 ai 也可以读作 e。*ɑi 则不读 e。可见,e 是*ai 的鉴别韵。

另外一种构拟方向是把*ɑi 和*ai 分别改为*ai 和*ei。但若*ai 拟为*ei,会出现以下两个问题。

(1)不得不假设广东客家(两读中的一种)及清溪方言中发生了*ei>ai,即高元音*i 之前半高元音低化这种不很自然的变化。

(2)*ai 韵 K 声母"街、溪、鞋、矮"等字对应的主要元音多与*Kan(参看本章第 3 节)一致,若为把它拟为*ei,此点就难以解释。试比较:

间

永定 kiɛn¹ | 上杭 tsiẽ¹ | 长汀 tʃiẽ¹ | 庙前 ka¹ | 广东客家 kan¹ | 清溪 kan¹ | 中古音 kɛn 平声 | 原始客家 *kan¹

街

永定 kei¹ | 上杭 kei¹ | 长汀 tʃe¹ | 庙前 kai¹ | 广东客家 kai¹、ke¹ | 清溪 kai¹ | 中古音 kai 平声 | 原始客家 *kai¹

我

永定 ŋai² | 上杭 ŋa² | 长汀 ŋai¹ 调! | 庙前 ŋŭo² | 广东客家 ngai² | 清溪 ŋai² | 中古音 ŋɑ 上声 | 原始客家 *ŋɑi²

可见,"底、犁、街、溪、鞋、矮"等字的韵母还是拟为*ai 较为妥当。这就意味着与此相应的"大、癞、债、蔡、□贪食、饿、个那、荷用肩扛、我"等字要拟为*ɑi 韵。

永定等三种记有"漈"字读音的方言保留了*ɑi 和*ai 的对立,而"漈"字的韵母读音均与*ɑi 对应。另外,虽然目前所见材料中未显现

原始客家话里 *TSɑi 和 *Tsai 之间的对立,但在 *t("底")、*tʰ("大")与 *l("癩""犁")等与 TS 发音位置相近或相同的声母后两者存在区别。由此,可以推测"漦"的原始韵母为 *ɑi。

综上所述,推测"漦"的原始客家话形式为 *tsɑi⁵。

4.1.3 原始共同祖语的"泉"字读音

经上文对原始闽语及原始客家话"漦""泉"字读音的探讨可以总结如下:

	泉	漦
原始闽语	*dzian^{tone1}	*tsiɑi^{tone3}
原始客家话	*tsʰAn²(<*tsʰan²)	*tsɑi⁵
原始闽客共同祖语	*dzian^{tone1}	*tsiɑi^{tone3}

两种原始方言中"泉"与"漦"的读音差异是平行的。只是两字读音的韵尾不相同,所以未完全对应。然而,第一,闽语与客家话里"泉"字读音存在着显著一致的特点(参看本章第 2 节的总结 I 和第 3 节的总结 II),第二,带 n、t、i 韵尾的韵母在闽客语音韵史上常常发生各种平行音韵变化。① 总之,以以上的语音对应为基础,我们可以推定原始闽语及原始客家话的"泉"(及"漦")字读音属同一个方言层次。

因此,若两种原始方言中的"泉"字读音属同一个方言层次,通过两者之间的比较我们可以构拟出更早阶段的语音形式,具体来说可以构拟闽语、客家话的共同祖语的读音形式。该阶段"泉"与"漦"的读音形式分别可以拟为 *dzian^{tone1} 和 *tsiɑi^{tone3}。原始闽语完整地保存了共同祖语的读音形式。从共同祖语到原始客家话之间,介音 *i 受

---

① 例如 Norman(1981:45)根据闽语诸方言,指出原始闽语 *an、*at、*ai 的平行演变。庙前也发生了 *T(S)oi>T(S)eu(如"袋"tʰeu⁶)、*T(S)on>T(S)eu(如"段"tʰeu⁶)这样的语音演变。

了开口度最大的元音 *ɑ 的影响而脱落,同时发生了 *dz> *ts^h 以及调类的分化。

4.2　年代推定

本小节旨在推测,前小节所得原始闽客共同祖语"泉"字读音 *dziɑn^{tone1} 所反映的年代。可从闽语中所见上古音的反映中得到相关线索。

4.2.1　闽语中上古歌部/鱼部的反映①

以下 A、B 类都是中古假摄开口二等麻韵字。闽语各方言中各方言呈现了不同的读音形式。

> A 类
> **麻**
> 厦门 mūã² | 福/安 muo²/muɔ² | 崇安 muai² | 中古音 ma 平声
> **沙**
> 厦门 sua¹ | 福安 suo¹/θuɔ¹ | 崇安 suai¹ | 中古音 ʂa 平声
> B 类
> **骂**
> 厦门 mẽ⁶ | 福安 ma⁵/ma⁵ | 崇安 ma⁶ | 中古音 ma 去声
> **茶**
> 厦门 te² | 福安 ta²/ta² | 崇安 ta² | 中古音 ɖa 平声
> **芽**
> 厦门 ge² | 福安 nga²/ŋa² | 崇安 ŋa² | 中古音 ŋa 平声
> **下方位**
> 厦门 e⁶ | 福安 a⁶/a⁶ | 崇安 ha⁵ | 中古音 ɦa 上声

A、B 类字的分歧无法用中古音说明。但若着眼于上古音,即可判明 A 类"麻、沙"属上古歌部,B 类"骂、茶、芽、下"则属上古鱼部。

---

① 本小节的内容与 Baxter(1995:401—404)高度重复,但笔者撰写本小节时还不能参考该文,故特此申明。还可参看本书第 1 章的 2.3 小节以及第 12 章的 3.5 小节。

可见,闽语中中古假摄开口二等麻韵字,部分地反映了上古歌部与鱼部之间的区别。另外,A 类与中古果摄开口一等"磨、拖"等字同韵。它们也源自上古歌部。以下以"磨、拖"为例:

磨动词

厦门 bua² | 福安 muo²/muɔ² | 崇安 muai² | 中古音 mɑ 平声

拖

厦门 tʰua¹ | 福安 t'uo¹/tʰuɔ¹ | 崇安 huai¹ | 中古音 tʰɑ 平声

这也证明 A、B 类的分歧源自上古韵部的不同。

根据罗常培、周祖谟(1958：14,22—23,26),来自上古鱼部的中古麻韵字(如"家" *krɑ>ka 平声)与来自歌部的麻韵字(如"加" *krɑj>ka 平声)在西汉到东汉期间合流。[1] 中古假摄开口二等麻韵字 A、B 两类的区别在闽语中皆存在,因此也为原始闽语设定了同样的区别。这样一来,原始闽语至少部分地反映了西汉以前的音韵状态。[2]

4.2.2　原始共同祖语"泉"字读音所反映的年代

能够构拟原始闽语韵母 *ian 的字应该都是属于固有层次的字,如"线、癣、鳝、囝ⵏ子"。因而可以推测能够构拟原始闽语的 *ian 韵的口语字"泉"也属于闽语的固有层次。如 4.2.1 小节所见,原始闽语有可能反映西汉以前的音韵状态。既然如此,"泉"的原始闽语形式 *dziantone1 当然也可以并有必要考虑反映西汉以前读音形式的可能性。

再如 4.1.3 小节所述,原始闽语的"泉" *dziantone1 与原始客家话的"泉" *tsʰAn²(< *tsʰan²)属于同一个方言层次,而可以构拟两者的共同祖语形式为 *dziantone1。原始闽客共同祖语是能够追溯到原始闽语阶段之前的原始语。既然如此,原始闽客共同祖语的"泉" *dziantone1

----

[1]　但上声字发生此变化的时间较晚,魏晋以后才完成。(罗常培,周祖谟 1958：23)

[2]　关于闽语中上古歌部的反映,秋谷裕幸(1994b：22—24)基于前人的学说论述过自己的看法。本书第 12 章则对这个问题展开了较为详细的讨论。

当然也有反映西汉以前音韵状态的可能性。

4.3　小结

本节可以总结如下：

Ⅲ：原始闽语及原始客家话的"泉"字音属于同一个方言层次，可以构拟原始闽客共同祖语的读音形式为 * dzian$^{\text{tone1}}$。

Ⅳ：原始闽客共同祖语的"泉" * dzian$^{\text{tone1}}$ 有可能反映了西汉以前的音韵状态。

5　"泉"字的上古音

就与中古音之间的对应关系而言，"泉"字的上古音也不规则。本节介绍雅洪托夫（1960/1986）及 Baxter（1992）有关"泉"字上古音的研究并做补充。

5.1　雅洪托夫（1960/1986）

雅洪托夫（1960/1986）通过以下三点——（1）中古音系里合口介音 * u 的分布；（2）谐声系列里开合口的严格区分；（3）《诗经》等上古汉语的押韵情况——提出上古祭元部、脂文部、歌部圆唇元音组（祭元部、歌部 * o，脂文部 * u）与非圆唇元音组（祭元部、歌部 * a，脂文部 * ə）两分说。①

据此假说，中古合口舌齿音字可追溯至上古圆唇元音音节。由此，中古合口从母"泉"在上古音中应该带有圆唇元音（"泉"属元部，所以是 * o）。

然而，第一，"泉"在上古汉语中只与非圆唇元音的字押韵。（雅

---

① 下文称之为"唇化元音假说"。据雅洪托夫（1960/1986：70—71），舌尖韵尾前的圆唇元音至少保留到公元前三世纪。关于唇化元音假说及其在闽语里的反映，也参看本书第 8 章。

洪托夫 1960/1986：57—58）①第二，"泉"是"線（线）"的谐声符，
"线"的中古音是可溯及上古非圆唇元音音节的仙韵开口心母 *siɛn 去
声。（雅洪托夫 1960/1986：57—58）由于谐声系列中要严格遵循开
合口（唇化元音假说中的圆唇元音/非圆唇元音）的区别，"泉"与"線
（线）"在开合上一致的可能性很大。

　　根据以上两点，（雅洪托夫 1960/1986：57—58）推测，"泉"字上
古音是带有非圆唇元音的 *dzhi̯an，后因某种不规则的演变，中古阶段
成为了合口韵母。②

5.2　Baxter（1992）

　　Baxter（1992）通过对《诗经》押韵情况的统计处理，精化了雅洪托
夫（1960/1986）的唇化元音假说。在此假说下，与中古音之间对应不
规律的"泉"字读音形式，他为了解释中古的合口介音构拟了带有圆
唇声母的 *Sgʷjan。（Baxter 1992：176,232,385）③

5.3　"钱"的假借用法

　　虽然雅洪托夫（1960/1986）及 Baxter（1992）均未指出，但还有一
个证据表明"泉"的上古音不含圆唇元音（即中古要变为开口字而非
合口字）。原来表示某种｜锄｜的"钱"作为表示｜钱｜的"泉"的假借字

---

　　①　根据 Baxter（1992）的附录 B 列举《诗经》中所有的"泉"字押韵例（编号源自该书
的附录 B）：《邶风・泉水》（39）第四章"泉（ *Sgʷjan）・叹（ *hnans）"，《曹风・下泉》
（153）第一章"泉・叹（ *hnɑn）"、同第二章"泉・叹"、同第三章"泉・叹"，《小雅・小弁》
（197）第八章"山（ *srjan）・泉・言（ *ngjan）・垣（ *wjan）"，《小雅・大东》（203）第三章
"泉・叹"，《大雅・皇矣》（241）第六章"泉・原（ *ngʷjan）"，《大雅・公刘》（250）第三章
"泉・原"、同第五章"泉・单（ *tan）・原"。也可参看本书第 8 章的 2.1 小节。
　　②　和"泉"一样不规则的中古合口字还有魂韵的"存"。（雅洪托夫 1960/1986：57—58）
　　③　大写字母 S-表示（与后续 *g 之间）要发生语音变位（metathesis）。（Baxter 1992：
176）请注意 Baxter（1992）的体系中低元音只有 *ɑ。关于该书的拟音 *Sgʷjan，也可参看本
书第 10 章。

而使用,最后完全取代了"泉"的{钱}义。① 例如《周礼·地官·使徒》之"泉府",郑玄注曰"郑司农云,故书泉或作钱",贾公彦则疏曰"泉与钱,古今异名"。另外《国语·周语》中景王二十一年的"将铸大钱"韦昭注有"古曰泉,后转曰钱"。段玉裁则说:"秦汉乃段借钱为泉。《周礼》《国语》早有钱字,是其来已久。钱行则泉废矣。"(《说文解字注》十四篇上"钱"之注)从以上可推测,在上古汉语中"泉"和"钱"是同音字或近音字。而"钱"的中古音是仙韵开口从母 *dziɛn 平声,可逆推上古音是包含非圆唇元音的 *dzjɑn。② 于是,假设"泉"的上古音是由中古音推测而来的 *dzjon,"钱"→"泉"的假借用法就超越了开合口(按照唇化元音假说即圆唇元音/非圆唇元音)的分野。正如前文所述,根据雅洪托夫(1960/1986)的观点,"泉"的上古音是 *dzjɑn,③与"钱"的上古音完全相同,不难理解"钱"的假借用法。

5.4 "泉"字读音合口化的原因

如 5.1 小节所介绍,雅洪托夫(1960/1986)认为"泉"字读音在上古—中古之间获得了不规则的圆唇成分而变为中古合口韵母。

"泉"自古以来多用在"泉水"或"水泉"等组合中(不管是否已成复合词④)。⑤ 而"水"的上古音 *h[l]juj?、⑥中古音 ɕiui 上声皆含圆唇

---

① 古屋昭弘老师惠教。

② 就根据 Baxter(1992:370—373),中古仙韵开口精组字的上古音来源有 *jɑn、*jen 两种。例如"僭" *sjɑn>siɛn 平声,"鲜" *sjen?>siɛn 上声(Baxter 1992:796)。Baxter(1992)虽未标明"钱"字的上古音,但根据与其谐声的中古仙韵开口从母上声字"践"的上古音 *dzjɑn?(Baxter 1992:767)来推测,可知"钱"的上古音为 *dzjɑn。

③ 这个标音是将雅洪托夫(1960/1986)的 *dzhįan 转换成 Baxter(1992)体系的。下文将使用此标音。

④ 就闽语诸方言而言,至少厦门、福清、福安和崇安方言的"泉"为 free form(自由语素)。

⑤ 《诗经·小雅·四月》(204)第五章有"相彼泉水"。另外《礼记·月令》也有"麛角解,水泉动"。

⑥ 关于"水"的上古音,参看本书第 3 章第 5 节。

成分。"泉"在与"水"组合使用的过程中,逐渐被"水"的圆唇成分同化,形成了合口介音。也就是说,例如"泉水"或许发生了 *dzjan *h[l]juj? (上古音)>dziuɛn 平声 ɕiui 上声(中古音)的变化。①

Baxter(1992)将"泉"字上古音拟为具有复杂声母的 *Sgʷjan,并假设其发生过一次语音变位(metathesis)这种一般不多见的音变过程。但这种拟音很难说明 5.3 小节所见的"钱"字假借用法。另外,上文设想的同化过程并不是不自然的。上古"泉"字音的声母,仍应按照雅洪托夫(1960/1986)的说法拟为 *dz。②

5.5 小结

本节可以总结如下:

Ⅴ:与"泉"字的中古音山摄合口三等仙韵从母相应的上古音当为 *dzjon。但"泉"字的上古音却要拟为带有非圆唇元音的 *dzjan,与中古音不对应。

6 结论

上文第 2 节的Ⅰ及第 3 节的Ⅱ与 5.5 的Ⅴ相符。原始闽语、原始客家话及上古音"泉"字的拟音如下:

原始闽语 *dziɑn^{tone1}

① 此为古屋昭弘老师的观点。此举两个这种同化的例子。中原官话关中片商州方言"苦李子似梅李的水果,比李子小"里的"李"读作[luei^{-21} 连读音]。张成材(2009:92)指出:"'李'读合口"。这个合口成分显然是受了前字"苦"[kʰu³]的同化而形成的。中原官话汾河片合阳方言"手巾子"里的"巾"读作[tɕɣe¹]。对此邢向东、蔡文婷(2010:43)指出:"受'手'的韵尾同化,变作撮口呼。"另外,我们还可以考虑随着{泉水}义"泉"的合口化"泉"字表示{钱}的用法被废除的可能性。

② 笔者认为不是送气音,而是不送气音。

原始客家话 $^{*}\mathrm{ts^{h}An^{2}}(<^{*}\mathrm{ts^{h}an^{2}})$

上古音 $^{*}\mathrm{dzjan}$

中古音 $^{*}\mathrm{dziuen}$ 平声

一方面,原始闽语、原始客家话及上古音的"泉"字韵母都不含圆唇成分,与带有圆唇成分的中古音不对应。其次,它们的实际音值(韵母乃至整个音节)也很相似。另一方面,正如 4.3 的 III、IV 所指出的,闽客语中各种"泉"字读音①的共同来源是原始闽客共同祖语的 $^{*}\mathrm{dzian^{tone1}}$,有可能反映了西汉以前的音韵状态。根据以上内容我们得出结论:

> 追溯至原始闽客共同祖语 $^{*}\mathrm{dzian^{tone1}}$ 而与中古音之间韵母对应不规则的闽语、客家话中各种"泉"字音是上古音 $^{*}\mathrm{dzjan}$ 的反映。

在此还要指出的是,闽客语"泉"字读音可以根据运用唇化元音假说构拟出来的上古音来解释,这反过来可视为雅洪托夫(1960/1986)及 Baxter(1992)的唇化元音假说之妥当的证据之一。另外,5.4 小节中根据雅洪托夫(1960/1986)的观点推测"泉"字上古音声母为 $^{*}\mathrm{dz}$,原始闽客共同祖语的声母应与之一致。

(原载《中国文学研究》1995 年第二十一期:68—83)

Phonology of '泉' in the Mǐn and Kèjiā Dialects

AKITANI Hiroyuki

Abstract: The Middle Chinese form of '泉' is dziuen level tone, however the proto form of '泉' in Proto-Min is $^{*}\mathrm{dzian^{tone1}}$, which has no rounded

---

① 泛指现代诸方言的读音以及原始闽语、原始客家话里的拟音。

feature, unlike MC form. The proto form of '泉' in Proto-Kèjiā is $^*\text{ts}^\text{h}\text{An}^2$, which has no rounded feature also. We can reconstruct the Proto-Mǐn-Kèjiā form as $^*\text{dzian}^{\text{tone1}}$. According to Jaxontov (1960), the Old Chinese form of '泉' has no rounded feature also. Its nuclei must be an unrounded vowel, and be reconstruct as $^*dzhi̯an$. Forms of the Mǐn and Kèjiā dialects reflect the Old Chinese '泉' form which has no rounded feature.

Keywords: Proto-Mǐn; Proto-Kèjiā; Old Chinese; 泉; rounded-vowel hypothesis

第 10 章　构拟"泉"字音

——兼论"同义换读"*

野原将挥

提要　"泉"的中古音是仙韵合口从母。按照唇化元音假设（the rounded-vowel hypothesis），它的上古韵母只能是带有唇化元音 *o 的 *-on。不过，押韵或通假等上古汉语方面的证据都表示它的上古韵母当为带有非唇化元音 *a 的 *-an。可见，"泉"的中古韵母和上古韵母不对应。本章根据以往研究的基础上对此提出一个新观点。"泉"跟"原"意义相近而发生"同义换读"后，"泉"获得了"原"字的读音。换言之，它成了具有 *dzan 和 *ŋʷan 二音的多音字。"泉"的中古合口读音是经过"沾染（contamination）"受了 *ŋʷan 之 *ʷ 的同化而形成的读音。
关键词　上古音　唇化元音假設　闽语　同义换读　沾染

1　"泉"的中古音与谐声关系

1.1　"泉"的中古音和其来源

"泉"的中古音是仙韵合口从母，即 *dzjwen*。从这个中古音来看，

---

　　* 本章初稿在"第二届李方桂学会青年学者研讨会（2018 LFK Society Young Scholars Symposium）"上（2018 年 7 月 12—14 日）宣读。本章承蒙陈丹丹、Guillaume Jacques、李壬癸、沈瑞清、丁邦新、William H. Baxter、Wolfgang Behr、吴瑞文、Zev Handel（按音序排列）等先生提供宝贵的意见和建议，谨此深致谢意。感谢《中国语言学集刊》编辑部及匿名审稿专家的宝贵意见。文中不当之处由笔者负责。本章是科研项目（JSPS KAKENHI Grant Number JP18K12379）的成果之一。

"泉"应该来源于上古元部。中古音-jwen 至少有两个不同的上古来源。其中之一是唇化元音韵母*-on。目前,大部分学者采用六元音系统(the six-vowel system)。雅洪托夫(1960/1986)的唇化元音假设(the rounded-vowel hypothesis)为构拟六元音系统做出了很大的贡献。① 根据六元音系统,上古音元部可以分成三类,如：*-an、*-en 和*-on。另外一个合口来源是圆唇舌根音声母*K^w-。②

如此,"泉"的中古-w-介音应该来源于唇化元音*-on 或者圆唇舌根音*K^w-。下面,我们接着观察"泉"的谐声关系。

1.2 "泉"的谐声关系

"泉"的谐声关系相当复杂,难以判断其谐声关系。下面举几个跟"泉"有关的例子：

表 1　与"泉"有关的字

	中古音	《说文解字》
泉	仙韵合口从母 dzjwen	水原也。象水流出成川形。
厵	元韵合口疑母 ngjwon	水泉本也。从灥出厂下。𠃐(原),篆文从泉。
灥	谆韵合口邪母 zwin	三泉也。闕。
願	愿韵合口疑母 ngjwonH	大头也。从頁原声。
愿	愿韵合口疑母 ngjwonH	谨也。从心原声。
縓	仙韵合口清母 tshjwen	帛赤黄色。一染谓之縓,再染谓之赪,三染谓之纁。从糸原声。

① 譬如,郑张尚芳(2003)构拟出六个元音*i,*e,*a,*o,*u,*ɯ。Baxter 和 Sagart (2014a)也构拟出*i,*e,*a,*o,*u,*ə 的六个元音。关于六元音系统在《诗经》押韵中的表现,请参看 Baxter(1992)。

② 大写 K 表示牙喉音。

根据《说文》可知,现在我们所使用的"原"和"源"这两个字均与"灥"字有渊源。如表 1 所示,许慎说解为:"𤁋(原)是'灥'的篆文。"另外,一般认为"源"可能是后起字。① 请注意,许慎并没有说这些字跟"泉"有谐声关系。

"灥"是中古音谆韵,中古音谆韵字基本上跟上古元部没有关系,"灥"应该归为上古真部或文部。② 因此我们可以排除"灥"跟"泉"互谐的可能性。"灥"大概是会意字。对于其他三个字("願""愿""線"),许慎也根本没有说"泉得声",而说"原声"。③

加之,许慎认为"願"是由"原"得声的。其实,在出土文献中,｛願｝是用"元"声字来表示的。"元"的韵母是上古唇化元音韵母 *-on。与此不同,"原"来源于上古非唇化元音韵母 *-an(参见下文 2.4 小节)。表示｛願｝的"願"字大概是后起字。④

除此之外,据《说文》,"線"是"綫"的古文。虽然许慎没有明确地说"線"是"泉声",不过"線"似乎以"泉"为声符(雅洪托夫 1960/1986:58):

表 2 "線"的中古音以及《说文》的说解

	中古音	《说文解字》
綫	心母线韵 *sjienH*	缕也。从糸戔声。線,古文綫。

其实,在古文献中,由"戔"得声的"錢"似乎也与"泉"有通假关系。⑤

下面,我们接着回顾以往的研究。

---

① 曾宪通、林志强(2010:62)说:"'原'本来就是本源之'源',只因'原'字被用为平原之'原',后人又加'水'旁造出'源'字来表示本源的意思。"可参看段注:"後人以原代高平曰邍之邍,而别製源字爲本原之原,積非成是久矣。"

② "灥"也有昌缘切。

③ 从中古音来看,"線"该是由"泉"得声的。

④ 请参看 Baxter(1992:383)。后汉时,唇化元音 *-on 已经过双元音化(*-on > *-wan)。

⑤ 《周礼·地官》"泉府",郑注:"郑司农云'故书泉或作钱'。"《史记·天官书》"下有积钱",《集解》:"徐广曰古作泉字。"

2　以往的研究

2.1　构拟单辅音声母

"泉"的上古音声母研究可以分为两类：一类构拟单辅音，一类则构拟复辅音。

首先，我们来看构拟单辅音的研究。

Karlgren(1954)把"泉"构拟单辅音 *dz^h-。王力(1980)、董同龢(1948)和周法高(1984)等学者都构拟出与 Karlgren(1954)同样的单辅音。李方桂(1971)和 Schuessler(2009)也不例外。[1] 笔者认为这都是在"泉"中古声母的基础上构拟出来的。将"泉"的中古音从母 dz-上推上古音，"泉"也只能构拟为浊塞擦音 *dz-。请看表 3 所示：

表 3　"泉"：构拟单辅音声母比较

	Karlgren	王力	董同龢	周法高	李方桂	Schuessler	中古音
泉	*dz^h_iiwan	*dziuan	*dz^{h}jwæn	*dzjiwan	*dzjuan	*dzwan R！	dzjwen

Karlgren 给中古全浊声母构拟了送气浊声母，如：定母 *d^h-，並母 *b^h-，群母 *g^h-等。因此，Karlgren 所构拟上古从母也是浊送气音 *dz^h-。除了他和董同龢之外，其他学者都构拟为不送气浊声母 *dz-。

不管怎样，中古从母 dz-基本上归为上古的浊塞擦音 *dz-，这一点没有什么可疑的。问题在于其韵母。除 Schuessler(2009)之外，其他学者的上古音系统没有构拟唇化元音 *o(换言之，没有采用六元音系统)。因此，为了说明中古音合口问题，他们的上古音系统需要一个 *u(*w)介音。如果采用六元音系统，那么就不需要这种介音了。

---

① 其实，Schuessler(2009：273)加了一个符号"R！"。"R！"代表"the unexpected rime and tone are confirmed by a rhyme in poetry"。关于"泉"的押韵及其元音，可参看下文 2.3、2.4 小节。

与这种构拟不一样,近年有些学者给"泉"字构拟了复辅音声母。下面我们再来看看构拟复辅音学者的观点。

2.2 构拟复辅音声母

如上所述,在 20 世纪中叶,大部分学者给"泉"的声母构拟浊塞擦音 *dz-等。不过,近年来 Baxter(1992)、郑张尚芳(2003)、Baxter 和 Sagart(2014a)等学者将其构拟为复辅音声母 *sg^w-或 *s-N-G^w-,如表 4 所示:

表 4 "泉":构拟复辅音声母比较

	Baxter(1992)	郑张尚芳(2003)	Baxter 和 Sagart(2014a)
泉	*Sg^{w}jan	*sg^{w}en	*s-N-G^{w}ar

Baxter(1992:176)把"泉"构拟为 *Sg^{w}jan。大写 *S-是为了区分大写 *S-和普通的 preinitial *s-。[1] 在 Baxter(1992)的系统中,大写 *S-有导致发生换位(metathesis)的作用。不过,Baxter(1992:176)没有明确地说明发生换位的具体环境。[2]

Baxter 和 Sagart(2014a:258)的观点跟之前的研究有些不同,他们好像认为"泉"和"原"有谐声关系,源于同一个词根:

表 5 "泉"和"原"

	上古音	中古音	普通话	
泉	*s-N-G^{w}ar	>	*dzjwen*	>	quán	'spring, source'
原	*N-G^{w}ar	>	*ngjwon*	>	yuán	'spring, source; origin'

按 Baxter 和 Sagart(2014a)的系统,*s-N-G^w-这个声母应该变为

---

① The preinitial *s-基本上出现于 *sm-、*sn-、*sl-等结构中。*s-后面的成分往往会脱落(也有 *s-脱落的,如:塞音前的 *st-等)。

② Baxter(1992:176):"the conditions for these metatheses are not clear."

中古邪母 z-。但是"泉"却是中古从母 *dz-*。因此需要假设一种例外的音变。[1]

与此不同,郑张尚芳(2003/2013：300)认为"泉"和"原声字"没有谐声关系。他却认为"泉"与"線""蠡"之间有谐声关系。由此郑张尚芳(2003/2013：300)给"泉""線""蠡"三个字构拟了前元音 *e。[2]

2.3　唇化元音假设(the rounded-vowel hypothesis)和"泉"的合口来源

2.3.1　唇化元音假设(the rounded-vowel hypothesis)

其实,Baxter(1992)和 Baxter、Sagart(2014a)所构拟的复辅音声母都可以圆满地解释"泉"的上古音变为中古音合口的原因。为了说明这一点,我们首先要看唇化元音假设(the rounded-vowel hypothesis)的主要内容。

雅洪托夫(1960/1986)首先提出唇化元音假设,是为了说明中古音合口的分布、谐声关系和押韵等问题。譬如,中古音 -*ng* 收尾的合口字只限于中古音唇音声母和牙喉音声母[唐韵-*wang*、登韵-*wong*、庚韵-*wɛng*、耕韵-(*j*)*wæng*、阳韵-*jwang*、蒸韵-*wing*、清韵-*jweng* 和青韵-*weng*]。反之,中古音系统里没有 *twong* 和 *twang* 等音节(即没有以舌尖音为声母,以舌根音为韵尾的合口呼音节)。为了解释这个分布,目前大部分学者采用了圆唇舌根音 *Kʷ*-的构拟,把 *ʷ* 视为中古合口的来源。

虽然中古音系统里没有 *twong* 和 *twang* 等音节,但却有 *twon* 和 *twan* 等音节。这些以舌尖音收尾(-*n*,-*t* 等)的合口字不存在声母配

---

[1]　Baxter 和 Sagart(2014a：357)说:"泉 quán *dzjwen* < *s-N-Gʷar(we would expect z-)."
[2]　其实构拟前元音 *e,我们认为还有点问题。根据《诗经》等押韵,"泉"的元音该是低元音 *a(参看下文 2.4 小节)。

合方面的限制。有趣的是在古诗里非唇化(开口)kang(<*kˤang)跟唇化(合口)kwang(<*kʷˤang)相押,[①]非唇化(开口)tan 和唇化(合口)twan 却不相押。这说明上古时代没有 w 介音,以舌尖音为声母和韵尾的字有过唇化元音 *o、*u,如:"短" *tˤorʔ。这些唇化元音韵母通过双元音化(*-on>-wan)产生 w 介音。目前,大多数上古音学者采用这种唇化元音的假设。[②]

总之,中古合口呼有两个不同的来源,一个是圆唇舌根音 *Kʷ-,另一个是唇化元音 *o 等。表 6 是其音变过程。

表 6　中古合口呼的来源:*Kʷ-和 *-on

	上古音		中古音		普通话	
干	*kˤans	>	kanH	>	gàn	开口
贯	*kˤons	>	kwanH	>	guàn	合口1=唇化元音
官	*kʷˤan	>	kwan	>	guān	合口2=圆唇舌根音声母
单	*tˤan	>	tan	>	dān	开口
端	*tˤon	>	twan	>	duān	合口1=唇化元音
	~~*tʷˤan~~	>	~~twan~~	>	~~duān~~	~~合口2=圆唇舌根音声母~~
						(不存在 *tʷˤan 这种音节)

可见,关于中古音合口字的来源,在声母和元音之间有一定的"互动关系"(参看表7)。

2.3.2 "泉"的合口来源:声母和元音的"互动关系"

由于声母和元音之间存在"互动关系",所以如果我们给"泉"构拟舌尖塞擦音 *dz-,那么其元音应该是唇化元音 *o(假设1)。如果构拟圆唇舌根音 *Kʷ-,不需要构拟唇化元音 *o,而应该是非唇化元

---

① 在谐声关系上,唇化音节和非唇化音节的区分相当清楚,互不谐声。
② 关于六元音系统,也可以参看 Ho(2016:175—230)。

音＊a,反之亦然(假设2)。如果构拟非圆唇舌根音＊K-,那么我们应该构拟唇化元音＊o(假设3),请看表7:

表 7　"互动关系"

	声母		元音
假设 1	＊dz-	→	＊o 唇化元音
假设 2	＊Kʷ-	⇆	＊a 非唇化元音
假设 3	＊K-	→	＊o 唇化元音

如上所示(2.1小节和2.2小节),除了Schuessler(2009)之外,构拟单辅音＊dz-的学者为了说明中古音合口的问题,都构拟了＊w介音(相当于六元音系统的唇化元音＊o)。

构拟复辅音(包括圆唇舌根音＊Kʷ-)的Baxter(1992)、郑张尚芳(2013)和Baxter、Sagart(2014a)则构拟非唇化元音＊a或＊e。

构拟唇化元音＊o好还是非唇化元音＊a好?为了解决这个问题,下面我们来看《诗经》的押韵情况。

2.4　"泉"在《诗经》中的表现

为了构拟"泉"的主元音,我们要整理"泉"在《诗经》中的情况。在《诗经》中,"泉"往往跟"言""山""垣""原""單""歎""嘆"等字押韵。

"泉"的押韵例:

(1) 莫高匪山,莫浚匪 泉 ,君子無易由言,耳屬于垣。(《诗经·小雅·小弁》)

(2) 有冽氿 泉 ,無浸穫薪,契契寤歎,哀我憚人。(《诗经·小雅·大东》)

(3) 無飲我 泉 ,我泉我池,度其鮮原。(《诗经·大雅·皇矣》)

（4）觀其流 泉，其軍三單，度其隰原。（《诗经·大雅·公劉》）

（5）我思肥 泉，茲之永歎。（《诗经·邶风·泉水》）

（6）冽彼下 泉，浸彼苞稂，愾我寤嘆，念彼周京。（《诗经·曹风·下泉》）

"山""言""垣""原""單""歎""嘆"之中，"言""山""單""歎""嘆"是中古开口字。这些字只能来源于上古的非唇化元音 * a。其上古音分别是 * ŋa[n]、* s-ŋrar、* Cə. tˤar、* ŋˤar-s、* ŋˤar-s。虽然"垣"和"原"是中古音合口字，不过从《诗经》的押韵情况来讲，①"垣"和"原"都来自上古的非唇化元音 * a，其声母自然是圆唇舌根音声母 * Kʷ-。其上古音分别是 * [ɢ]ʷar、* N-Gʷar。其实，雅洪托夫（1960/1986：58）早就指出过"泉"是非唇化字，即 * dzhi̯an。②

除此之外，闽语的"泉"字音也是值得关注的。

2.5 "泉"在闽语中的情况

秋谷裕幸（1995a：68—83）（本书第 9 章）③曾探讨闽语和客家话的"泉"字音，发现闽语和客家话中还存在着唇化、非唇化元音之间的对立。他认为闽语和客家话共同祖先语的"泉"该是 * dzian^tone1，即非唇化元音，④这个 * dzian^tone1 追溯到上古的 * dzjan。虽然"泉"的中古音是仙韵合口从母，不过闽语中"泉"字的韵母与其他仙韵合口字不同，而与开口字相同，请看表 8：⑤

---

① "原"跟"安""軒""閑""憲"等非唇化字相押（《诗经·小雅·六月》），"垣"也跟"山""言"等非唇化字相押（《诗经·小雅·小弁》）。

② 雅洪托夫（1960/1986：58）说："由此可见，无论是押韵，还是形声字都表明，'泉'和'存'在上古有过非唇化主元音（读音分别为 * dzhi̯an 和 * dzhən）。"他还指出"泉"跟"線"有谐声关系。

③ 本书的第 9 章是秋谷裕幸（1995a）的汉译。

④ 也可以参看 Norman（1981：61—64）。

⑤ 闽北的开口字有[y]音，这是后起的，可参看秋谷裕幸（1995a：69）（本书第 9 章）。

表 8　闽语的"泉"字音①

	仙韵合口字				仙韵开口字			
	泉	全	旋	轉	捲	線②	癬	鱔	圈
厦门	tsũã²	tsŋ²	tsŋ⁶	tŋ³	kŋ³	sũã⁵	tsʰũã³	tsʰũã⁶	kĩã³
福安	sian²	tʃun²	——	tun³	kun³	sian⁵	——	tʃʰian⁶	kian³
崇安	tɕyaiŋ²	(lyeiŋ²)	tɕyeiŋ⁶	lyeiŋ³	kyeiŋ³	(suaiŋ⁵)	tɕʰyaiŋ³	çyaiŋ⁶	kyaiŋ³

　　根据秋谷裕幸(1995a),闽语和客家话之共同祖语的"泉"字读音是开口呼。这支持了"泉"的上古元音为非唇化元音 *a。另外,本书第 3 章分析了闽语和上古音中唇化、非唇化元音之间的关系,认为现代闽语还保存着上古唇化元音和非唇化元音之间的对立。

　　从《诗经》的押韵以及上古音与闽语之间的关系来讲,"泉"当源自上古非唇化元音 *a。因此,如果没有发生例外音变,"泉"的上古声母只能是圆唇舌根音声母 *Kʷ-(参看表 7,假设 2),其上古音可能是 *s-N-Gʷar(Baxter & Sagart　2014a)。另外,我们还要承认"泉"和"灥""原""源"之间的谐声关系。

　　下一节,我们接着观察"泉"在出土文献中的情况。

3　"泉"在出土文献中的情况

3.1　"泉"的甲骨文

　　下面,我们来看出土文献中的"泉"和"原"声字。"泉"原是象形

---

①　秋谷裕幸(1995a：68—83)(本书第 9 章)。

②　"線"的原始闽语形式是 *sianᵗᵒⁿᵉ³。(Norman 1981：61—64)可见,"泉"和"線"的原始闽语都是非唇化元音 *-ian。如上所示,《说文》说解为"線"是"綫"的古文,与原始闽语的情况不谋而合。

字,其甲骨文见例(7)、例(8):

(7) 〔图〕 乙卯贞今者〔图〕(?)|泉|來水羨①(《合集》10156)

(8) 〔图〕 戊子贞其寮于洹|泉|②(《合集》34165)

第一个"泉"字应该表示其本义,即{泉}。第二个"泉"字表示"洹水之{源}"。可见,在甲骨文中"泉"也可以表示中古音疑母 *ng-* 的{源}。这个例子支持给"泉"构拟圆唇舌根音声母 *Kʷ- 的假设,也说明"泉""原"和"源"可能有渊源关系。

下面,我们再从战国竹简等资料看看这几个字的相关情况。

3.2 战国竹简等文献里的"泉"

其实,在战国竹简中,有不少跟"泉""原"有关的字。这些字之间似乎有通假关系,请看例(9)—例(18)的例子:

(9) 〔图〕 窮|漡|(源)反本者之貴(郭店楚简《成之闻之》14)

(10) 〔图〕 窮|藻|(源)反本者之貴(郭店楚简《成之闻之》11)

(11) 〔图〕 又(有)爲人之|蒝|(愿)女(如)也③(郭店楚简《性自命出》47)④

(12) 〔图〕 □□|泉|所曰聖人⑤(上博楚简《容成氏》33)

(13) 〔图〕 寒|漡|(泉)食⑥(上博楚简《周易》45)

(14) 〔图〕 者(諸)侯同累(盟)于鹹|泉|以反晉(清华简《系年》103)

---

① {羨}是水流泛滥之义。

② "寮"是祭名。

③ "愿如"是"谨慎兒"。

④ 郭店楚简《性自命出》与上博楚简《性情论》对应,不过上博楚简的这个部分看不清楚。

⑤ 有些学者把"泉"字隶定为"淵"字。不过楚简一般用"淵"字的古文来表示{淵},如:〔图〕(上博楚简《君人者》2)。也参看《说文》:"淵,回水也。从水,象形。左右,岸也。中像水兒。淵或水省。〔图〕,古文。从口,水。"

⑥ 马王堆帛书《周易》把它写成"漡",今本《周易》作"泉"。

（15）🈳　元年克⬚蒐⬚(原),五年啓東道,克曹(清华简《晋文公入于晋》7)

（16）🈳　陳⬚泉⬚邑人(包山楚简 86)

（17）🈳　登(鄧)⬚潕⬚(包山楚简 85)

（18）🈳　屈(掘)遝⬚泉⬚(睡虎地秦简《日书》甲 37b2)

与甲骨文相同,在战国竹简中,由"泉"得声的字可以表示{源}〔例(9)、例(10)〕。据此,在楚简中"泉"读为{源}应该没有问题。

就例(11)的从屮泉声字,学者的观点不一。赵建伟(1999：39)认为"蒐"通假为"恮"。① 廖名春(2001：162)则读为"原如",即"願如"。陈伟(2002：206)提出释"原"读为"愿({老实})"或读为"淵({深沈})"的可能性。我们可以排除读为{恮}和{願}的可能性,因为"恮"和"願"都来自上古的唇化元音 * o。如上所说,从押韵来看,"泉"或"原"该是非唇化元音 * a。加之,{願}在战国楚简中往往写成由"元"得声的字,②而"元"也是上古的唇化元音 * o。

清华简和包山楚简的"泉""蒐""潕"都出现在地名和人名〔例(14)、例(15)、例(16)、例(17)〕。而睡虎地秦简的"泉"字应该为其本义,即{泉}。

下面我们来看出土文献中的"原"字。《说文》指出"原"是"㮍"的篆文。③ 有趣的是在楚简中,"泉"声字往往表示本源之{源},反而"原"字本身很少出现。

金文和战国竹简中的"原"：

（19）🈳　奉(封)于⬚原⬚道(《散氏盘》)

（20）🈳　⬚原⬚人虞艻(《散氏盘》)

---

① 《说文》："恮,谨也。"

② 上博楚简《孔子诗论》14："以鎏(琴)瑟(瑟)之敚(悦),疑(擬)好色之🈳(願)。"

③ 《说文》："水泉本也。象水流出成川形。🈳(原),篆文从泉。"

（21）〔图〕 乃東伐齊灌之戎爲敿（徹）……　原　（清华简《郑文公问太伯》甲8）

（22）〔图〕 必達於豊（禮）樂之　蓲　（源）（上博楚简《民之父母》2）

（23）〔图〕　原　埜（野）如廷（睡虎地秦简《为吏之道》28）

（24）〔图〕　原　者署人殴（也）（睡虎地秦简《法律答问》196）

金文（《散氏盘》）和清华简《郑文公》的"原"都出现在地名［例（19）、例（20）、例（21）］。① 从屮原声的"蓲"读为｛源｝［例（22）］。

秦简的"原"是原野之｛原｝［例（23）］。段玉裁也指出过"原"被用为平原之｛原｝后，后人再加"水旁"造出"源"字来表示本源之｛源｝。可见，秦人已经用"原"字来表示平原之｛原｝。关于"原者署人"之"原"，学者意见不一，难以断定其义［例（24）］。② 除此之外，在清华简《越公其事》10中有"备"字（〔图〕），整理者认为："备，'邍'之省略。平邍，古书多作'平原'。"③

另外，邬可晶、郭永秉（2017：225—238）指出：例（10）、例（15）、例（22）的字不是从屮泉声的，这些字的上部该是声符"屵"。也认为这跟楚简中的"屮"头的写法不相同。这个意见值得考虑，不过，我们不能接受把"屵"看作其声符的想法。因为"屵"该有唇化元音 *o，④ 不能作为非唇化元音 *a（"原"）的声符。

如此，"泉"除了地名等之外，既可表示泉水之｛泉｝，又可表示本源之｛源｝。因此我们似乎不能否认"泉"和"原"之间的谐声关系。

---

① 还要指出的是《散氏盘》中既有"原"字［例（19）、例（20）］，也有"𣲠（㴋）"字，如："登于厂〔图〕（㴋）"。

② 整理者读为"察"。俞伟超（1985：31）指出"原"有"宽宥刑罪"之义。陈伟（2016：258）则说："简文'原'恐指故意令囚逃脱。"

③ 清华简《越公其事》10"虘（且）皮（彼）既大北於坪（平）备（原）。"

④ "屵"在出土文献中通假为唇化元音字，如"屵"读为｛患｝等 *o。关于"屵"的问题，可参看本书第6章。

4 "泉"的上古音与"同义换读"

虽然笔者已经说过在"泉""原""源"之间似乎存在谐声关系,也可能有渊源。不过,笔者对其谐声关系,和构拟 *s-N-g^w-或 *sg^w-等复辅音声母的可行性存疑。因为上古音系统里 *s-N-g^w-或 *sg^w-等复辅音声母并不多,虽然不少上古音学者提出过几个 *sK(^{w})-等复辅音声母的例子(演变为中古音塞擦音的),①不过与其平行的例子极少。在此,还是要考虑给"泉"构拟舌尖塞擦音声母 *dz-的可能性。

问题在于"泉"的中古音合口呼。通过上面对《诗经》押韵和闽语等情况的分析,可以肯定"泉"的上古音是非唇化元音韵母 *an,这个 *an 有可能经过一种例外音变,变为中古的合口呼 wan。

4.1 秋谷裕幸(1995a)的观点

其实,秋谷裕幸(1995a)(本书第 9 章)已讨论过"泉"字合口呼的来源。该文认为"泉"字合口化的原因是"同化"。"泉"往往跟"水"构成复合词,如:"泉水"或"水泉"。"水"的上古音是 *s. turʔ。②"水"的唇化元音影响到非唇化元音的"泉"字音。就是说,"泉"字可能通过 *dzan *s. turʔ>*dzwan *s. turʔ("泉水")的同化,演变为中古合口呼。③ 秋谷裕幸(1995a)的说法当然是讲得通的。这种同化现象是自然的,也是常见的。

不过,本章还要提出另外一个可能性,即"泉"经过"同义换读"变为合口的可能性。

---

① 可以参看 Bodman(1980: 63—68)。

② 关于"水"的上古音,请参看本书第 3 章第 61 页。所谓"T 类声母"可参看野原将挥(2009,2015,2017)。也可参看本书第 2 章。

③ 秋谷裕幸(1995a: 78)也参考了古屋昭弘老师的意见。除"泉水"等之外,还有"源泉"等复合词。

4.2 同义换读

虽然在研究上古音中,通假和形声字是最重要的材料之一。不过在古文献中,似乎有很多跟音韵上没有关系的换读现象。这些现象叫作"同义换读",又称为"义通换读",是沈兼士(1986:311—314)首先提出的一个概念。[①] 裘锡圭(1988:219)也指出:"有时候,人们不管某个字原来的读音,把这个字用来表示意义跟它原来所代表的词相同或相近的另一个词(一般是已有文字表示的词)。这两个词的音可以截然不同。"

在古文献中,"同义换读"的现象不一定是特别的。譬如,裘锡圭(1988:220—222)指出"俛"和"頫"换读为"俯","圩"换读为"围","石"换读为"儋","腊"换读为"臘"等。虽然由"免"得声的"俛"、由"兆"得声的"頫"、由"府"得声的"俯",这三个字的字音截然不同,不过"俛"和"頫"换读为"俯",这是因为"俛""頫"和"俯"三个字原来是同义的。其中,"頫"在广韵里有两个反切,与"俯"同音的"方矩切"和"他弔切"。除此之外,在汉语方言中也有像同义换读的现象,譬如李荣(1980/1985:125)提出"田"字在闽语中训读为"塍"等。[②]

本章将"借用意义相同或相似的词(或字)来表示另外一个词"的现象叫作"同义换读"。

4.2.1 "滄"与"寒"

除了这些在传世文献中的例子之外,我们在出土文献中也可以看到"同义换读"的现象。譬如:"滄"字在楚简中读为{寒}。郭店简

---

① 吕叔湘(1980:31)指出汉语的"同义换读"相当于日语中的"训读"现象。他说:"这种现象就是日本人所说的'训读',借用汉字代表日语的字眼,不取汉字的音而用原有字眼的音来读,例如写'人',可是读 hito,写'山',可是读 yama。"除此之外,河野六郎(1978/1994:45—68)指出六书之中的"转注"相当于日语的"训读"(其实最早把"转注"解释为"训读"的是 Nakahara Yomokuro 1982:x)。也可以参看大西克也、宫本彻(2009:170—171)。

② 李荣(1980/1985:125)把这种现象叫作"同义替代"。

《缁衣》10"晋冬旨凔",与此对应的上博楚简《缁衣》6 号简作"晋冬耆寒"。关于"凔"读为{寒}的释读,其实有很多不同的意见,如"異文""用字习惯""讹变"等。其实,"凔"本身有{寒}义(《说文》:"凔,寒也。")。所以不好确定能否把这个现象看作"同义换读"。不过,上博楚简《柬大王泊旱》的句子,大家都把它看作"同义换读"的现象,请看例(25):

(25)"凔"读为{汗}

王 凔 (汗)至緅(帶)(上博楚简《柬大王泊旱》1—2)

陈剑(2005)指出"倉"声字在楚文字中可以当作"寒",由于"寒"与"汗"古音相同,"寒"该读为{汗}。陈斯鹏(2011:77—81)认为"'凔'可以用来表示{汗}。这表明,楚人确实是把'凔'作为{寒}这个词的书写形式来使用的,所以它可以读'寒'音,从而才可以假借来表示读同'寒'的{汗}。'凔'既可表示{寒}又可表示{汗},这分别是同义换读的直接和间接结果。"这种现象是"X 同义换读为 Y 后,再假借为 Z"的同义换读。[1]

4.2.2 "坐"與"跪""危"

"坐"字在楚简中表示{坐}之外,还可表示{跪},而进一步通假为{危}。这也是"X 同义换读为 Y 后,再假借为 Z"的现象,如例(26):

(26)"硰"读为{危}

邦家之 硰 (危)安存亡(上博楚简《凡物流形》甲 26)

在楚简中,"坐"声字表示{坐},也可表示{跪}。"坐"的上古音

---

[1] 俞绍宏、王娅玮(2017:231—232)指出"同义换读"有两种形式,一种形式是"X 假借为 Y 后,再同义换读为 Z"。另一种是"X 同义换读为 Y 后,再假借为 Z"。"凔"读为{汗},为后者。关于"凔"和"坐"的同义换读,也可参看大西克也、宫本彻(2009:103—104)。

是歌部从母,即 *[dz]^{ʕ}o[j]ʔ。"跪"的上古音则为 *[g](r)ojʔ。"坐"读为{跪}不可能是假借,这应该是"同义换读"的例子。在例(26)中,"坐"同义换读为"跪"后,再假借为"危"。"危"的上古音是歌部疑母,即 *[ŋ](r)[o]j。这相当于"X 同义换读为 Y 后,再假借为 Z"的例子。

这个现象跟"泉""源"的关系有相似之处,详见表 9 所示:

表 9 "坐"和"泉"的"同义换读"

字	→	中介词①	→	词
坐、矬 *[dz]^{ʕ}o[j]ʔ	同义换读	跪 *[g](r)ojʔ	假借	危 *[ŋ](r)[o]j
泉 *dzan	同义换读	源 *ŋ^{w}an	假借	原、愿 *ŋ^{w}an、 *ŋ^{w}an-s

4.2.3 "泉"与"原""源"

在出土文献中,"泉"既可表示"泉水"之{泉},又可表示"本源"之{源}。因此有些学者把它看作通假。不过,笔者认为"泉"和"源"在意义上有相同之处,所以可以认为"泉"和"源"的关系也是一种"同义换读"的现象(如表 9)。就是说,因为"泉"与"源"的意思相当接近,所以"泉"字既可以表示泉水之{泉},也可以表示本源之{源}(也可以假借为{原$_{原野}$}等)。

"泉"可以说是"一字多义"或"一字多音"的字。换言之,"泉"字至少代表两个不同的读音,一种是泉水之{泉}的读音,即 *dzan。另一种是本源之{源}的读音,即 *ŋ^{w}an。当读者看到"泉"字时,他必须按照上下文确定要读哪一个,读 *dzan 还是读 *ŋ^{w}an。这个"同义换读"的关系产生了"泉" *dzan 变为合口呼的环境。在这种环境下,非唇化的"泉"变为唇化音(*dzan > *dzwan),最后再变为中古合口呼。

---

① 为了方便,"X 读为 Y 后,再假借为 Z"的"Y"的部分叫做"中介词"。

这个现象也许是一种"沾染"（contamination）。① 在大部分方言中（包括中古音），"泉"字音是"被沾染形式（contaminated form）"。然而，在闽语和客家话中的"泉"字音是没有被沾染的形式。

5 结语

根据《诗经》的押韵情况，"泉"和"原"声字应该都是非唇化元音 *a。这一点也可从闽语和客家话里的读音得到支持。因此，我们可以排除把这些字构拟为唇化元音 *o 的可能性。不过，"泉"的中古音无疑是合口呼。为了说明这一点，Baxter 和 Sagart（2014a：258）认为"泉"和"原"有渊源关系而给它们构拟了圆唇牙喉音声母 *Kʷ-（"泉"为 *s-N-gʷar、"原"为 *N-gʷar）。

与此不同，雅洪托夫（1960/1986）、秋谷裕幸（1995a）（本书 9 章）并没有构拟圆唇舌根音 *Kʷ-。秋谷裕幸（1995a）认为"泉" *dzan 经过"同化"变为中古合口呼。本章则认为"泉"和"原"并没有谐声关系，"泉"的上古声母是 *dz-，其韵母是非唇化元音韵母 *-an。② "泉" *dzan 变为中古合口呼是因为"泉"可表示带有圆唇舌根音声母的 ｛原｝、｛源｝（即"同义换读"），"泉"也在这个环境下受到其影响而变为中古合口呼。换句话说，因为"泉"和"源"有相似的意义，所以

---

① "沾染（contamination）"也可以叫"污染"。"沾染"其现象有点像"紧缩（blending）"。在中国方言中，有很多经过"紧缩（blending）"的词形，可参看岩田礼（2007：111—138）。不过"沾染"跟"紧缩"还是不相同的。在印欧语中，我们可以看到相似的现象，如：female 来源于 *femelle，因为已有 male 这个词，*femelle 变为 female。在"第二届李方桂学会青年学者研讨会（2018 LFK Society Young Scholars Symposium）"上，Guillaume Jacques 教授给笔者提供了这个珍贵的意见，在此表示感谢。文中不当之处由笔者负责。

② 在传世文献中，"泉"与｛钱｝有通假关系（参看第 196 页脚注⑤）。这也支持把"泉"拟为 *dzan 的观点。

"泉"经过"沾染"(contamination)变为唇化元音。① 如此,上古汉语中有不少跟音韵上没有关系的换读现象。构拟上古音时,我们可以参考这些语音之外的现象。

(原载《中国语言学集刊》(*Bulletin of Chinese Linguistics*),2019(12):74—87)

The Reconstruction of the word *Quán* "Spring, Source": *dzan

NOHARA Masaki

Abstract:The word for Quán 泉, meaning "spring, source," had the medial -w- (*dzjwen*), which is called Hékǒu in Middle Chinese. It originated from the rounded vowel *o in Old Chinese. However, based on the Shījīng (Book of Odes) and the data from Min dialects, it must be concluded that the word Quán did not have the rounded vowel *o, but the unrounded vowel *a in Old Chinese. This chapter proposes a new viewpoint based on previous research. After undergoing a process of "semantic loan", Quán acquired the pronunciation of the character Yuán 原 due to their similar meanings. In other words, it acquired two readings, *dzan and *ŋ^{w}an. The Middle Chinese pronunciation of Quán is a result of contamination (*dzan > *dzwan > *dzjwen*).

Keywords:Old Chinese phonology; Min dialects; excavated documents; semantic loan; contamination

---

① 一般说来,"沾染"出现于反义词、数字等。这些词意义相近,也并排在一起,这是个很重要的特点。从这个角度来看,如秋谷裕幸(1995a)所说,"泉水""水泉"等复合词的存在也可能促进"泉"的合口化。

第 11 章 上古前元音假说与闽语中
"面"和"眠"的读音

野原将挥　秋谷裕幸

提要 "面脸"和"眠"的上古音分别是 *C. me[n]-s 和 *m^{ʕ}i[n]。原始闽语形式则为 *mhin$^{\text{tone3}}$ 和 *min$^{\text{tone1}}$。原始闽语的主要元音 *i 可以理解为上古前元音 *i 或 *e 之前高或前半高舌位的反映。

关键词　闽语　上古音　面　眠　前元音假说

1　引言

　　闽南区厦门方言{脸}说"面"[bin^6]。"面"的中古音是山摄去声三等线韵明母重纽四等（*mjienH*）。{做梦}则说"眠梦"[bin^{2}ban^6]。"眠"的中古音是山摄平声四等先韵明母（*men*）。厦门方言中山摄三四等帮组字一般不读[in]韵。可以说,厦门方言中"面""眠"字的读音都较为特殊。其他闽语方言中"面"和"眠"往往也有同样性质的读音出现。

　　我们认为"面"和"眠"的这种特殊读音与上古前元音 *e 和 *i 有关。

2　上古音前元音假说

　　我们首先简述前元音假说（the front-vowel hypothesis）的主要

内容。①

上古六元音体系(＊i、＊e、＊a、＊o、＊u、＊ɯ)②的要点之一是唇化元音＊o 和＊u,尤其是＊o 的构拟。

另外一个要点则是前元音＊i 和＊e,尤其是＊e。因为＊e 的构拟要伴随着元部、月部、祭部、宵部、药部、谈部、盍部的再分部。比如,元部要构拟＊an、＊en 以及以唇化元音为主要元音的＊on,③宵部除了＊aw 以外还要构拟＊ew,药部除了＊awk 以外还要构拟＊ewk。Baxter(1992:87—137,375—379,397—402,429—430,442—443,529—530)进行统计分析证实了这种再分部的正确性。

前元音假说首先假设中古四等韵是以 e 为主要元音的洪音,而这个 e 主要源自上古前元音＊e 和＊i。④ 这就是前元音假说的核心内容之一。比如,中古齐韵 kej"鸡"和"稽"的上古音分别是＊kˤe(支部)和＊kˤij(脂部);中古霰韵ʼenH"宴"和"咽"的上古音分别是＊ʔˤe[n]-s(元部)和＊ʔˤi[n]-s(真部)。

其次,前元音假说认为中古重纽四等源自上古前元音＊e 和＊i(没带＊r 的＊i)。比如,中古狝韵重纽四等"遣"的上古音是＊[k]ʰe[n]ʔ,以前元音＊e 为主要元音,中古仙韵重纽三等"乾"的上古音则是＊[g](r)ar,以低元音＊a 为主要元音。

以上内容根据 Baxter 和 Sagart(2014a:203—207)。

另外,还值得关注的是中古二等重韵的对立往往追溯到上古＊a 和＊e 之间的对立或者＊e 和＊i 之间的对立。试比较:

---

① 较早时期前元音假说所说的前元音只指＊e。如 Baxter(1992:240—247)和白一平(1994:51—53)都没有涉及＊i。

② 关于上古六元音体系学说的形成过程,参看姚荣松(2019)。

③ 此处不考虑＊r 韵尾。

④ 一部分 e 源自＊ə,此时声母和辅音韵尾一般都是锐音(acute initials),可参看Baxter(1992:251—252)。

	上古音	中古音
败	*pˤra[t]-s(祭部)	baejH(夬韵並母)
椑	*C.[b]ˤre-s(支部)	beajH(卦韵並母)

街	*[k]ˤre(支部)	kea(佳韵见母)
皆	*kˤrij(脂部)	keaj(皆韵见母)

姦	*[k]ˤran(元部)	kaen(删韵见母)
間	*kˤre[n](元部)	kean(山韵见母)

总之,上古前元音的功能是多方面的。上古音系不可或缺前元音 *i 和 *e。

3 "面"

我们首先分析上古音和闽语中"面"字的读音。

3.1 "面"的上古音

"面"的中古音是山摄去声线韵明母重纽四等(mjienH)。因为是重纽四等,"面"的上古韵母应该是带有前元音 *e 的 *en。在传世文献中,"面"常常也跟带有前元音的词通用。

《说文》给"偭"字说解为:"乡也。从人面聲。少儀曰'尊壺者偭其鼻。'"《礼记·少仪》:"尊壺者面其鼻","偭"作"面"。郑玄注:"鼻在面中,言乡人也。""乡"指的是{向}。"偭"的中古音是山摄上声狝韵明母重纽四等(mjienX)。"偭"的上古韵母显然带有前元音 *e 的 *en。

《尚书·吕刑》:"泯泯棼棼。"《汉书·叙传下》:"湣湣棼棼。"《论衡·寒温》:"蚩尤之民,湎湎芬芬。"虽然《汉书》和《论衡》的年代较新,但这两种文献里"泯"作"湎"的现象还是值得一提。"泯"的中古音是臻摄平声真韵明母重纽四等($mjin$)以及臻摄上声轸韵明母重纽四等($mjinX$),都源自上古真部 *in。而"湎"的中古音是山摄上声狝韵明母重纽四等($mjienX$),显然源自带有前元音 *e 的 *en。

与"泯"的中古音同音的"黽""僶"和"勔"有异文关系,如《尔雅·释诂》:"亹亹,蠠没,孟,敦,勖,钊,茂,劭,勔,勉也。"郭璞注:"蠠没,犹黽勉也。"《经典释文·尔雅音义下》卷二十九:"勔:作'僶'。又作'黽'、'泯'。彌兖反。"

"黽"与"密"也有异文关系,如《诗经·小雅·十月之交》:"黽勉從事。"①《汉书·刘向传》"黽勉"作"密勿"。(王光谦 1987:681;马瑞辰 1989:130)此外,《诗经·邶风·谷风》:"黽勉同心。"②《韩诗》《鲁诗》也作"密勿"。③ "密"的中古音是臻摄入声质韵明母重纽三等(mit),当源自上古质部 *mri[t]。《经典释文·尔雅音义上》卷二十九:"蠠:彌畢反。又亡忍反,本或作蠠。說文曰蠠古蜜字。""蠠"与"蠠"和其古文"蜜"有异文关系。"蜜"的中古音是臻摄入声质韵明母重纽四等($mjit$),也来源于上古质部 *mit。

可见,据传世文献,与"面"有关的字在上古音当中都读 *en 或 *in,带有前元音。

下面接着分析出土文献中的例子:

(1)四马之凵面(鞔)(包山楚简 271)

(2)白金面鈞(勒)面(鞔)(包山楚简 272)

(3)两马之纺繠白面(鞔)(《天星观楚简》)

以上三例都是"面"读为{鞔}的例子。(李家浩 2003/2013:

① 《经典释文·毛诗音义中》卷六:"黽勉:民允反。本又作僶同。"

② 《经典释文·毛诗音义上》卷五:"黽勉:……莫尹反。黽勉犹勉勉也。"

③ 程燕(2010:58)。《阜阳汉简》作"汋没同心"。"汋"是与"密"同音,属于质韵。

135—137)《说文》:"鞴:勒鞁也。从革面聲。"《集韵》去声线韵彌箭切:"鞴:馬轡當面皮。"据《集韵》,"鞴"是"面"的同音字,也源自上古 *en。

(4) 教以事,则民力(嗇)以面(湎)利。(郭店简《尊德义》15)

"面"读为{湎沉湎}。(李零 1999:181—188)如上所示,"湎"的中古音是上声狝韵明母重纽四等。"湎"也有异文"泯"。

以下总结与"面"有关的字的中古音:

佃　山摄上声狝韵明母重纽四等(*mjienX*)
泯　臻摄平声真韵明母重纽四等(*mjin*)
　　臻摄上声轸韵明母重纽四等(*mjinX*)
黽　山摄上声狝韵明母重纽四等(*mjienX*)
　　臻摄上声轸韵明母重纽四等(*mjinX*)
密　臻摄入声质韵明母重纽三等(*mit*)
蜜　臻摄入声质韵明母重纽四等(*mjit*)
鞴　山摄上声狝韵明母重纽四等(*mjienX*)
湎　山摄上声狝韵明母重纽四等(*mjienX*)

除了"密"以外,全部都是明母重纽四等字。可见,"面"的上古韵母无疑带有前元音,Baxter 和 Sagart(2014b)把它拟作了 *C.me[n]-s,甚是。

3.2　闽语中"面"的读音

闽语中{脸}一般说"面"。

面脸
厦门 bin⁶ | 永福 bin⁵ | 仙游 min⁵ | 古田 min⁵ | 咸村 min⁵ | 镇前 min⁶ | 崇安 min⁶ | 盖竹 muŋ⁵~嘴;脸 | 顺昌 mẽ⁶ | 光泽 min⁵;中古音 *mjienH*(线韵重纽四等) | 上古音 *C.me[n]-s(元部)

闽语中"面"的韵母读音可以分为两类。第一类:厦门、永福、

仙游、古田和咸村方言的读音能够追溯到原始闽语的 * in，与中古真
轸震韵的读音相同。第二类：镇前、崇安、盖竹和顺昌方言的读音
则追溯到原始闽语的 * ian，与其他山摄开口三四等韵的读音相同。
试比较：

民

厦门 bin^{2}丨永福 bin^{2}丨仙游 miŋ^{2}丨古田 miŋ^{2}丨咸村 meŋ^2 韵! 丨镇前 meiŋ^{9}丨
崇安 mɜiŋ^{2}丨盖竹 mæŋ^{2}丨顺昌 miŋ^{2}丨光泽 min^2；中古音 *mjin*（真韵重纽四等）丨
上古音 * mi[ŋ]（真部）

变

厦门 pĩ^{5}丨永福 pĩ^{5}丨仙游 pɛŋ^5 韵! 丨古田 pieŋ^{5}丨咸村 pin^{5}丨镇前 piŋ^{5}丨崇安
piŋ^{5}丨盖竹 pɯŋ^{5}丨顺昌 pẽ^{5}丨光泽 pien^5；中古音 *pjenH*（线韵重纽三等）丨上古
音 * pro[n]-s（元部）

光泽方言的"面"[min^5]既可以来自 * ian 也可以来自 * in。比如，
光泽方言把源自原始闽语 * ian 的"年"读作[nin^7]。从邻近顺昌方言
的读音[mẽ^6]来看，光泽方言的[min^5]更有可能来自 * ian。

除闽语以外的南方方言中｛脸｝主要也说"面"。（曹志耘 2008：
词汇卷 058；章黎平，解海江 2015：45—50）它的韵母和其他山摄开口
三四等帮组字的韵母相同。这种情况在南方方言中很普遍。以下是
吴语东阳方言、赣语黎川方言、客家话石城和梅县方言、湖南城步青
衣苗人话中"变""面脸"和"民"的读音与闽语崇安、顺昌和厦门、古田
方言的比较。

	变	面脸	民
东阳吴	pi^5	mi^6 ~ □tɕʰiəʔ^7	mien^2
黎川赣	piɛn^5	miɛn^6	min^2
石城客家	pien^3	mien^3	min^2
梅县客家	pien^5	mien^5	min^2
城步	pie^5	mie^6	min^2

崇安闽北　　$\text{pi}\mathfrak{y}^5$　　　$\text{mi}\mathfrak{y}^6$　　　　　$\text{m}_3\text{i}\mathfrak{y}^2$

顺昌邵将　　$\text{p}\tilde{\text{e}}^5$　　　　$\text{m}\tilde{\text{e}}^6$　　　　　$\text{mi}\mathfrak{y}^2$

厦门闽南　　$\text{p}\tilde{\text{i}}^5$　　　　bin^6　　　　　bin^2

古田闽东　　$\text{pie}\mathfrak{y}^5$　　　$\text{mi}\mathfrak{y}^5$　　　　$\text{mi}\mathfrak{y}^2$

　　闽语的第二类读音分布在西部闽语,与吴语、赣语或客家话等外方言接壤。我们可以推测闽语中第二类读音是从其他方言中引进的外来读音,而东部闽语的第一类读音才是闽语固有的读音。原始闽语形式可以拟作 $^*\text{mhin}^{\text{tone3}}$。①

3.3　小结

　　"面"的上古音是 $^*\text{C. me[n]-s}$。在上古音阶段,这个字常与真韵重纽四等字接触。其主要元音的前元音性质十分明显。原始闽语里的"面"可以拟作 $^*\text{mhin}^{\text{tone3}}$,主要元音为 $^*\text{i}$,性质与其他南方方言中"面"的主要元音不同。把原始闽语的 $^*\text{i}$ 理解为上古前元音 $^*\text{e}$ 的痕迹,应该是有可能的解释之一。

4　"眠"

　　我们接着分析上古音和闽语中"眠"字的读音。

4.1　"眠"的上古音

　　《说文》不收"眠"字。"眠"原作"瞑",如:《玉篇》:"瞑;眉田切。寐也。"②古代"眠"字有多种义项,如{睡觉}、{某些生物的一种生理

---

① 　也可以标作 $^*\text{min}^{\text{tone3}}$。关于"面脸"的调类,可参看 Norman(1991:210)。

② 　《说文》:"瞑;翕目也。从目、冥,冥亦声。"《楚辞·招魂》:"然後得瞑些",王逸注"卧也。"《庄子·德充符》:"據槁梧而瞑",陆德明加注为"音眠。崔云據琴而睡也。"

状态,进入冬季不食不动}、{假死}、{卧倒}、{草木偃伏}、{无知觉}、{药物反应,神智不清}和{一种姓}。(汪维辉2018：476)关于"眠"和"瞑"之间的关系,魏培泉(2017：152—153)否定了"眠"和"瞑"是古今字。① 而汪维辉(2018：478)则认为：

> "二典""瞑"字条"睡"义下(《大字典》说是"同'眠'",《大词典》则说是"通'眠'")引了两个先秦的例子,恐怕是难以否定的：今子外乎子之神,劳乎子之精,倚树而吟,据槁梧而瞑。(《庄子·德充符》)致命于帝,然后得瞑些。(《楚辞·招魂》)朱熹注："瞑,卧也。"事实可能是：先秦记录〈眠〉这个词用的是"瞑"字,写作"眠"大概是汉代以后的事,如《山海经·东山经》："有兽焉,其状如菟而鸟喙,鸱目蛇尾,见人则眠,名曰犰狳。"郭璞注："眠言佯死也。"(笔者认为,从语言来看,《山海经》的最后写定应该是在西汉。)所以"瞑""眠"可以看作一对古今字。

"眠""瞑"的中古音同音,都属于山摄平声四等先韵明母(*men*),②上古主要元音当为前元音。在《春秋繁露·深察名号》里有"民"与"瞑"的声训,如："士者,事也;民者,瞑也。""瞑"的声符也许是"冥",③其中古音是梗摄平声青韵四等明母,也来源自上古的前元音(耕部 *mˤeŋ)。

在出土文献中,"民"声字的表现较复杂。有些字似乎与上古的文部字之间存在通用关系。如：

(5) 敃("愍"或"旻")天疾畏(威)(毛公鼎《集成》2841)

(6) 邦客與主人鬭,……拳指傷人,擎(摺)以布(睡虎地秦简《法律答问》90)

---

① 魏培泉(2017：152—153)说："上古文献的'眠'字基本上不用来表示睡觉。有的学者认为上古文献的'瞑'和'眠'可视为一字。不过此二字在先秦文献都已出现,音虽近而毕竟有别,而且当时'眠'字的意义一般也和睡觉无关。因此,中古汉语表'睡着'义的'眠'固然可以说是由'瞑'音变而来,但要说二者是古今字或异体字嫌牵强些。"

② "瞑"还有去声的又读。《广韵》："瞑：又音麵。"

③ 段玉裁曰："韵會引小徐曰會意。此以會意包形聲也。"

例(5)"敃""愍"和"旻"都是中古重纽三等字,可归为上古文部。例(6)"捪"是"捪"的异体字,也属于重纽三等,上古文部。[①]

另外,有学者认为例(7)中的"敃"表示｛嬪｝。｛嬪｝属于中古重纽四等,当源自上古真部 *in:[②]

(7) 女子操敃("嬪"或"文")紅(工)及服者,不得贖。(睡虎地秦简《秦律》62)

但整理者认为此字该读为｛文(纹绣)｝。

可见,虽然"民"本身属于上古真部,但部分民声字却与上古文部密切关系。无论如何,表｛眠｝的"瞑"来源于上古的真部 *ˤin,这一点应该没有疑问的。Baxter 和 Sagart(2014b)拟作了 *mˤi[n],甚是。

4.2　闽语中"眠"的读音

本书第 1 章的 3.3.2 小节里已经简单讨论了闽语中中古先韵明母"眠"的读音与上古真部之间的关系。在此我们补充相关材料。

眠

厦门 bin² ~梦:做梦 | 永福 bin² 瞑~:睡觉 | 仙游 miŋ² 喊~:梦中惊叫 | 古田 miŋ² 瞑~:睡觉 | 咸村 men² 瞑~:睡觉,韵! | 镇前 miŋ² 韵! ~mein² 发~梦:做梦 | 崇安 m3iŋ² 撞~:打盹儿 | 盖竹 mɯŋ² ~床:床铺 | 顺昌 miŋ² 鼾~:打鼾 | 光泽——;中古音 men 平(先韵) | 上古音 *mˤi[n](真部)

咸村方言中鼻尾[ŋ]和[n]之间的区别不一定很稳定。"眠"以及"民"的[ŋ]尾也是这种情况的表现。镇前方言的又读[miŋ²]和盖竹方言的[mɯŋ²]均与仙韵明母的"棉"同音,当为外来读音。其他读

① 有不少"民"声字往往跟文部字通用。这个现象可能反映出在秦汉简中"昏"和"昏"混用的结果。(宫内骏 2019)一般来讲,重纽三等字来源于文部,重纽四等的来源于真部。不过"民"声字当中既有重纽三等,也有重纽四等。前者可能与文部关系密切。

② 黄德宽(2007:3594):"疑讀為嬪。敃與嬪明並母旁紐,真部疊韻,例可通假。《爾雅·釋親》:'嬪,婦也。''嬪工',即婦工。"

· 221 ·

音都与"民"同音,能够追溯到原始闽语的 *in,与"面脸"同韵。①

4.3 小结

"眠"的上古音是 *m $^{\hat{r}}$i[n]。原始闽语则可以拟作 *min^{tone1}。把原始闽语的 *i 理解为上古前元音 *i 的痕迹,应该是有可能的解释之一。

5 结语

综上所述,上古音和原始闽语中"面脸"和"眠"的读音是:

	上古音	原始闽语
面脸	*C. me[n]-s	*mhin^{tone3}
眠	*m $^{\hat{r}}$i[n]	*min^{tone1}②

着眼于上古音我们就可以发现元部"面"的 *e[n]和真部"眠"的 *i $^{\hat{r}}$[n]都含有前元音。而这两个字在原始闽语中的韵母都是 *in。将原始闽语 *in 里的 *i 理解为上古前元音 *e 和 *i 之半高或前高舌位的反映,我们认为是有可能的解释之一。

本书第 8 章根据上古六元音体系(*i、 *e、 *a、 *o、 *u、 *ɯ)指出闽语中仍保存着非唇化元音 *a 和唇化元音 *o 之间对立的痕迹。从"面"和"眠"的读音来看,闽语中也保存着上古前元音之半高或前高舌位的痕迹。

但这个解释存在一个问题。在闽语中,发展为中古先屑韵的上古真质部的读音和元月部的读音不一样。真部"牵"所代表的读音就是这

---

① 其实除了与"民"同音的读音以外,"眠"还有与"门"同音的读音出现。比如,王台方言的"眠~床; 床铺"[moɛiŋ$^{-42}$]("门"[moɛiŋ^2]),顺昌方言的"眠~床; 床铺"[muɐ^2]("门"[muɐ^2])。吴语处衢片遂昌方言的"眠~床; 床铺"[mən^2](与"门"同音)也是同一类读音。这体现了"民"声字与文部之间通用的现象。参看第 221 页脚注①。由于这个问题比较复杂,笔者拟另专文论述。

② 可能还有与"门"同音的 *mon^{tone1}。

种代表真部的读音,与"眠"比较(参看本书第 1 章的 3.3.2 小节):

	上古音	中古音	厦门	古田	镇前	顺昌
牵	$^*[k]^{hˤ}i[n]$(真部)	先韵	k^han^1	$k^hei\eta^1$	$k^hai\eta^1$	$k^h\bar\epsilon^1$
眠	$^*m^ˤi[n]$(真部)	先韵	bin^2	$mi\eta^2$	$mei\eta^2$	$mi\eta^2$

　　正如 Baxter(1995:400)所指出,"牵"的原始闽语韵母看可以拟作 $^*\ni n$,与"眠"的 $^*in$ 不一致。目前这个现象只能理解为不同古代方言的混合或者是以声母为条件的分化。

　　另外,就"眠"字而言,上古前元音的反映其实不限于闽语。吴语和客家话中也有同样的"眠"字读音出现,只是不如闽语那么集中。比如,吴语婺州片东阳方言{睡}说"眠"[$mien^2$]。"眠"的[ien]韵与山摄开口三四等不同而与臻摄开口三等相同。试比较:眠 $mien^2$|变 pi^5|民 $mien^2$。

　　今后我们很有必要逐字分析上古音中能够构拟主要元音 $^*e$ 和 $^*i$ 的字在闽语及其毗邻地区方言中的读音。

(原载《辞书研究》2025 年第 1 期:77—84)

The Reflexes of Old Chinese Front-vowels in the Mǐn Dialects

NOHARA Masaki　　AKITANI Hiroyuki

Abstract:The Old Chinese reconstruction forms of 面 and 眠 are $^*C. me[n]$-s and $^*m^ˤi[n]$, respectively. The Proto Mǐn forms are $^*mhin^{tone3}$ and $^*min^{tone1}$. The main vowel $^*i$ in the Proto Mǐn is considered to be a reflection of high front vowel $^*i$ and mid-high front vowel $^*e$ in Old Chinese.

Keywords:Mǐn dialects;Old Chinese;面(face);眠(sleep);front vowel hypothsis

第 12 章　原始闽语中上古*a类歌部字的表现*

秋谷裕幸　　沈瑞清

提要　本章归纳原始闽语中上古*a类歌部字的表现,进而讨论一些与此相关的音韵史问题,如歌部和祭部、鱼部之间的分合以及原始闽语中*a类歌部字的表现所代表的年代等。

关键词　原始闽语　上古音　*a类歌部字　祭部　鱼部

1　引言

1.1　研究背景与问题的提出

瑞典学者 Bernhard Karlgren 教授(1926：87)提出少数福建方言(a few dialects in the province of Fukien)源自从《切韵》语言①分化出来的早期方言(an early dialect deviating from the language of Ts'ie-yün)。此处"少数福建方言"显然是指闽语。他的意思是说闽语的起源早于《切韵》语言即中古音。② Karlgren 教授并没有提出具体的证

---

　*　本章的研究是秋谷裕幸得到 Isaac Manasseh Meyer Fellowship(IMMF)的资助后,于 2023 年 1 月 29 日至 2 月 27 日在新加坡国立大学与沈瑞清进行合作研究的成果之一。《中国语言学集刊》的两名匿名审稿专家以及曾智超先生、王睿哲先生对本章的初稿提出了许多中肯的修改意见和建议。在此统致谢忱。当然,文中的错误一概由笔者负责。

　①　应该理解为《切韵》语言的前身。

　②　关于 Karlgren 教授的这一观点,参看本书第 1 章。

据,但后续学者不断积累相关证据,证实了闽语确实保存着中古音当中观察不到却合乎上古音的一些历史音韵特点。原始闽语的年代早于中古音,这可以说是一个共识。这一观点最突出的表现应该是 Baxter 和 Sagart(2014a)。该书把原始闽语的声母对立基本上都推到了他们所构拟的上古音当中。

　　除此之外,在此期间闽语诸方言的描写研究以及根据这些新材料而做的闽语史研究都有了长足的发展。展开更全面更系统的原始闽语和上古音之间比较研究的时机已经成熟。

　　基于这样的认识,本章打算整理并分析原始闽语中上古＊a 类歌部字①的表现并讨论其相关的音韵史问题。选这个题目有以下四个理由。

　　(1) 学者至今较少尝试以韵部为单位的上古音和原始闽语之间系统性历史比较。②

　　(2) 现代闽语保存着较多源自＊a 类歌部的口语字。

　　(3) 这些字在现代闽语方言之间的韵母对应比较整齐,例外不多。

　　(4) 原始闽语中这些字的主要元音＊ɑ 已可视为定论,今后恐怕难以提出不同的拟音。

　　本章第 2 节整理上古＊a 类歌部字在原始闽语里的表现。第 3 节根据第 2 节的内容讨论五个与＊a 类歌部相关的闽语音韵史问题。第 4 节根据上古歌部的表现讨论原始闽语所代表音韵状态的年代问题。最后第 5 节是结语。为了避免问题过度复杂化,本章不打算涉及除闽语以外的方言,如吴语或客家语。

---

　　①　歌部的主要元音是＊a 或＊o。把这两个元音作为主要元音的字称作＊a 类字或＊o 类字等。

　　②　Baxter 和 Sagart(2014a：194)指出闽语等汉语方言的韵母史研究还处于起步阶段。

1.2　秋谷裕幸(1994b)

这篇用日文写的文章以中古音作为历史比较的参照系统研究了中古支韵开口字在闽语里的表现。该文 4.1 小节已进行了闽语和上古＊a 类歌部字之间的比较,并指出原始闽语＊a 和上古歌部主要元音＊a 之间的对应关系。4.2 小节则指出祭韵当中也出现了与支韵开口字相同的读音。总的来说,秋谷裕幸(1994b)可视为本章的原型。本章将根据上古音和闽语音韵史的新研究成果并利用闽语诸方言的大量新材料,①用中文全面增补并修改。秋谷裕幸(1994b)该文和本章不一致的部分均以本章为准。

1.3　"豸""徙""纸"

秋谷裕幸(1994b:24)还指出闽语中"豸""徙""纸"三个字的韵母与歌部字相同。该文认为这三个字都属上古支部,②所以闽语经历了歌部和支部的合并。其中"徙"不是支部字而是＊a 类歌部字。参看下文 2.2 小节。"豸"似乎难以找到先秦时期的押韵例。"纸"乃东汉时期才出现的事物。这两个字的韵部都不容易被准确地归入歌部或是支部。故本章不打算讨论歌部和支部之间的分合关系。

2　举例和语音对应③

本节列出上古＊a 类歌部字在现代闽语诸方言以及各层级原始语里的读音。最后归纳出上古音和原始闽语之间的语音对应。下文中

---

① 秋谷裕幸(1994b)只用了厦门、仙游、福清、松溪、崇安等少数方言的材料。

② 至今多数学者认为这三个字都是支部字。比如,参看郑锡良、雷瑭洵(2020:81—82)。

③ 举例中"闽南"是 Kwok(2018)所构拟的原始闽南区方言形式。括号内则是笔者根据该书的系统构拟出来的拟音。"闽东"和"闽北"分别是原始闽东区方言形式和原始闽北区方言形式。

发展为中古三等的字称作细音类，其余则称作洪音类。

2.1　洪音类

簸 动词

厦门 pua⁵｜永福 pua⁵ ~箕：农具之一｜闽南＊pua⁵；仙游 pua⁵；古田 puai⁵｜咸村 puɔ⁵｜闽东＊puai⁵；镇前 pua⁵｜崇安 puai⁵｜闽北＊puɑi⁵；盖竹 pua⁵ 颠簸｜王台 pua⁵；顺昌 pa⁵｜光泽 pai⁵；原始闽语＊pai^tone3｜上古音＊pˤajʔ-s｜中古音 pɑ 去

破 形容词

厦门 pʰua⁵｜永福 pʰua⁵｜闽南（＊pʰua⁵）；仙游 pʰua⁵ 劈｜古田 pʰuai⁵｜咸村 pʰuɔ⁵ 劈｜闽东＊pʰuɑi⁵；镇前 pʰua⁵｜崇安 huai⁵｜闽北＊pʰuɑi⁵；盖竹 pʰua⁵｜王台 pʰua⁵；顺昌 pʰa⁵｜光泽 pʰai⁵；原始闽语＊pʰai^tone3｜上古音＊pʰˤaj-s｜中古音 pʰɑ 去

磨 动词

厦门 bua²｜永福 bua²｜闽南＊bua²；仙游 pua²；古田 muai²｜咸村 muɔ²｜闽东＊muai²；镇前 mua²｜崇安 muai²｜闽北＊muɑi²；盖竹 mua²｜王台 mua²；顺昌 ma²｜光泽 mai²；原始闽语＊mai^tone1｜上古音＊mˤaj｜中古音 mɑ 平

说明：

关于原始闽语中"磨"的声母，参看 Norman（1973：234）和沈瑞清（2023a：522—523）。

拖

厦门 tʰua¹｜永福 tʰua¹｜闽南（＊tʰua¹）；仙游 tʰua¹；古田 tʰua¹ 韵！｜咸村 tʰuɔ¹｜闽东＊tʰuɑi¹；镇前 tʰua¹｜崇安 huai¹｜闽北＊tʰuɑi¹；盖竹 tʰua¹｜王台 tʰua¹；顺昌——｜光泽 hai¹；原始闽语＊tʰai^tone1｜上古音＊l̥ˤaj｜中古音 tʰɑ 平

说明：

闽东区南片福州小片的"拖"字韵母对应不很整齐。比如，古田方言中的规则读音当为 tʰai¹。关于这个问题，可参看秋谷裕幸、陈泽平（2012：158—159）。

笋 笋筐

厦门 lua²米~｜永福 lua²｜闽南＊lua²；仙游 lua²；古田 lai²｜咸村 luɔ²｜闽东

* luɑi²｜镇前——｜崇安 çyai²｜闽北 * ʃuɑi²；盖竹 lua²｜王台 lua²；顺昌 ʃa⁵ 米~｜光泽 sai⁷；原始闽语 * rai^tone1｜上古音 * C. r^ˤaj｜中古音 lɑ平

说明：

关于闽北区方言的｛笒｝义词，可参看秋谷裕幸（2022a）。从声母 [1] 来看，闽中区盖竹方言和王台方言的读音不能追溯到原始闽语，而是受到了外来方言影响的读音。

過菜老

厦门 kua¹｜永福——｜闽南——；仙游 kua¹；古田 kuai¹｜咸村 kuɔ¹｜闽东 * kuɑi¹；镇前 kua⁵｜崇安 wuai¹｜闽北 * guɑi¹；盖竹——｜王台——｜顺昌——｜光泽——；原始闽语 * -k[u]ɑi^tone1｜上古音 * Cə. kʷˤaj｜中古音 kuɑ平

说明：

关于闽语中表示｛菜老｝的"過"字读音，参看秋谷裕幸（2017b：41—42）和本书的第 8 章第 5 节。罗杰瑞（1986：40—41）认为邵武方言中"過"表示｛隔夜饭｝，读作 [hai³]。如果这一观点能够成立，"過菜老"的原始闽语要拟作 * -kɑi^tone1。由于｛菜老｝和｛隔夜饭｝词义差异较大，所以本章根据闽语和上古音之间的对应关系并暂时把它标作 * -k[u]ɑi^tone1。

夥多

厦门 ua⁶ 无~；不多｜永福——｜闽南——；仙游 ua⁶ 若~；多少；古田 uai⁶ 这~；这么多｜咸村 uɔ⁶ 若~；多少｜闽东 * uɑi⁶；镇前——｜崇安——｜闽北 * ɦuai^[4] 或 * ʔuai^[4]；盖竹——｜王台——｜顺昌 uaʔ⁴｜光泽 uai³；原始闽语 * ɦuɑi^tone2 或 * uɑi^tone2｜上古音 * [gʷˤ]ajʔ｜中古音 ɦuɑ上

说明：

（1）"夥"没有先秦的用例。（Baxter & Sagart 2014b）它较早的用例见于《方言》卷一："凡物盛多谓之寇。齐宋之郊，楚魏之际曰夥。"

（2）关于闽北区方言中或闽语中表示｛多｝的"夥"字读音，参看

Norman（1983：204）、秋谷裕幸（2008：251）以及本书的第 8 章第 6 节。

鹅

厦门 gia² | 永福 go²~团：小鹅儿 | 闽南 * gia² ~ * go²；仙游 kya²；古田 ŋie² | 咸村 ŋiɛ² | 闽东 * ŋɑi²；镇前 ŋye² | 崇安 ŋɑi² | 闽北 * ŋyɑi²；盖竹 ŋyɑ² 白~ | 王台 yæ²；顺昌 ŋe² | 光泽 ŋɔ²；原始闽语 * ŋiɑi^tone1 | 上古音 * ŋˤa[r] | 中古音 ŋɑ 平

说明：

（1）关于原始闽语中"鹅"的声母，可参看 Norman（1973：236）。

（2）闽南区永福方言的［go²］和原始闽南区方言的 * go² 很可能都是外来读音。

（3）关于原始闽东区方言的 * yɑi，可参看秋谷裕幸（2022b）。

（4）Baxter 和 Sagart（2014a：336）构拟了上古 * r 尾。这大概是他们假设了"鹅" * ŋˤa[r] 和"雁" * C.[ŋ]ˤrar-s 之间同源关系的缘故。关于"鹅"和"雁"，也可以参看 Schuessler（2007：222,556）。

我

厦门 gua³ | 永福 gua³ | 闽南 * gua³；仙游 kua³；古田 ŋuai³ | 咸村 ua⁶ 声! | 闽东 * ŋuɑi³；镇前 ŋuɑ⁵ | 崇安 ŋuɑi¹ | 闽北 * ŋuɑi⁷；盖竹 ŋuɑ⁴ | 王台 ua²；顺昌 ŋɑʔ⁴ | 光泽［□haŋ³］；原始闽语 * [ŋ]ɑi^tone[2] | 上古音 * ŋˤajʔ | 中古音 ŋɑ 上

说明：

（1）闽东区咸村方言的零声母应该是一种弱化读音。闽中区王台方言中零声母的性质目前还不太清楚。

（2）原始闽语中鼻音和流音声母逢 tone2 时的调类对应不很稳定。原始闽语的声母也有可能是 * ŋh。关于这个问题，可参看 Norman（1973：232）。

（3）加之，在闽语当中人称代词的调类对应常不规则。镇前的 5 调、崇安的 1 调和王台的 2 调都代表了这种情况。

麻草名

厦门 mũɑ̃² | 永福 muɑ̃² 天~：中药名 | 闽南 * muɑ̃²；仙游 mua²；古田 muai² 黄~ |

咸村 muɔ² | 闽东 * muɑi² ; 镇前 mua² | 崇安 muai² ~仔: 芝麻 | 闽北 * muɑi² ; 盖竹 mua² 芝麻 | 王台 mua⁻³¹ ~仔: 芝麻 ; 顺昌 ma⁵ 芝麻 | 光泽 mai⁷ ~仔: 芝麻 ; 原始闽语 * mhɑi^tone1 | 上古音 * C. mˤraj | 中古音 ma 平

说明:

关于原始闽语中"麻"的声母,参看 Norman(1973:234;1991:209)和沈瑞清(2023a:522—523,532)。

沙

厦门 sua¹ | 永福 sua¹ | 闽南 * sua¹ ; 仙游 ɬua¹ ; 古田 sai¹ | 咸村 θuɔ¹ | 闽东 * θuɑi¹ ; 镇前 ɬua¹ | 崇安 suai¹ | 闽北 * suɑi¹ ; 盖竹 sua¹ 单字音 | 王台 sua¹ ; 顺昌 sa¹ ~仔 | 光泽 sai¹ ; 原始闽语 * sɑi^tone1 | 上古音 * sˤraj | 中古音 ʂa 平

瓦名词

厦门 hia⁶ | 永福 gua⁶ ~角园: 碎瓦。声! 韵! | 闽南(* hia⁴) ; 仙游 hya⁶ 戍~: 瓦片 ; 古田 ŋua⁶ | 咸村 uɔ⁶ | 闽东 * ŋua⁶ ~ * ua⁶ ; 镇前 ua⁵ | 崇安 wua⁵ | 闽北 * fiua⁴ ; 盖竹 ŋua³ 单字音 | 王台 ua³ ; 顺昌 o³ 戍~: 瓦片 | 光泽 ŋua³ ; 原始闽语 * ŋhiɑi^tone2 | 上古音 * C. ŋʷˤra[j]ʔ | 中古音 ŋua 上

说明:

(1) 关于原始闽语中"瓦"的声母,参看 Norman(1991:211)和沈瑞清(2023a:520—522,527—528,533)。

(2) 只有闽南区和莆仙区方言的读音才能追溯到原始闽语阶段。

2.2 细音类

皮

厦门 pʰe² | 永福 pʰie² | 闽南 * pʰuø² ; 仙游 pʰoe² ; 古田 pʰuoi² | 咸村 pʰui² | 闽东 * pʰuɔi² ; 镇前 pʰoi² | 崇安 hy² | 闽北 * pʰioi² ; 盖竹 pʰue² | 王台 pʰuɐ² ; 顺昌 pʰuaɛ⁵ 橘~仔: 陈皮 | 光泽 pʰi² 韵! 调! ; 原始闽语 * bhioi^tone1 | 上古音 * m-[p](r)aj | 中古音 bǐe 平

说明:

光泽方言的[pʰi²]不能追溯到原始闽语的外来读音,因为[pʰ]和

2 调的组合只能来自原始闽语 * b 和 tone1 的组合。原始闽语 * bhioi^{tone1} 在光泽方言中的规则读音当为 pʰei⁷。

被_{被子}

厦门 pʰe⁶｜永福 pʰie⁶｜闽南 * pʰuø⁴｜仙游 pʰoe⁶；古田 pʰuoi⁶｜咸村 pʰui⁶｜闽东 * pʰuɔi⁶；镇前 pʰoi⁶｜崇安 hy⁵｜闽北 * pʰioi⁴；盖竹 pʰue⁶~里: 棉絮｜王台 pʰuɛ⁴｜顺昌 pʰuaɛ³｜光泽 pʰei³~子；原始闽语 * bhioi^{tone2}｜上古音 * m-pʰ(r)aj?｜中古音 bǐɛ上

徙_{移动}

厦门 sua³｜永福 sua³ 单字音｜闽南 * sua³；仙游 ɬya³ 慢慢地把东西移动；古田——｜咸村——｜闽东 * θ[yai]³；镇前——｜崇安——｜闽北 * s[yai]³；盖竹——｜王台——；顺昌——｜光泽——；原始闽语 * [s]iɑi^{tone2}｜上古音 * [s]aj?｜中古音 sǐɛ上

说明：

（1）郭锡良、雷瑭洵（2020：82）把"徙"归属支部。Baxter 和 Sagart（2014a：267）则根据《释名》："癣，徙也"的声训归入 * a 类歌部。"癣"的上古音为 * [s]ar?。此外，战国出土文献中的｛徙｝常用表示｛长沙｝之｛沙｝的"屖"字来表示（白于蓝 2008：130；野原将挥 2018：71—72；本书的第 72 页），无疑支持"徙"字归入 * a 类歌部。

（2）关于闽东区南片福州小片中的读音，参看陈泽平、秋谷裕幸（2022：139）。原始闽东区方言形式是根据福州方言"徙 日光的光影逐渐移动"［ sie³］和闽南区、莆仙区方言之间的对应关系构拟的。

（3）代表某种早期闽北区政和方言的韵书《六音字典》的"明正德本"里"徙 土音迁移曰~"的读音是舌字母生母四音，[①]当为 syɛ³。（马重奇 2014：606）《六音字典》的 yɛ 源自原始闽北区方言的 * yai 或 * ioi。在此参考闽南区和莆仙区方言里的读音，把它的原始闽北区方言形式拟作 * s[yai]³。

---

① "字母""母"和"音"分别代表"韵母""声母"和"调类"。

蛇

厦门 tsua² | 永福 tsua² | 闽南 * tsua² ; 仙游 ɬya² ; 古田 sie² 老~ | 咸村 θiɛ² 老~ | 闽东 * θɣɑi² | 镇前 ye² | 崇安 ʔyai² | 闽北 * ʔyai² ; 盖竹 ʃya² 单字音 | 王台 ʃyæ² ; 顺昌 ʃe² | 光泽 ʃe² ; 原始闽语 * [dʒ]iɑi^{tone1} | 上古音 * Cə.lAj | 中古音 dʑia 平

说明：

除闽北区方言以外，各地"蛇"的声母能够追溯到原始闽语 * dʒ。不过， * dʒ 不能解释原始闽北区的 * ʔ。Baxter 和 Sagart（2014a：257）把"蛇"的原始闽语形式拟做了 * -džiɑi A，带有浊弱化声母。这个拟音不能解释闽北区方言中"蛇"的调类。① 本章暂且将"蛇"的原始闽语形式标作 * [dʒ]iɑi^{tone1}。关于闽语中的"蛇"字读音，还参看本书第 9 页。

寄

厦门 kia⁵ | 永福 kia⁵ | 闽南 * kia⁵ ; 仙游 kya⁵ ; 古田 kiɐ⁵ 韵! | 咸村 kiɛ⁵ | 闽东 * kyɑi⁵ ; 镇前 kye⁵ | 崇安 ki⁵ 韵! | 闽北 * kyai⁵ ; 盖竹 kia⁵ | 王台 kyæ⁵ ; 顺昌 ki⁵ | 光泽 kie⁵ ; 原始闽语 * kiɑi^{tone3} | 上古音 * C.[k](r)aj-s | 中古音 kĭe 去

说明：

（1）闽东区南片福州小片古田方言的 [iɐ] 不能追溯到原始闽东区方言的 * ɣɑi。福州方言的 [kie⁵] 才是福州小片的规则表现。

（2）除了崇安方言以外，南平峡阳方言也能够区分原始闽北区方言的 * ɣai 和 * ioi。峡阳方言"寄"读作 [kie⁴]，说明来自 * ɣai。

骑

厦门 kʰia² | 永福—— | 闽南 * kʰia² ; 仙游 kʰya² ; 古田 kʰiɐ² 韵! | 咸村 kʰɛi² 韵! | 闽东 * kʰɣɑi² ; 镇前 kʰi⁹ 声! | 崇安 ji⁵ | 闽北 * gi² ; 盖竹—— | 王台 ki² ; 顺昌 kʰi² | 光泽 kʰie² ; 原始闽语 * ghiɑi^{tone1} | 上古音 * C.g(r)aj（~ * [Cə.g](r)aj）| 中古音 gĭe 平

---

① * -džiɑi A 的 A 调相当于本书中的 tone 1。 * -džiɑi^{tone 1} 的调类在镇前方言中要发展为 9 调，在崇安方言中则要发展为 5 调。

说明：

（1）闽东区南片福州小片福州方言读作［kʰie²］，福清小片福清方言则读［kʰia²］，说明来自 * kʰyɑi²。古田方言和咸村方言的读音都不能与 * kʰyɑi² 对应。

（2）原始闽北区方言的 * gi²、闽中区王台方言的［ki²］和邵将区顺昌方言的［kʰi²］都不能追溯到原始闽语。邵将区光泽方言的［kʰie²］恐怕也不能追溯到原始闽语。* ghiɑi^tone1 在光泽方言中的规则表现应该是 kʰie⁷（是 7 调而不是 2 调）。

蚁 蚂蚁

厦门 hia⁶ 狗~｜永福 ŋiã⁶ 声！｜闽南 * hia⁴；仙游 hya⁶；古田 ŋie⁶｜咸村 ŋiɛ⁶ 黄~｜闽东 * ŋyɑi⁶；镇前 ŋye⁵ □tsoŋ ~ 仔｜崇安 ŋyai⁵ ~ 仔｜闽北 * ŋyai⁴；盖竹 ŋya³｜王台 yæ⁻³³ ~ 仔；顺昌 ŋe⁵ ~ 仔｜光泽 nie⁷；原始闽语 * ŋhiɑi^tone2｜上古音 * m-qʰ(r)aj?｜中古音 ŋɪě 上

说明：

（1）关于原始闽语中"蚁"的声母，参看 Norman（1991：211）和沈瑞清（2023a：520—522，527—530，533）。

（2）关于"蚁"字上古音的进一步讨论，可参看沈瑞清（2023b：31—32）。

（3）由于 Kwok（2018：181）所用的六个闽南区方言把"蚁"的声母都读［h］，所以该书把它的原始形式拟作了 * hia⁴。如果参考永福方言的读音，* hia⁴ 可以考虑改为 * ŋhia⁴。

櫶 瓢

厦门 hia¹ 匏~｜永福 hua¹ 饭~。韵！｜闽南 * hia¹；仙游 hya¹ 匏~；古田 ie⁻⁵⁵ 匏~｜咸村——｜闽东 * hyɑi¹；镇前 kʰye¹ 匏~；崇安 kʰyai¹ 匏~｜闽北 * kʰyai¹；盖竹 kʰia² 匏~。调！｜王台 kʰyæ¹ 匏~；顺昌 kʰe¹ 匏~ 仔｜光泽 kʰie¹ 匏~；原始闽语 * xiɑi^tone1｜上古音——｜中古音 hɪě 平

说明：

（1）在文献上"櫶"几乎没有用例。但《方言》卷五已收录这个

字："醆,陈楚宋魏之间或谓之箪,或谓之㰏,或谓之瓢。(郭璞注:今江东通呼勺为㰏,音羲。)""羲"的上古音为 *ŋ(r)aj。据此本章把"㰏"字视为 *a 类歌部字。关于"㰏"字上古音的进一步讨论,可参看沈瑞清(2023b:32—33)。

(2)关于闽语和吴语中的"㰏",参看 Norman(1983:205)和陶寰、盛益民(2018)。

(3)闽东区福清方言⸨粪勺⸩说"粪㰏","㰏"读作[ŋia⁻⁵²]。古田[ie]、福清[ia]的韵母对应追溯到原始闽东区方言的 *ɣai。关于闽东区方言中"㰏"字的读音,还参看陈泽平、秋谷裕幸(2022:139—140)。

(4)西部闽语的[kʰ]是以合口成分为条件的后起声母。参看秋谷裕幸(2008:28)。

倚靠

厦门 ua³∣永福 ua³ 依靠∣闽南 *ua³;仙游 ua³;古田 ai³∣咸村 ai³∣闽东 *ai³;镇前 ua³∣崇安 ʔuai³∣闽北 *ʔuɑi³;盖竹——∣王台——∣顺昌——∣光泽——;原始闽语 *ʔuɑitone2∣上古音 *Cə.q(r)ajʔ∣中古音 ʔɪɐ̌ 上

说明:

"倚靠"的韵母是闽语音韵史的疑难问题之一。原始闽南区方言读 *ua³,与莆仙区仙游方言的读音相同。原始闽东区方言的读音则为 *ai³。(秋谷裕幸 2022b:88)*ua³ 和 *ai³ 无法对应。闽北区镇前方言和崇安方言的读音表示原始形式当为 *ʔuɑi³。综合各地这些读音,原始闽语形式暂且拟作 *ʔuɑitone2,而认为原始闽东区方言的 *ai³ 是某种例外演变的结果。

2.3 上古音和原始闽语之间的对应关系

上古 *a 类歌部和原始闽语之间的对应关系可以初步归纳如表1。第一行 *ŋ、*ŋʷ 等表示上古声母,第一列 *ˀaj、*ar 等则表示上古韵母,均用灰色底纹表示。表中未标出表示不确定语音的[ ]。

表 1　*a 类歌部和原始闽语之间的对应关系

	* ŋ	* ŋʷ	* kʷ、* gʷ、* q	双唇音声母	其他声母
*ʕaj、*ʕar、*ʕraj	* iɑi 鹅	* iɑi 瓦	* uɑi 过、夥	* ɑi 簸、破、磨、麻	* ɑi 拖、箩、沙
	* ɑi 我				
*aj、*Aj、*(r)aj	——	——	* uɑi 倚	* ioi 皮、被	* iɑi 徙、蛇、寄、骑、蚁、樵

除了上古歌部 *(r) aj 韵拼双唇声母时的原始闽语 * ioi 以外,其余读
* ɑi、* iɑi 和 * uɑi,均以 * a 为主要元音。上古韵尾 * j 和 * r 一律变成了
原始闽语的 * i。

可以说,原始闽语基本上完整地保存着上古 * a 类歌部的主要元
音和元音韵尾。①

3　相关问题讨论

本节根据第 2 节归纳出来的上古音和闽语之间的对应关系讨论
五个与闽语音韵史相关的问题,即:(1) 以 * ŋ 和 * ŋʷ 为条件的细音
化。(2) 以双唇音为条件细音类 *(r)aj 的分化。(3) 歌部的整体
性。(4) 歌部和祭部之间的关系。(5) 歌部和鱼部之间的关系。

3.1　以 * ŋ 和 * ŋʷ 为条件的细音化

在早于原始闽语的阶段发生了以 * ŋ 和 * ŋʷ 为条件 *ʕar、*ʕraj>
* iɑi 的细音化。此时 * ŋʷ 的 * ʷ 要脱落。② 即:

	上古音	原始闽语
鹅	* ŋʕa[r]	* ŋiɑi^{tone1}
瓦名词	* C. ŋʷʕra[j]?	* ŋhiɑi^{tone2}

---

①　上古音只有一种 * a,原始闽语则要分前 * a 和后 * ɑ。原始闽语 * a、* ɑ 的上古来源
是一个很复杂的问题。今后要做详尽的研究。

②　* kʷʕ 和 * gʷʕ 的 * ʷ 没有脱落。参看本章 2.1 小节"过菜老"和"夥多"的读音。

结果这些字与相应的细音类合并了。如上所述,在原始闽语里洪音类"瓦名词"与细音类"蚁蚂蚁"都读作 * ŋhiɑi^tone2 了。

祭部的洪音 * a 类字也发生了与此平行的音变。即:

外外面

厦门 guɑ⁶~面 | 永福 giɑ²~guɑ²~面 | 闽南 * guɑ⁶;仙游 kuɑ⁶~□li⁻⁵²;古田 ŋie⁻⁵⁵~兜 | 咸村 ŋiɛ⁶~婆;外祖母 | 闽东 * ŋyɑi⁶;镇前 ŋye⁶~界;崇安 ŋyɑi⁶~边 | 闽北 * ŋyɑi⁶;盖竹 ŋyɑ⁵~家;娘家 | 王台 yæ⁵□pʰy³~;顺昌 uɑ⁶~头 | 光泽 ŋuɑi⁶~头;原始闽语 * ŋiɑi^tone3 | 上古音 * [ŋ]ʷˤa[t]-s | 中古音 ŋuɑi 去

说明:

(1) 关于原始闽语中"外"的声母,可参看 Norman(1973:236)。

(2) 原始闽南区方言的 * guɑ⁶ 和莆仙区仙游方言的[kuɑ⁶]都是洪音,与闽北区和闽中区的细音不一致。闽南区永福方言的又读[giɑ²]以及龙岩方言的"外~□kue⁴;外面"[giuɑ¹](郭启熹 2016:156)都读细音,与闽东区、闽北区和闽中区一致。这大概代表了早期闽南区方言的读音。一般闽南区方言的[guɑ]应该是某种例外音变的结果。

(3) 琼文区方言实际上是闽南区方言的一个片。该区海口方言"外~面"读[huɑ¹]。(陈鸿迈 1996:70)Norman(1991:208)说:"Proto-Mǐn initials * nh, and * ŋh become h in all southern Mǐn dialects before a high front vowel. "可见,海口方言中"外"[huɑ¹]的早期韵母很可能是细音。这个观察与以上(2)的观察不谋而合。

(4) 邵将区也不读细音。这只能视为外来读音。

艾草名

厦门 hiɑ̃⁶ | 永福 ŋiɑ̃⁶ 调! | 闽南 * ŋhiɑ̃⁶;仙游 hyɑ⁵;古田 ŋie⁵ | 咸村 ŋiɛ⁵ | 闽东 * ŋyɑi⁵;镇前 ŋye⁶~□heiŋ⁹;崇安 ŋyɑi⁶ | 闽北 * ŋyɑi⁶;盖竹 ŋyɑ⁵ | 王台 yæ⁵ 大~;顺昌 ŋe⁶~□kʰe¹~ | 光泽 nie⁵;原始闽语 * ŋhiɑi^tone3 | 上古音 * C.ŋˤa[t]-s | 中古音 ŋɑi 去

说明:

关于原始闽语中"艾"的声母,可参看 Norman(1973:236,1991:

209）。

目前我们还不明白这一音变的音理，但我们仍然能够把它视为原始闽语的创新音韵特点之一。①

从这种语音对应来看，第一人称代词"我"上古音 * ŋˤajʔ| 原始闽语 * [ŋ] ai^{tone2} 的语音对应是个例外。原始闽语的规则形式应该是 * ŋiɑi^{tone2} 或 * ŋhiɑi^{tone2}。人称代词常发生例外语音演变。原始闽语的 * [ŋ] ɑi^{tone2} 可能是脱落了介音 * i 的一种弱化形式。

3.2　以双唇音为条件细音类 * (r) aj 的分化

原始闽语中拼双唇音声母时 * (r) aj 读作 * ioi，主要元音不是 * ɑ 而是 * o。结果这一类字与微部 * ə 类字合并了。以下以"飞"和"妹"代表微部的双唇音声母字在原始闽语中的读音。

飞

厦门 pe^1| 永福 pie^1| 闽南 * puø^1；仙游 poe^1；古田 puoi^1| 咸村 pui^1| 闽东 * puɔi^1；镇前 ye^5 跌倒| 崇安 jy^1| 闽北 * fiioi^1；盖竹 pue^1| 王台 uɛ^1；顺昌 pʰuaɛʔ^4| 光泽 pʰei^3；原始闽语 * -pioi^{tone1}| 上古音 * Cə. pə[r]| 中古音 pɪ̆ɐi 平

说明：

（1）关于闽北区方言中"飞"字的读音，可参看秋谷裕幸（2017b：47）。

（2）关于闽中区王台方言中"飞"字的读音，可参看秋谷裕幸（2010b：344—345）。

妹妹妹

厦门 be^6 小~| 永福 mĩ^5 老~困| 闽南 * muø^6；仙游 mui^5 阿~；古田 muoi^5| 咸村 muəi^5 姊~；妹妹| 闽东 * muɔi^5；镇前 moi^6| 崇安 mi^6~仔| 闽北 * mioi^5；盖竹 mue^5 老

---

① 闽南区厦门方言把地名"颜厝"里的"颜"读作［hĩa^2］。（周长楫 1996：172）此处"颜"所代表的是姓氏。姓氏"颜"的上古音是 * C. ŋˤrar。此处能观察到以 * ŋ 为条件 * ˤrar 的细音化，与"瓦名词"的演变平行。

~ | 王台 muE^5 老~ ; 顺昌 muaɛ^6 ~仔 | 光泽 mei^5 ~佬 | 原始闽语 *mhioi^{tone3} | 上古音 *C. m^{ˤ}ə[t]-s | 中古音 mʌi 去

说明：

（1）关于原始闽语中"妹"的声母，参看 Norman（1973：234，1991：210）。

（2）原始闽南区方言 *muø^6 不能解释永福方言[mĩ^5]的 5 调。

（3）闽北区崇安方言中原始闽北区方言的 *ioi 一般变为[y]，但拼 *m 时读作[i]。

"皮"和"飞"的具体语音演变过程可以推测为：

	上古音				原始闽语
皮	*m-[p](r)aj	>	*bhiɑi^{tone1}	>	*bhiəi^{tone1}	>	*bhioi^{tone1}
飞	*Cə. pə[r]	>		>	*-piəi^{tone1}	>	*-pioi^{tone1}

歌部细音类双唇音声母字脱离了歌部而与微部细音 *ə 类合并，这也是原始闽语的创新音韵特点之一。[①]

3.3 歌部的整体性

除了上述细音类双唇音声母字以外，*a 类歌部字在原始闽语里表现一般都是以 *ɑ 为主要元音的 *ɑi、*iɑi 和 *uɑi，不管是洪音类还是细音类。请看表 1。

3.3.1 "蛇"的读音[②]

歌部细音 *a 类字一般变成中古支韵，少数字则转入中古麻韵三等，看不出分化条件。对此 Baxter（1992：414）说："I suspect that the forms in -jæ[③] originate in dialect mixture or special stress conditions, or

---

① 沈瑞清（2023b）全面研究了闽语中歌部>微部的现象，可以参看。

② 本小节的论述主要根据秋谷裕幸（2008：48—49）和本书第 1 章的 2.3 小节。

③ -jæ 代表了中古开口三等麻韵。

both. " ①

　　"蛇"就是这一类歌部字。在上古音属歌部，②但后来和"嗟""也"等字一起转入了麻韵。在原始闽语中"蛇"可以拟作＊[dʒ]iɑi^{tone1}，与其他歌部细音＊a 类字同一个韵母。那么，原始闽语中的"蛇"字读音有可能还保存着上古音的格局而证实了 Baxter(1992：414)的观点。

3.3.2　读＊ie 的歌部细音＊a 类字

　　少数歌部细音＊a 类字在原始闽语中读作＊ie，以＊e 为主要元音。此举两例。

离

厦门 li^6~开 | 永福 li^2~婚亲：女人离婚后再嫁成亲 | 闽南＊li^6；仙游 li^2~开。调！；古田 lie^6~婚 | 咸村 li^{2}调！| 闽东＊lie^6；镇前 lie^6｜崇安 li^6~开 | 闽北＊lie^6；盖竹 li^2~开。调！| 王台 liɛ^5；顺昌 le^6~开 | 光泽 li^2~开。调！；原始闽语＊lie^{tone3} | 上古音＊raj-s | 中古音 lǐɛ 去

说明：

闽语中"离"的调类一般是阳去。与《广韵》去声寘韵力智切："去也"对应。永福方言的[li^2]既可以与"力智切"对应，也可以与平声支韵"吕支切"对应。

戏

厦门 hi^5 | 永福 hi^5 | 闽南＊hi^5；仙游 hi^5；古田 hie^5 | 咸村 çi^5 | 闽东＊hie^5；镇前 hi^5｜崇安 xi^5 | 闽北＊xi^5；盖竹 ʃi^5 | 王台 xi^5；顺昌 hi^5 | 光泽 hi^5；原始闽语＊xie^{tone3} | 上古音＊ŋ(r)ar-s | 中古音 hǐɛ 去

说明：

这种读音应该是外来成分。秋谷裕幸(1994b：25—26)认为其来源是客家语或赣语。

---

①　Baxter(1992：414)分别标作＊a 和＊A，而暂且存疑。有坂秀世(1955：338)则给这两类字构拟了不同的音值，前者拟作＊iö，后者则拟作＊iɒ。此处 ɒ 的舌为比 ö 更后。

②　罗常培、周祖谟(1958：27—28)指出表示动物时"蛇"在东汉时期还属歌部。

3.3.3 *o 类歌部字

根据上古六元音假说,歌部的主要元音除了*a 以外还有*o。不过, *o 类歌部字在原始闽语中都不能构拟主要元音*ɑ,而只能构拟*o。以下以"坐"和"裹"为例。

坐

厦门 tse⁶ ǀ永福 tsie⁶ ǀ闽南 *tsø⁴ ;仙游 ɬø⁶ ;古田 soi⁶ ǀ咸村 θɔi⁶ ǀ闽东 *θiɔi⁶ ;镇前 tsuai⁶ ǀ崇安 tsuaiʔ⁸ ǀ闽北 *tsuɑiʔ⁸ ;盖竹 tsue⁴ ǀ王台 tsuɛ⁴ ;顺昌 tsʰuaɛʔ⁴ ǀ光泽 tʰɔi³ ;原始闽语 *dzoiᵗᵒⁿᵉ² ǀ上古音 *[dz]ˤo[j]ʔ ǀ中古音 dzuɑ上

说明:

(1) 原始闽南区方言的*ø 和莆仙区仙游方言的[ø]显然是像原始闽东区*ɔi 那样读音的进一步发展。

(2) 原始闽北区方言的*tsuɑiʔ⁸ 与其他闽语方言中的读音不对应,恐怕不能追溯到原始闽语。它代表的是上古*o 变成*ua 以后的音韵状态。

(3) 顺昌方言的[uaɛ/uaɛʔ]源自早期的*oi/oiʔ。

裹~粽:包粽子

厦门——ǀ永福 kue³ 包起来 ǀ闽南—— ;仙游—— ;古田 kuoi³ ǀ咸村 køy³ ǀ闽东 *kuɔi³ ǀ镇前 hoi³ ǀ崇安 xuei³ ǀ闽北 *xoi³ ;盖竹 kue³ ǀ王台—— ;顺昌 kuaɛ³ ǀ光泽—— ;原始闽语 *[k]oiᵗᵒⁿᵉ² ǀ上古音 *s.[k]ˤo[r]ʔ ǀ中古音 kuɑ上

说明:

关于闽语中"裹"字的读音,参看本书的第8章第5节。

这种情况表示原始闽语所反映的音系中还没有发生歌部的主要元音*a 和*o 的合并。

3.3.4 小结

综上所述,除了细音类双唇音声母字以外,原始闽语仍保存着*a 类歌部字的整体格局。

3.4　歌部和祭部

Baxter(1995：403)曾指出,对洪音 * a 类字而言,歌部和祭部在原始闽语中的表现相同。祭部洪音 * a 类字以"大"和"濑"为例。

大

厦门 tua⁶｜永福 tua²｜闽南 * tua⁶；仙游 tua⁶；古田 tuai⁶ 韵！｜咸村 tuɔ⁶｜闽东 * tuɑi⁶；镇前 tua⁶｜崇安 tuai⁶｜闽北 * tuɑi⁶；盖竹 ta⁵｜王台 tua⁵；顺昌 tʰa⁶｜光泽 hai⁶；原始闽语 * dɑiᵗᵒⁿᵉ³｜上古音 * lˤat-s｜中古音 dɑ 去、dɑi 去

说明：

(1)"大"在上古时期属祭部。中古泰韵 dɑi 去是其规则演变,箇韵 dɑ 去则是例外演变。关于这个问题,可参看平山久雄(2009/2012：1—2)、沈瑞清(2024)。

(2)闽东区古田方言的[tuai⁶]是个例外读音,规则表现当为 tai⁶。关于这个问题,参看秋谷裕幸(2022b：83)。

濑 水中浅滩

厦门 lua⁶｜永福 lua⁵｜闽南(* [l]ua⁷)；仙游——｜古田 lai⁵｜咸村 luɔ⁵ 富~：地名｜闽东 * luɑi⁵；镇前 ɬua⁶｜崇安 çyai⁶｜闽北 * ʃuɑi⁶；盖竹——｜王台——；顺昌——｜光泽——；原始闽语 * rhɑiᵗᵒⁿᵉ³｜上古音 * C.rˤa[t]-s｜中古音 lɑi 去

说明：

关于闽语中的"濑",参看 Norman(1983：207)和本书的第 7 章的 3.3 小节。

祭部细音 * a 类字的表现也与歌部细音 * a 类字相同。共有三例。

蛎 牡蛎

厦门——｜永福——｜闽南——；仙游 tya⁶；古田 tie⁶｜咸村 tiᴇ⁶｜闽东 * tyɑi⁶；镇前——｜崇安——｜闽北——；盖竹——｜王台——；顺昌——｜光泽——；原始闽语 * [dʳ]ɑiᵗᵒⁿᵉ³｜上古音 * mə-rat-s｜中古音 liᴇi 去

说明：

关于闽语中“蠣”字的读音,可参看本书的第 7 章的 5.1 小节。

际小瀑布

厦门——｜永福——｜闽南(* tsua^5);仙游——;古田 tɕie^5｜咸村 tɕiᴇ^5 ~头｜闽东 * tʃyɑi^5;镇前 tɕye^5｜崇安 tsuai^5 地名用语｜闽北 * tsyai^5;盖竹——｜王台 tʃyæ^5;顺昌 tse^5 山~:两山夹水｜光泽 tsie^5 ~子;原始闽语 * tsiɑi^{tone3}｜上古音 * [ts][a]p-s｜中古音 tsiɛi 去

说明:

(1) 上古音 * [ts][a]p-s 的构拟主要根据“际”和“接” * [ts][a]p 之间的同源关系。在《诗经》里, * [ts][a]p-s 已经变成了 * [ts][a]t-s。对此 Baxter(1992: 405—407)和 Baxter、Sagart(2014a: 311—312)都展开了较为详细的讨论。

(2) {小瀑布}义来自“际”的{边缘}义。如,《楚辞 · 天问》:“九天之际,安放安属?(洪兴祖补注:际,边也。)”

(3) 闽语中表示{小瀑布}的“际”在《集韵》中写成了“漈”,去声祭韵子例切:“水涯。”关于“际”和“漈”的同源关系,参看刘钧杰(1999: 147)。

(4) 代表十九世纪闽南区漳州方言的《汇集雅俗通十五音》①瓜韵上去声收有“漈”字,表示{水落悬崖},当读作 tsua^5。据此,原始闽南区方言形式也可以拟作 * tsua^5。

(5)闽中区王台方言的声母不是[ts]而是[tʃ]。

(6)关于闽语和客家话中“际(漈)”字的读音,可参看本书的第 9 章的 4.1 小节。

誓

厦门 tsua^6 咒~:发誓｜永福 si^6 发~。声!韵!调!｜闽南(* tsua^6);仙游 lya^{-21} 咒~:发誓;古田——｜咸村——｜闽东——;镇前——｜崇安——｜闽北——;盖竹——｜王台——;顺昌——｜光泽——;原始闽语 * [dʒ]iɑi^{tone3}｜上古音

① 此处用了洪惟仁(1993)所影印的版本。

*［d］［a］t-s｜中古音 ʑiɛi 去

说明：

（1）闽南区晋江方言读作［tsua⁵］。[1] 厦门 6 调、晋江 5 调，原始闽南区方言里的调类只能是 * 6 调。

（2）莆仙区仙游方言只有连读音。莆田东海方言"咒誓"的"誓"读作［ɬia⁶］。（蔡国妹 2016：30）那么，仙游方言［lya⁻²¹］的单字音应该是 ɬya⁶。

（3）"誓"的口语用法主要出现在闽南区方言和莆仙区方言。所以，原始闽语形式 *［dʒ］iɑi^tone3 难免带有一定程度的猜测。

"大""濑水中浅滩"以及"际小瀑布"分别可以和歌部"拖""箩"以及"徙移动"比较。另外，我们还可以参看上述祭部"外外面""艾草名"的读音。试比较：

	歌部			祭部	
	上古音	原始闽语		上古音	原始闽语
拖	*lˤaj	*thɑi^tone1	大	*lˤat-s	*dɑi^tone3
箩	*C.rˤaj	*rɑi^tone1	濑水中浅滩	*C.rˤa[t]-s	*rhɑi^tone3
徙移动	*[s]ajʔ	*[s]iɑi^tone2	际小瀑布	*[ts][a]p-s	*tsiɑi^tone3
鹅	*ŋˤa[r]	*ŋiɑi^tone1	艾草名	*C.ŋˤa[t]-s	*ŋhiɑi^tone3

当然也有例外情况。此举一例，是祭部细音 * a 类字的主要元音变成原始闽语 * o 的例子。

岁ㄏㄨ～

厦门 he⁵｜永福 hue⁵｜闽南 *huø⁵；仙游 hoe⁵；古田 huɑi⁵｜咸村 hui⁵｜闽东 *huɔi⁵；镇前 hye⁵｜崇安 xy⁵｜闽北 *xioi⁵；盖竹——｜王台——；顺昌——｜光泽——；原始闽语 *xioi^tone3｜上古音 *s-qʷʰat-s｜中古音 syɛi 去

① 承蒙曾南逸副教授指教。

说明：

闽中区和邵将区方言中⎰几岁⎰的⎰岁⎰不用"岁"而用"晬"，《广韵》去声队韵子对切："周年子也。"比如，顺昌方言说"晬"[tsuaɛ⁵]。

歌部和祭部之间的关系一直以来较为疏远。[①] 然而，至少对 * a 类字来说，无论是洪音类还是细音类，原始闽语基本上不能区分这两部。换言之，原始闽语中歌部和祭部的 * a 类字合并了。正如 Baxter（1995：403）所指出的，这主要是因为原始闽语保存着歌部 * j 尾的缘故。歌部和祭部的合并在历史文献上或在现代汉语方言中都很少见。[②] 歌部和祭部的 * a 类字合并也可视为原始闽语的创新音韵特点之一。

3.5　歌部和鱼部[③]

罗常培、周祖谟（1958：14，22—23，26）指出，在东汉以前，* a 类歌部字和后来发展为中古麻韵的鱼部字已经开始合并。而正如 Baxter（1995：401—402）和秋谷裕幸（1995a：75）（本书第 9 章 4.2.1 小节）所指出，原始闽语一般不显示这种合并。以下是鱼部"骂"和"茶"在闽语中的读音。

骂

厦门 mẽ⁶ | 永福 mĩ⁵ 相~：吵架 | 闽南 * mẽ⁶（？）；仙游 mɔ⁵；古田 ma⁵ | 咸村 ma⁵ | 闽东 * ma⁵；镇前 ma⁶ | 崇安 ma⁶ | 闽北 * ma⁶；盖竹 mã⁵ 打相~：吵架 | 王台 ma⁵；顺昌——| 光泽 ma⁵；原始闽语 * mha^{tone3} | 上古音 * C. mˤra-s | 中古音 ma 去

---

① 《诗经》和《楚辞》里没有歌部和祭部合韵的情况出现。参看郭锡良、雷瑭洵（2020：142，150）。关于西汉的押韵情况，罗常培、周祖谟（1958：49）说："歌支脂祭四部中祭部跟歌支两部关系比较疏远。祭部跟歌部押韵的只有两个例子。"

② 沈瑞清（2024：113—114）认为汉代淮南方言也出现了类似的合并。

③ 除了与"射"相关的讨论以外，本小节的论述主要根据 Baxter（1995：401—404）和秋谷裕幸（1995a：75）（本书第 1 章的 2.3 小节）。

说明：

关于原始闽语中"骂"的声母，参看 Norman（1973：234，1991：209）和沈瑞清（2023a：516—520,528—530,532）。

茶

厦门 te² | 永福 tia² | 闽南 * te² ; 仙游 tɔ² ; 古田 ta² | 咸村 ta² | 闽东 * ta² ; 镇前 ta² | 崇安 ta² | 闽北 * ta² ; 盖竹 tʃa² | 王台 tʃa² ; 顺昌 tʃʰɔ² | 光泽 tʰa² ; 原始闽语 * dˡaᵗᵒⁿᵉ¹ | 上古音 * lˤra | 中古音 ɖa 平

说明：

关于原始闽北区方言中"茶"的读音，参看秋谷裕幸（2022c：72）。

试比较以下四个中古开口二等麻韵的字：

	歌部		鱼部	
	上古音	原始闽语		上古音	原始闽语
麻草名	* C. mˤraj	* mhaiᵗᵒⁿᵉ¹	骂	* C. mˤra-s	* mhaᵗᵒⁿᵉ³
沙	* sˤraj	* saiᵗᵒⁿᵉ¹	茶	* lˤra	* dˡaᵗᵒⁿᵉ¹

罗常培、周祖谟（1958：154）所编东汉的歌部韵字表里有"我、鹅、过、磨"（歌部洪音 * a 类）、"蛇"（歌部细音 * a 类）、[1]"坐"（歌部洪音 * o 类）和"沙、骂"（鱼部洪音）。[2] 而根据刘广和（1996/2002：163），东晋译经对音里上古歌部字没带 * j 尾而为 a，如"波" pa（上古音 * pˤaj），与上古鱼部字同韵，如"茶" ḍa（上古音 * lˤra）。那么，东汉时期的歌部是早期的歌部脱落 * j 尾而与一部分早期鱼韵字合并而形成的。原始闽语没有经历这种语音演变。

---

① 是《广韵》麻韵"食遮切"的前身，"龙蛇"的"蛇"。（罗常培、周祖谟 1958：27—28）也可参看本书第 9 页脚注②。

② 只举本章当中所讨论的字。

问题是闽语中表示｛尿床｝的动词"射"。[①]

射~尿：尿床

厦门 tsʰua⁶｜永福——｜闽南(*tsʰua⁶)；仙游——；古田 sie⁶｜咸村——｜闽东 *θyɑi⁽⁶⁾；镇前——｜崇安 tɕyɑi⁶~尿床｜闽北 *tsyɑi⁶；盖竹 tʃʰya⁵｜王台——；顺昌——｜光泽——；原始闽语 *dʒiɑi^tone3 ~ *dʒhiɑi^tone3｜上古音 *Cə.lAk-s｜中古音 dʑia去

说明：

（1）闽南区晋江方言读作[tsʰua⁵]。[②] 厦门 6 调、晋江 5 调，原始闽南区方言里的调类只能是 *6 调。

（2）闽东区福清方言读作[sia²]。古田[ie]、福清[ia]的韵母对应源自原始闽东区方言的 *yɑi。只是，福清方言的 2 调无法解释。

（3）邵将区将乐方言读作[ʃe⁶]（李如龙 2001：345），说明原始闽语中的声母是 *tʃ 系。

原始闽语中只好构拟两种读音。闽南区和闽中区盖竹方言的读音源自 *dʒhiɑi^tone3，闽东区、闽北区和邵将区的读音则源自 *dʒiɑi^tone3。[③] 它的韵母与"蛇"相同，声母也相近。试比较：

		上古音	原始闽语
蛇	歌部	*Cə.lAj	*[dʒ]iɑi^tone1
射~尿	鱼部	*Cə.lAk-s	*dʒiɑi^tone3 ~ *dʒhiɑi^tone3

"射"是与入声关系密切的字。上古音除了 *Cə.lAk-s 以外还有

---

① 其他南方方言往往也用"射"表示｛尿床｝或｛撒尿｝。参看罗昕如（2006：121）和张惠英（2022：285）。杜佳伦（2019：175—180）则认为闽语中｛尿床｝义词的本字是"泄余制切"。不过，"余制切"恐怕难以解释很多方言中的读音。比如，吴语太湖片绍兴柯桥方言说"射"[dza⁶]（承蒙盛益民教授指教）。由于这是一个很复杂的问题，在此并不准备展开讨论。

② 承蒙曾南逸副教授指教。

③ 与此相近的声母对应见于表示｛穿衣｝的动词。（Coblin 2018：98）

*Cə. lAk，发展为中古昔韵食亦切。所以，有些学者把"射"归属铎部，如郭锡良、雷瑭洵（2020：67）。汉代时还与入声字押韵。（罗常培、周祖谟 1958：229）闽南区厦门方言的[tsoʔ⁸]或闽东区福安穆阳方言的[θiʔ⁸]就是源自 *Cə. lAk 的读音，用于"射箭"等词里。①

　　"蛇"和"射~尿"之间的平行读音不大可能是偶合，而都是规则演变的结果。换言之，在原始闽语的前身方言中，源自 *k-s 尾的鱼部字演变与众不同，其韵尾与祭部的 *t-s 尾一样变成 *j，即 *Ak-s> *At-s > *iaj> *iɑi（原始闽语）。试比较：

	上古音		原始闽语
射~尿	鱼部	*Cə. lAk-s> *Cə. lAt-s	*dʒiɑi^tone3 ~ *dʒhiɑi^tone3
大	祭部	*lˤat-s	*dɑi^tone3

由于目前在闽语史上 Ak-s> *At-s 的音变只发现一个例子，所以这一观点还不能太肯定。

　　综上所述，正如 Baxter（1995：401—402）以及秋谷裕幸（1995a：75）（本书第 9 章 4. 2. 1 小节）所指出，对歌部和鱼部的分合而言，原始闽语代表了东汉以前的音韵状态。只是，来自 *k-s 尾鱼部字的演变可能与众不同。

4　上古歌部和原始闽语的年代问题

　　上古歌部在闽语中的表现往往与闽语的年代问题联系起来讨论。在此根据上述内容提出笔者对这个问题的看法。

　　罗常培（1930：58）最先把闽语闽南区厦门方言中支韵"骑""蚁"等字的读音和上古歌部联系起来。他说：

　　　　支部里从"奇""义"声符得声的字，厦门话音变到 ia 韵的很多。这一点

――――――――――

① 　关于上古时期"射"的调类演变，可参看赵彤（2006：30—31）。

同上古音支歌互通的例甚合。①

这实际上给上述 Karlgren（1926：87）的观点提供了一个具体证据。

后来，Ting（1983：14）把歌部细音＊a 类的读音和闽语的年代问题明确联系了起来。

闽语白话音极可能是在西汉末年、东汉初年从古汉语方言而出的。②

这两种研究都只关注歌部中的细音＊a 类而没有注意歌部的其他字。

Baxter（1995：401—402）和秋谷裕幸（1995a：75）（本书第 9 章的 4.2.1 小节）则关注了上古歌部和鱼部的分合而指出闽语所代表的是早于东汉之前的音韵状态。参看上文 3.5 小节。

以往研究一般只关注了上古歌部的某一部分而没有注意整体歌部在闽语中的表现。唯一的例外大概是黄典诚（1982：181—182）。该文把歌部洪音＊a 类"拖、箩、我、簸、破、磨"和"麻、沙"等字以及歌部细音＊a 类"骑、蚁、寄、倚"和"蛇"等字结合起来观察它们在闽南区方言中的读音而肯定闽南区方言中歌部的完整保存。

另外，以往的研究往往不太重视上古歌部＊j 尾保留到原始闽语这一现象。这显然是这些研究主要以闽南区方言作为研究对象的缘故，因为闽南区方言把原始闽语的＊ɑi、＊iɑi、＊uɑi 的＊i 尾都脱落了。如果只关注闽南区方言，"拖""我"等歌部洪音＊a 类字的［ua］韵也可以理解为中古 ɑ 的进一步发展。③ 这大概就是以往研究不太关注歌部洪音＊a 类字的原因。与此同时，从中我们也可以了解到以往研究

---

① 此处支部是指中古支韵。"支歌互通"的"支"字下面原文没有加浪线。

② 歌部细音＊a 类主要元音的保存是一个存古特点，不能保证闽语构成一个谱系分类单位。笔者认为发生"derivation"的不是闽语而是发生＊a 之高化的除闽语以外的汉语方言。关于这个问题，也可参看本书的第 1 章的 3.3.3 小节。

③ 比如，王育德（1969：279—280）用中古音 ɑ 的音值来解释来自歌部洪音＊a 类"拖""我"等字的［ua］或［uai］，即 ɑ>ᵒɑ>uɑ>ua>uai。不过，像 ua>uai 这样的音变是不可思议的。

没有充分地认识到构拟原始闽语的重要性。

本章则关注整体*a 类歌部而把它与原始闽语比较。请看上文表 1。

总的来说,本章进一步肯定了黄典诚(1982)的观点而指出原始闽语除了细音类双唇音声母字以外仍保存着*a 类歌部字的整体格局。而从鱼部之间的分合关系来看,就*a 类歌部字而言,原始闽语所代表的大致上是东汉以前的音韵状态。由于这是一个存古特点,所以这个年代不能理解为原始闽语的实际年代。

5　结语

本章首先归纳原始闽语中上古*a 类歌部字的表现而制作了表 1。接着在表 1 的基础上,讨论了一些与此相关音韵史问题。即:

(1)洪音*a 类字发生了以*ŋ 和*ŋ^w 为条件的细音化。

(2)在原始闽语中歌部细音*a 类双唇音声母字与众不同读作*ioi,相当于微部。

(3)除了双唇音声母字以外原始闽语完整地保存着上古*a 类歌部字的格局,即完整地保存着主要元音*a 和*j 尾。

(4)在原始闽语中歌部和祭部的*a 类字全面合并。

(5)除了表示{尿床}的"射"以外,原始闽语中没有发生歌部和鱼部的合并。

(6)原始闽语中*a 类歌部字的表现大致上代表了西汉东汉之交的音韵状态。

本章只分析了*a 类歌部字。今后要继续分析歌部的*o 类字。另外,我们还要进行与支部、祭部、元月部之间的比较。此举一个月部的例子。

箷 晒粮食用的大竹席

厦门——丨永福 tsua^7 竹编的晒稻谷用的席子丨闽南(*tsuaʔ^7);仙游——;古田

tçiek⁷ 釉~：架在稻桶上防止稻谷外扬的小簟 | 咸村 it⁻⁵ 釉~团：架在稻桶上防止稻谷外扬的小簟 | 闽东 *tʃiɛt⁷ ~ *tʃiat⁷；镇前 tçye³ 倚楻~：架在稻桶上防止稻谷外扬的小簟 | 崇安 tçyai⁷ | 闽北 *tʃyai？⁷；盖竹 tʃya⁷ 粟~ | 王台 tʃyæ⁷ 粟~；顺昌 tʃe² 粟~ | 光泽 tʃe⁷ 挡谷~：架在稻桶上防止稻谷外扬的小簟；原始闽语 *tʃiat^{tone4} | 上古音——| 中古音 tçiet 入

说明：

（1）"箂"似乎没有先秦的用例。但《方言》收录此字：《方言》卷五："簟，……自关而西谓之簟，或谓之箂。"《广雅》卷八也收此字。王念孙疏证说："箂之言曲折也。"可见，"箂"和"折"是一组同源字。{折叠}义"折"的上古音是*tet。"箂"的上古音应该也是*tet 或与此相近的读音。

（2）古田方言和咸村方言的读音表示原始闽东区方言*tʃiɛt⁷。福清方言{晒粮食用的大竹席}说"箂"[tçiaʔ⁷]。这个读音表示原始闽东区方言*tʃiat⁷。与其他闽语或原始闽语对应的是*tʃiat⁷。*tʃiɛt⁷ 则是个例外读音。

在此我们看到的是上古音*e>原始闽语*ɑ 的元音演变。这很清楚地告诉我们今后我们有必要分析上古*e 在原始闽语中的表现并从这个角度重新思考本章所归纳的表1 的音韵史意义。

由于上古音和原始闽语之间的系统性比较研究还处于初步阶段，所以今后的研究过程当中有可能要修正本章的结论。这是特别需要强调的。

[原载 Bulletin of Chinese Linguistics，2023,16(2)：279—303]

Reflexes of the Traditional *Gē* Rime Group with a Main Vowel *a of Old Chinese in Proto-Mǐn

AKITANI Hiroyuki   SHEN Ruiqing

Abstract：This chapter summarizes the reflexes of the traditional *Gē* rime group with a main vowel * a of Old Chinese in Proto-Mǐn, and then discusses some related issues of historical phonology, such as the relationship between the traditional *Gē* rime group and the traditional *Jì* rime group or the traditional *Yú* rime group, and the chronology of the traditional *Gē* group with a main vowel * a in Proto-Mǐn.

Keywords: Proto-Mǐn; Old Chinese; traditional *Gē* rime group with a main vowel * a; traditional *Jì* rime group; traditional *Yú* rime group

参 考 文 献

白一平. 关于上古音的四个假设. //"中央研究院"历史语言研究所编. 中国境内语言暨语言学(第二辑). 1994：41‒60. 又收录于潘悟云编. 境外汉语音韵学论文选. 上海：上海教育出版社,2010：247‒265.

白一平."埶"、"势"、"设"等字的构拟和中古书母 sy-(书母＝审三)的来源. //武汉大学简帛研究中心编. 简帛(第五辑). 上海：上海古籍出版社,2010：161‒177.

白一平,沙加尔. 上古汉语新构拟. 来国龙,郑伟,王弘治译. 上海：上海教育出版社,2020;香港：中华书局(香港),2022.

白于蓝. 简牍帛书通假字字典. 福州：福建人民出版社,2008.

北京大学中国语言文学系语言学教研室编. 汉语方言词汇(第二版,第二版重印本). 北京：语文出版社,1995/2005.

北京大学中国语言文学系语言学教研室编. 王福堂修订. 汉语方音字汇(第二版,第二版重排本重印本). 北京：语文出版社,1989/2008.

蔡国妹. 莆仙方言研究. 厦门：厦门大学出版社,2016.

蔡文芳,何清强. 石城方言研究. 南昌：江西人民出版社,2010.

曹志耘主编. 汉语方言地图集. 北京：商务印书馆,2008.

曹志耘,秋谷裕幸,太田斋,等. 吴语处衢方言. 东京：好文出版,2000.

曹志耘等. 吴语婺州方言研究. 北京：商务印书馆,2016.

陈晖. 湖南泸溪乡话. 北京：商务印书馆,2019.

陈鸿迈. 海口方言词典. 南京：江苏教育出版社,1996.

陈嘉凌.《楚帛书》文字析议. "国立"台湾师范大学中国文学系研究所
　　博士学位论文,2008.

陈剑. 上博竹简《昭王与龚之脽》和《柬大王泊旱》读后记. 简帛研究网
　　(http：//m. bsm. org. cn/). 2005 - 05 - 15.

陈斯鹏. 楚系简帛中字形与音义关系研究. 北京：中国社会科学出版
　　社,2011.

陈伟. 郭店竹书别释. 武汉：湖北教育出版社,2011.

陈伟. 秦简牍合集：释文注释修订本（壹）. 武汉：湖北教育出版社,
　　2016.

陈晓锦. 东莞方言略说. 广州：广东人民出版社,1993.

陈泽平,林勤. 福州方言大词典. 福州：福建人民出版社,2021.

陈泽平,秋谷裕幸.《戚林八音》"遮同奇"初探. 方言,2022(2)：137 -
　　142.

陈章太. 邵武方言的入声. 中国语文,1983(2)：109 - 111.

陈章太. 邵武市内的方言.//陈章太,李如龙. 闽语研究. 北京：语文出
　　版社,1991：341 - 391.

陈忠敏. 邵武方言入声化字的实质.//"中央研究院"历史语言研究所
　　编. 历史语言研究所集刊(第六十三本第四分). 1993：815 - 830.

大西克也. 楚简における第一口盖音化に关わる几つかの声符につ
　　いて//佐藤进教授还历记念中国语学论集. 东京：好文出版,
　　2006：62 - 67.

大西克也,宫本彻. アジアと汉字文化. 东京：放送大学教育振兴会,
　　2009.

大西克也. 放马滩秦简用字的几个特点.//第二十一届中国文字学国
　　际学术研讨会论文集. 东吴大学,2010：375 - 392.

邓享璋.沙县盖竹话常用词汇(上).三明大学学报,1996(2):22-33.

邓享璋.沙县盖竹话常用词汇(下).三明大学学报,1997(2):19-31.

邓享璋.福建省沙县盖竹话同音字汇.//开篇(25).东京:好文出版,2006:262-282.

丁邦新.吴语中的闽语成分.//"中央研究院"历史语言研究所编.历史语言研究所集刊(第五十九本第一分).1988:13-22.

丁启阵.论闽西北方言来母s声现象的起源.语言研究,2002(3):73-78.又收录于丁启阵.唇舌集:音韵方言新论.北京:中国书籍出版社,2006:102-123.

董同龢.上古音韵表稿.//中央研究院历史语言研究所.中央研究院历史语言研究所单刊甲种之二十一.1948.

杜佳伦.论"扡/曳"与"掣"的源流关系及其在闽南、闽东若干方言的发展演变.*Bulletin of Chinese Linguistics*,2019,12(2):149-185.

段成氏(唐).酉阳杂俎.许逸民,许桁点校,北京:中华书局,2018.

冯爱珍.福州方言词典.南京:江苏教育出版社,1998.

高明编著.古陶文汇编.北京:中华书局,1990.

高然.中山闽语语音的一致性与差异性.方言,2000(3):250-255.

宫内骏.民声字と中古重紐.//开篇37.东京:好文出版,2019:17-26.

古屋昭弘.儒教と中国语学.//土田健次郎编.近世儒学研究の方法と课题.东京:汲古书院,2006:207-221.

古屋昭弘.上古音研究と战国楚简の形声文字.中国语学,2006(257):4-33.

广濑熏雄.新蔡楚简所谓"赗书"简试析.//武汉大学简帛研究中心主办.简帛(第一辑).上海:上海古籍出版社,2006:211-221.

广西壮族自治区少数民族语言文字工作委员会.广西民族语言方音词汇.北京:民族出版社,2008.

龟井孝(KAMEI Takashi),河野六郎(KÔNO Rokurô),千野荣一(CHINO Eiichi)主编.言语学大辞典.东京:三省堂,1988－2001.

郭必之.闽语"鲤"字所蕴含的古音讯息.辞书研究,2022(1):69－77.

郭沫若.甲骨文合集(第二册).北京:中华书局,1978.

郭启熹主编.龙岩方言词典.厦门:鹭江出版社,2016.

郭锡良编著,雷瑭洵校订.汉字古音表稿.北京:中华书局,2020.

海老根量介.放马滩秦简抄写年代蠡测.//武汉大学简帛研究中心编.简帛(第七辑).上海:上海古籍出版社,2012:159－170.

何琳仪.长沙帛书通释.江汉考古,1986(1):51－57.

何琳仪.战国古文字典.北京:中华书局,1998.

河野六郎.转注考.东洋学报,1978,59(3,4):45－68.又收录于河野六郎.文字论.东京:三省堂,1994:257－279.

湖北省荆沙铁路考古队.包山楚墓.北京:文物出版社,1991.

胡士云.汉语亲属称谓研究.北京:商务印书馆,2007.

华学诚.周秦汉晋方言研究史(修订本).上海:复旦大学出版社,2007.

黄德宽.古文字谱系疏证.北京:商务印书馆,2007.

黄典诚.闽南方言中的上古音残余.语言研究,1982(2):172－187.

黄雪贞.永定(下洋)方言词汇(一).方言,1983a(2):148－160.

黄雪贞.永定(下洋)方言词汇(二).方言,1983b(3):220－240.

黄雪贞.永定(下洋)方言词汇(三).方言,1983c(4):297－304.

黄雪贞.福建永定(下洋)方言语音构造的特点.方言,1985(3):222－231.

黄雪贞.梅县方言词典.南京:江苏教育出版社,1995.

荆门市博物馆.郭店楚墓竹简.北京:文物出版社,1998.

李滨.闽东古田方言研究.厦门:厦门大学出版社,2014.

李方桂.上古音研究.北京:商务印书馆,1980.

李家浩. 包山遣册考释(四篇). 古籍整理研究学刊,2003(5):1－8. 又收录于黄德宽主编. 安徽大学汉语言文字研究丛书·李家浩卷. 合肥:安徽大学出版社,2013.

李锦芳. 布央语研究. 北京:中央民族大学出版社,1999.

李蓝. 湖南城步青衣苗人话. 北京:中国社会科学出版社,2004.

李零. 郭店楚简校读记. 北京:中国人民大学出版社,1999.

李荣. 汉字演变的几个趋势. 中国语文,1980(1):5－20. 又收录于李荣. 语文论衡. 北京:商务印书馆,1985:118－136.

李如龙. 闽西北方言"来"母字读 s-的研究. 中国语文,1983(4):264－271.

李如龙. 尤溪县内的方言. //陈章太,李如龙. 闽语研究. 北京:语文出版社,1991:304－340.

李如龙. 明溪县方言志. //李如龙. 福建县市方言志 12 种. 福州:福建教育出版社,2001a:190－233.

李如龙. 将乐县方言志. //李如龙. 福建县市方言志 12 种. 福州:福建教育出版社,2001b:323－362.

李如龙,潘渭水. 建瓯方言词典. 南京:江苏教育出版社,1998.

李如龙,张双庆,万波,等. 客赣方言调查报告. 厦门:厦门大学出版社,1992.

李时珍(明). 本草纲目. 北京:人民卫生出版社,1975.

李学勤. 周易溯源. 成都:巴蜀书社,2006.

李学勤主编. 清华大学藏战国竹简(壹). 上海:中西书局,2010.

李学勤主编. 清华大学藏战国竹简(贰). 上海:中西书局,2011.

梁敏,张均如. 侗台语族概论. 北京:中国社会科学出版社,1996.

廖名春. 新出楚简试论. 台北:台湾古籍出版社,2001.

刘广和. 东晋译经对音的晋语韵母系统. //刘广和. 音韵比较研究. 北京:中国广播电视出版社,1996/2002:160－177.

刘钧杰.同源字典再补.北京：语文出版社,1999.

刘信芳.子弹库楚墓出土文献研究.台北：艺文印书馆,2002.

刘钊.郭店楚简校释.福州：福建人民出版社,2005.

龙安隆.福建邵武方言浊平入化的性质.方言,2010(4)：310－314.

罗常培.厦门音系.国立中央研究院历史语言研究所单刊甲种之四.
    北平：国立中央研究院历史语言研究所,1930.

罗常培,周祖谟.汉魏晋南北朝韵部演变研究(第一分册).北京：科学
    出版社,1958.

罗杰瑞.闽北方言的第三套清塞音和清塞擦音.中国语文,1986(1)：
    38－41.

罗杰瑞.邵武方言的归属.张惠英译.方言,1987(2)：97－112.

罗杰瑞.福建政和话的支脂之三韵.中国语文,1988(1)：40－43.

罗杰瑞.江山方言中类似闽语的成分.方言,1990(4)：245－248.

罗杰瑞.闽方言中的来母字和早期汉语.民族语文,2005(4)：1－5.

罗志海.海丰方言词典.乌鲁木齐：新疆人民出版社,2000.

罗昕如.湘方言词汇研究.长沙：湖南师范大学出版社,2006.

吕叔湘.语文常谈.北京：三联书店,1980.

马承源主编.上海博物馆藏战国楚竹书(二).上海：上海古籍出版社,
    2002.

马承源主编.上海博物馆藏战国楚竹书(三).上海：上海古籍出版社,
    2004a.

马承源主编.上海博物馆藏战国楚竹书(四).上海：上海古籍出版社,
    2004b.

马承源主编.上海博物馆藏战国楚竹书(五).上海：上海古籍出版社,
    2005.

马重奇.明清闽北方言韵书手抄本音系研究.北京：商务印书馆,
    2014.

马瑞辰(清).毛诗传笺通释.北京:中华书局,1989/2016.

梅祖麟,罗杰瑞.试论几个闽北方言中的来母 s-声字.清华学报,1971,9(1-2):96-105.又收录于赵秉璇,竺家宁编.古汉语复声母论文集.北京:北京语言文化大学出版社,1998:59-69.

蒙元耀.壮汉语同源词研究.北京:民族出版社,2010.

潘茂鼎,李如龙,梁玉璋,等.福建汉语方言分区略说.中国语文,1963(6):475-495.

潘悟云.汉语历史音韵学.上海:上海教育出版社,2000.

潘悟云.流音考.//潘悟云主编.东方语言与文化.上海:东方出版中心,2002:118-146.

潘悟云.汉语古音手册.上海:中西书局,2023.

彭世奖.中国作物栽培简史.北京:中国农业出版社,2012.

平山久雄.中古汉语の音韵.//牛岛德次,香坂顺一,藤堂明保编.中国文化丛书1·言语.东京:大修馆书店,1967:112-166.

平山久雄."大"字 dà 音史研究.//平山久雄.汉语语音史探索.北京:北京大学出版社,2009/2012:1-23.

平田昌司.闽北方言"第九调"的性质.方言,1988a(1):12-24.

平田昌司.汉语闽北方言的来母 S 化现象.//尾崎雄二郎,平田昌司编.汉语史の诸问题.京都:京都大学人文科学研究所,1988b:305-328.

平田昌司."水"の字音から.//日本中国语学会编.日本中国语学会第60回全国大会予稿集,2010:62-65.

秋谷裕幸.连城县文亨方言における声母 ʔ-:j-の对立语例の成立过程.//东京都立大学人文学会编.人文学报(234号).1992a:171-187.

秋谷裕幸.福建省连城县文亨乡岗尾村方言同音字表.//汉语诸方言の综合的研究(1),平成1-3年度科学研究费综合研究(A),项目号：01301057,研究成果报告书第 1 分册.1992b：141－154.

秋谷裕幸.闽语的山摄开口字——以见系字为中心.//Kitamura H,
Nishida T, Nagano Y.（eds.）*Current Issues in Sino-Tibetan
Linguistics.* The 26th International Conference on Sino-Tibetan
Languages and Linguistics,Osaka：1994a：483－489.

秋谷裕幸.闽语における支韵开口字.//日本中国语学会编.中国语学
（第 241 号）.1994b：19－29.

秋谷裕幸.*Gospel of Matthew, Kien-yang Colloquial*の音系.//日本爱
媛大学教养部编.爱媛大学教养部纪要（第 27 号）.1994c：
1－20.

秋谷裕幸.闽·客家语の「泉」音について.//日本早稻田大学中国文
学会编.中国文学研究（第二十一期）.1995a：68－83.【本书第
9 章】

秋谷裕幸.The Gospel of Saint Matthew in Ting-chowの音系.//日本爱
媛大学教养部编.爱媛大学教养部纪要（第 28－Ⅲ 号）.1995b：
1－28.

秋谷裕幸.福建省连城县文亨乡岗尾村方言の系统论上の位置.//日
本中国语学会编.中国语学（第 243 号）.1996：153－162.

秋谷裕幸.也谈吴语处衢方言中的闽语成分.语言研究,1999（1）：
114－120.

秋谷裕幸.吴语江山广丰方言研究（爱媛大学综合政策研究丛书1）.
松山：爱媛大学法文学部综合政策学科,2001.

秋谷裕幸.吴语处衢方言（西北片）古音构拟.东京：好文出版,2003.

秋谷裕幸.闽北区三县市方言研究.//"中央研究院"语言学研究所.语
言暨语言学（专刊甲种十二之二）.2008.

秋谷裕幸.闽东区福宁片四县市方言音韵研究.福州：福建人民出版
社,2010a.

秋谷裕幸. 福建南平王台方言的归属. 方言,2010b(4):338-345.

秋谷裕幸. 论闽东区方言的分区.//余霭芹,柯蔚南主编. 罗杰瑞先生七秩晋三寿庆论文集. 香港:香港中文大学中国文化研究所吴多泰中国语文研究中心,2010c. 47-76.

秋谷裕幸. 闽语中"来母 S 声"的来源.//北京大学中国语言学研究中心《语言学论丛》编委会编. 语言学论丛(第四十三辑). 北京:商务印书馆,2011:114-128.【本书第5章】

秋谷裕幸.《班华字典—福安方言》音系初探. 方言,2012(1):40-66.

秋谷裕幸. 闽北区浦城临江方言和邵将区光泽寨里方言的古浊平声分化.//太田斋·古屋昭弘两教授还历记念中国语学论集刊行会编. 太田斋·古屋昭弘两教授还历记念中国语学论集. 东京:好文出版,2013:310-319.

秋谷裕幸. 邵将区光泽寨里方言里的古浊入声分化.//开篇(35). 东京:好文出版,2017a:71-76.

秋谷裕幸. 闽北区方言的阴调浊声母字考察——兼评白-沙上古新系统.//北京大学中国语言学研究中心《语言学论丛》编委会编. 语言学论丛(第五十六辑). 北京:商务印书馆,2017b:20-75.

秋谷裕幸. 闽东区宁德方言音韵史研究.//"中央研究院"语言学研究所. 语言暨语言学(专刊系列之六十). 2018a.

秋谷裕幸. 闽东区方言的"肚子"和"肚脐".//复旦大学汉语言文字学科《语言研究集刊》编委会编. 语言研究集刊(第二十一辑). 上海:上海辞书出版社,2018b:510-520.

秋谷裕幸. 原始闽北区方言里的*ə. 语言暨语言学,2019a,20(3):283-308.

秋谷裕幸. 闽语中读同章组的精组字.//"中华民国声韵学学会"编. 声韵论丛(第二十三辑). 2019b:77-98.

秋谷裕幸. 闽东四县市方言调查研究. 上海:上海教育出版社,2020a.

秋谷裕幸. 闽语中早于中古音的音韵特点及其历时含义. 辞书研究,
　　2020b(5)：71－86.

秋谷裕幸. 福建浦城观前方言同音字汇. 方言,2021a(1)：100－117.

秋谷裕幸. 闽东区方言中表示｛屁股｝的词语.//北京大学中国语言学
　　研究中心《语言学论丛》编委会编. 语言学论丛(第六十三辑). 北
　　京：商务印书馆,2021b：96－115.

秋谷裕幸. 闽北区方言的箩义词. 中国语文,2022a(1)：89－95.

秋谷裕幸. 原始闽东区方言的 *yɑi 韵及其相关问题.//日本中国语学
　　会编. 中国语学(第 269 号).2022b：76－91.

秋谷裕幸. 原始闽语中的舌叶塞音声母及其相关问题.//北京大学汉
　　语语言学研究中心《语言学论丛》编委会编. 语言学论丛(第六十
　　五辑). 北京：商务印书馆,2022c(1)：58－86.

秋谷裕幸. 原始闽南区方言的 *iuk 和 *iok 及其相关问题. 台湾语言研
　　究,2023,18(2)：323－345.

秋谷裕幸. 闽北区三方言历史音韵研究. 未刊稿,即将在商务印书馆
　　出版.

秋谷裕幸,陈泽平. 闽东区古田方言研究. 福州：福建人民出版社,
　　2012.

秋谷裕幸,韩哲夫(Handel Z.). 历史比较法和层次分析法.//北京大
　　学中国语言学研究中心《语言学论丛》编委会编. 语言学论丛(第
　　四十五辑). 北京：商务印书馆,2012：277－335.

秋谷裕幸,汪维辉. 闽语中疑问代词用法的"若".//中国社会科学院语
　　言研究所编. 历史语言学研究(第十缉). 北京：商务印书馆,
　　2016：111－122.

秋谷裕幸,汪维辉,野原将挥. 说｛狗｝.//《岩田礼教授荣休纪念论文
　　集》编辑组编. 岩田礼教授荣休纪念论文集(上册). 东京：日本
　　地理言语学会,2022：264－280.

秋谷裕幸,野原将挥.上古唇化元音假说与闽语.中国语文,2019(1)：
　　15‒25.【本书第 8 章】

秋谷裕幸,野原将挥.闽语中来自*m. r-和*ŋ. r-的来母字.辞书研究,
　　2020(5)：1‒23.【本书第 7 章】

邱锡凤.上杭客家话研究.福州：福建人民出版社,2012.

裘锡圭.文字学概要.北京：商务印书馆,1988.

山西省文物工作委员会编.侯马盟书.北京：文物出版社,1976.

上杭县地方志编纂委员会编.周长楫执笔.上杭县志·卷三十三方
　　言.福州：福建人民出版社,1993：844‒885.

沈兼士.汉魏注音中义同换读例发凡.//沈兼士.沈兼士学术论文集.
　　北京：中华书局,1986：311‒314.

沈瑞清.也谈闽西北方言来母读擦音现象. Paper presented at the 19th
　　Annual Conference of the International Association of Chinese
　　Linguistics（ILACL‒19）, Tianjin, 11‒13 June 2011.

沈瑞清.早期邵将方言响音声母的声调演变——重访罗杰瑞先生的
　　"邵武"假说.//复旦大学汉语言文字学科《语言研究集刊》编委
　　会编.语言研究集刊(第二十一辑).上海：上海辞书出版社,
　　2018：140‒167.

沈瑞清. 黄坑话与早期闽北语. *Bulletin of Chinese Linguistics*,2019,12
　　(1)：52‒73.

沈瑞清. 闽南语的去鼻化音变与原始沿海闽语的清响音.语言暨语言
　　学,2023a,24(3)：515‒539.

沈瑞清. 歌开三入微——古方言创新与早期吴闽语关系. *Bulletin of
　　Chinese Linguistics*, 2023b,16(1)：25‒40.

沈瑞清. "大"音演变的新思考. 语言学论丛,2024(1)：110‒122.

沈瑞清,盛益民.内陆闽语非南朝吴语直系后代说.//野原将挥,池田
　　巧编.シナ＝チベット系諸言語の文法現象 6 類型論と史的変

化.京都：京都大学人文科学研究所,2024：225－242.

松本克己.流音のタイプとその地理的分布——日本语ラ行子音の人类言语史的背景.//松本克己.世界言语への视座.东京：三省堂,2006：321－360.

陶寰.吴闽语比较二则.//上海市语文学会编.语文论丛(第六辑).上海：上海教育出版社,2000：114－118.

陶寰,盛益民.共同吴闽语词汇研究：以"桸/檅"为例.//复旦大学汉语言文字学科《语言研究集刊》编委会编.语言研究集刊(第二十一辑).上海：上海辞书出版社,2018：498－509.

陶孔景(梁).本草经集注.尚志钧,尚元胜辑校,北京：人民卫生出版社,1994.

藤堂明保.汉字语源辞典.东京：学灯社,1964.

万波.赣语声母的历史层次研究.北京：商务印书馆,2009.

汪维辉.东汉—隋常用词演变研究.南京：南京大学出版社,2000.

汪维辉.汉语核心词的历史与现状研究.北京：商务印书馆,2018.

汪维辉.《说苑》与西汉口语.//四川大学汉语史研究所,四川大学中国俗文化研究所编.汉语史研究集刊(第十辑).成都：巴蜀书社,2007：16－58.

王福堂.汉语方言语音的演变和层次.北京：语文出版社,1999.

王辅世.苗语古音构拟.东京：国立亚非语言文化研究所,1994.

王辅世,毛宗武.苗瑶语古音构拟.北京：中国社会科学出版社,1995.

王弘治.关于上古汉语*-r韵尾构拟的汉语文献证据的在检讨.中国语文,2019(2)：182－191.

王力.诗经韵读.上海：上海古籍出版社,1980.

王力.同源字典.北京：商务印书馆,1982.

王先谦(清)撰.诗三家义集疏.北京：中华书局,1987/2009.

王毅力.常用词"窃"、"盗"、"偷"的历时演变.语言科学,8(6)：641－

647,2009.

王育德. 闽音系研究. 日本东京大学文学博士学位论文. 又收录于王
　　育德. 台湾语音の历史的研究. 东京：第一书房,1969/1987.

魏培泉.《列子》的语言与编著年代.//"中央研究院"语言学研究所.
　　语言暨语言学(专刊系列之五十九).2017.

温昌衍. 客家方言特征词研究. 北京：商务印书馆,2012.

邬可晶,郭永秉. 从楚文字"原"的异体谈到三晋的原地与原姓. 出土
　　文献,2017(11)：225－238.

吴瑞文. 论闽方言四等韵的三个层次. 语言暨语言学,2002,3(1)：
　　133－162.

伍云姬,沈瑞清. 湘西古丈瓦乡话调查报告. 上海：上海教育出版社,
　　2010.

邢公畹. 汉语南岛语声母的对应——L. 沙加尔《汉语南岛语同源论》
　　述评补正. 民族语文,1991(4)：23－35.

邢向东,蔡文婷. 合阳方言调查研究. 北京：中华书局,2010.

谢留文,沈明. 黟县宏村方言. 北京：中国社会科学出版社,2008.

谢秀岚等原著,洪惟仁编著. 漳州方言韵书三种(闽南语经典辞书汇
　　编2). 台北：武陵出版有限公司,1993.

谢·叶·雅洪托夫(Jaxontov S E.). 上古汉语的唇化元音.//谢·
　　叶·雅洪托夫. 汉语史论集. 唐作藩,胡双宝选编. 北京：北京大
　　学出版社,1960/1986：42－52,53－77.

徐丽丽. 蛮话音韵研究. 北京：中国社会科学出版社,2020.

岩田礼. 方言接触及混淆形式的产生——论汉语方言"膝盖"一词的
　　历史演变. *Bulletin of Chinese Linguistics*, 2007,1(2)：117－146.

颜森. 黎川方言词典. 南京：江苏教育出版社,1995.

杨时逢. 江西方言声调的调类.//"中央研究院"历史语言研究所."中
　　央研究院"历史语言研究所集刊(第四十三本)：403－432,1971.

杨树达.积微居小学金石论丛.上海：上海古籍出版社,2013(1931).

姚荣松.上古韵部的界说与分部依据——兼论元音构拟的原则.//"中华民国声韵学学会"编.声韵论丛(第二十三辑).2019：1－58.

野原将挥.上古中国语音韵体系に於けるT-type/L-type声母について—楚地出土竹简を中心に—.//日本中国语学会编.中国语学(第256号).2009：67－85.

野原将挥.试论《郭店楚简》声母系统.//Endo M, Taguchi Y.（eds.）*Papers in Old Chinese and Sino-Tibetan*. Linguistics Circle for the Study of Eastern Eurasian Languages,2010：69－78.

野原将挥."仇雠"的读音：以《清华简·耆夜》为例.//开篇(35)：42－45.东京：好文出版,2011.

野原将挥.「少」の上古音再构について.//日本中国语学会编.中国语学(第262号).2015：57－75.【本书第4章】

野原将挥.战国出土资料と上古中国語声母研究.日本早稲田大学博士学位论文.2016.

野原将挥.再论上古音T类声母与L类声母.//朴慧莉,程少轩编.古文字与汉语历史比较音韵学.上海：复旦大学出版社,2017：79－93.【本书第2章】

野原将挥.「少」の上古音再考——义通换读から见た上古音再构.//日本早稲田大学中国文学会编.中国文学研究(第四十四期).2018：66－81.

野原将挥.构拟上古音*Kr-：以《安大简》"䜌"为例.//"中华民国声韵学学会"编.声韵论丛(第二十八辑).2022：97－114.

野原将挥,秋谷裕幸.也谈来自上古*ST-的书母字.中国语文,2014(4)：340－350.【本书第3章】

野原将挥,秋谷裕幸.上古前元音假说与闽语中"面"和"眠"的读音.辞书研究,2025(1)：77－84.【本书第11章】

叶晓锋.上古楚语中的南亚语成分.民族语文,2014(3):28-36.

伊波普猷.琉球语の母音组织と口盖化の法则.//日本东京大学国语国文学会编.国语と国文学(第七卷第八号).东京:至文堂,1930:1-30.

有坂秀世.上代音韵考.东京:三省堂,1955.

游汝杰.汉语方言学导论.上海:上海教育出版社,1992.

俞绍宏,王娅玮.同义换读及其复杂性初探——以楚简文字为例.中国语文,2017(2):229-233.

远藤光晓.水の单语家族.//太田斋·古屋昭弘两教授还历记念中国语学论集刊行会编.太田斋·古屋昭弘两教授还历记念中国语学论集.东京:好文出版,2013:22-31.

曾宪通,林志强.汉字源流.广州:中山大学出版社,2010.

张成材.商州方言词汇研究.西宁:青海人民出版社,2009.

张德芳编.孙占宇.天水放马滩秦简集释.甘肃:甘肃文化出版社,2013.

张惠英.从汉语方言的"射、污"说起.方言,2022(3):284-288.

张均如,梁敏,欧阳觉亚,等.壮语方言研究.成都:四川民族出版社,1999.

章黎平,解海江.汉语核心人体词共时与历时比较研究.北京:中国社会科学出版社,2015.

张双庆主编.连州土话研究.厦门:厦门大学出版社,2004.

张双庆,郭必之.从石陂话"水类字"看南部吴语对闽北方言的影响.方言,2005(3):193-197.

张亚兴.上古汉语后缀L复辅音声母琐议.语文研究,1996(4):9-11.

张振通.新视角下的汉代韵部研究.上海师范大学硕士学位论文,2023.

张振兴.漳平方言研究.北京:中国社会科学出版社,1992.

张振兴,蔡叶青.雷州方言词典.南京:江苏教育出版社,1998.

赵建伟.郭店竹简《忠信之道》、《性自命出》校释.中国哲学史,1999
　　(2):34－39.

赵彤.战国楚方言音系.北京:中国戏剧出版社,2006.

郑伟.从侗台语看汉语的复声母.民族语文,2009(2):50－56.

郑张尚芳.浦城方言的南北区分.方言,1985(1):39－45.

郑张尚芳.浙西南方言的 tɕ 声母脱落现象.//吴语和闽语的比较研究.
　　上海:上海教育出版社,1995:50－74.

郑张尚芳.汉语方言异常音读的分层及滞古层次分析.//何大安主编.
　　南北是非:汉语方言的差异与变化("中央研究院"第三届国际
　　汉学会议论文集语言组).台北:"中央研究院"语言学研究所筹
　　备处,2002a:97－128.

郑张尚芳.闽语与浙南吴语的深层联系.//丁邦新,张双庆编.闽语研究
　　及其与周边方言的关系.香港:中文大学出版社,2002b:17－26.

郑张尚芳.中古三等专有声母非、章组、日喻邪等母的来源.语言研
　　究,2003,23(2):1－4.

郑张尚芳.上古音系(第二版).上海:上海教育出版社,2013.

中国社会科学院语言研究所词典编辑室编.现代汉语词典(第7版).
　　北京:商务印书馆,2016.

中国社会科学院,澳大利亚人文科学院.中国语言地图集.香港:朗文
　　出版(远东)有限公司,1988.

周法高.中国音韵学论文集.香港:中文大学出版社,1984.

周长楫.厦门话音档.上海:上海教育出版社,1996.

周长楫.厦门方言词典(第二版).南京:江苏教育出版社,1998.

周祖谟.魏晋音与齐梁音.//周祖谟.周祖谟语言文史论集.杭州:浙
　　江古籍出版社,1988:69－99.

周祖谟.魏晋南北朝韵部之演变.台北:东大图书公司,1996.

周振鹤,游汝杰. 方言与中国文化. 上海: 上海人民出版社,1986.

朱庆之. 释"麓". //董恩林主编. 纪念张舜徽百年诞辰国际学术研讨会暨中国历史文献研究会第 32 届年会论文集. 长沙: 湖南人民出版社,2012: 456－474.

庄初升. 闽语平和方言中属于以母白读层的几个本字. 语文研究,2002 (3): 52－55.

Baxter W H. *A Handbook of Old Chinese Phonology*. Berlin/New York: Mouton de Gruyter, 1992.

Baxter W H. Pre-Qieyun Distinctions in the Min Dialects. //曹逢甫,蔡美慧编. 第一届台湾语言国际研讨会论文选集. 台北: 文鹤出版公司, 1995: 393－406.

Baxter W H, Sagart L. *Old Chinese: A New Reconstruction*. New York: Oxford University Press, 2014a.

Baxter W H, Sagart L. Baxter-Sagart Old Chinese Reconstruction, Version 1. 1 (20 September 2014b). Online at http://ocbaxtersagart. lsait. lsa. umich. edu/BaxterSagartOCbyMandarinMC2014-09-20. pdf. Accessed 2015. 6. 18.

Benedict P K. *Sino-Tibetan: A Conspectus*. Cambridge: Cambridge University Press, 1972.

Benedict P K. Archaic Chinese Initial. //The Chinese Language Society of Hong Kong (ed.) *Wang Li Memorial Volumes* (English Volume). Hong Kong: Joint Publishing Co., 1987: 25－71.

Bodman N. Proto-Chinese and Sino-Tibetan: Data towards Establishing the Nature of the Relationship. //Frans Van Coetsem F V, Waugh L R. (eds.) *Contributions to Historical Linguistics: Issues and Materials*. Leiden: E. J. Brill, 1980: 34－199.

Branner D P. A Gutyan Jongbao Dialect Notebook. //*Yuen Ren Society*

Treasury of Chinese Dialect Data(Vol. 1). 1995: 243 - 338.

Branner D P. *Problems in Comparative Chinese Dialectology: The Classification of Miin and Hakka*. Berlin/New York: Mouton de Gruyter, 2000.

Coblin W S. Convergence as a Factor in the Formation of a Controversial Common Mǐn Phonological Configuration (Revised Version), 语言研究集刊, 2018, 21: 79 - 122.

Douglas C. *Chinese-English Dictionary of the Vernacular or Spoken Language of Amoy*. London: Trübner & Co. , 1873.

Handel Z. Methodological Considerations in the Application of Tibeto-Burman Comparison to the Reconstruction of Old Chinese. //Lin Y C, Hsu F M, Lee C C, *et al.* (eds.) *Studies on Sino-Tibetan Languages: Papers in Honor of Professor Hwang-Cherng Gong on his Seventieth Birthday* (Language and Linguistics Monograph Series W4). Taipei: Institute of Linguistics, Academia Sinica, 2004: 603 - 620.

Handel Z. *Old Chinese Medials and Their Sino-Tibetan Origins: A Comparative Study* (Language and Linguistics Monograph Series A18). Taipei: Institute of Linguistics, Academia Sinica, 2009.

Handel Z. Old Chinese and Min. *Chuugoku Gogaku* (*Bulletin of the Chinese Linguistic Society of Japan*), 2010, 257: 34 - 68.

Handel Z. Northern Min Tone Values and the Reconstruction of "Softened Initials". *Language and Linguistics*, 2003, 4(1), 47 - 84.

Hill N W. *The Historical Phonology of Tibetan, Burmese, and Chinese*. Cambridge: Cambridge University Press, 2019.

Ho D A. Such Errors Could Have Been Avoided: Review of *Old Chinese: A New Reconstruction*. *Journal of Chinese Linguistics*,

2016, 44(1): 175－230.

Ibañez I, Cornejo B. *Diccionario Español = Chino, Dialecto de Fu-an* 班华字典——福安方言. Shanghai: Imprimerie Commerciale — "Don Bosco" School, 1941－1943.

Jaxontov S E. Fonetika kitajskogo jazyka 1 tysjačeletija do n. e. (labializovannye glasnye). *Problemy Vostokovedenija*, 1960(6): 102－115. Norman J. (英译) The Phonology of Chinese of the First Millennium B. C. (Rounded Vowels). *Chi-Lin* 麒麟 (*Unicorn*), 1970(6): 52－75.

Jacques G. On the Status of Buyang Presyllables: A Response to Profrssor Ho Dah-an. *Journal of Chinese Linguistics*, 2017, 45(2): 451－457.

Jacques G. The Lateralization of Labio-Dorsals in Hmongic. *Folia Linguistica Historica*, 2021, 55 (s42－s2): 493－509.

Karlgren B. Philology and Ancient China. //Instituttet for Sammenlignende Kulturforskning. *Serie A: Forelesninger* Ⅷ. Oslo: H Aschehoug & Co. , 1926.

Karlgren B. Compendium of Phonetics in Ancient and Archaic Chinese. *Bulletin of the Museum of Far Eastern Antiquities*, 1954 (26): 211－367.

Karlgren B. Grammata Serica Recensa. *Bulletin of the Museum of Far Eastern Antiquities*. Stockholm, 1957(29): 1－332.

Kwok B C. *Southern Mǐn: Comparative Phonology and Subgrouping*. London/New York: Routledge, 2018.

MacIver, D. *A Chinese-English Dictionary, Hakka-Dialect as Spoken in Kwang-Tung Province* (revised and enlarged by Mackenzie M C.). Shanghai: The Presbyterian Mission Press, 1926.

Marrison G E. *The Classification of the Naga Languages of North-East India*. School of Oriental and African Studies, University of London, London, Ph. D. 1967.

Matisoff J A. *Handbook of Proto-Tibeto-Burman: System and Philosophy of Sino-Tibetan Reconstruction* (University of California Publications in Linguistics 135). Berkeley: University of California Press, 2003.

Matisoff J A . (Comments on Chinese comparanda by Handel Z.) *The Tibeto-Burman Reproductive System: Toward on Etymological Thesaurus* (University of California Publications in Linguistics 140). Berkeley: University of California Press, 2008.

Nakahara Y. The Sumerian Tablets in the Imperial University of Kyoto. *Memories of the Research Department of the Toyo Bunko (The Oriental Library)*, 1928(3).

Nohara M. Old Chinese "west": *ˀsnˤər. Language and Linguistics*, 2018, 19(4): 577 – 591.

Nohara M. Old Chinese "Egg": More Evidence for Consonant Clusters. *Language and Linguistics*, 2023, 24(2): 325 – 344. 【本书第 6 章】

Norman J. *The Kienyang Dialect of Fukien*. University of California, Berkeley, Ph. D. 1969.

Norman J. Tonal Development in Min. *Journal of Chinese Linguistics*, 1973, 1(2): 222 – 238.

Norman J. The Initials of Proto-Min. *Journal of Chinese Linguistics*, 1974, 2(1): 27 – 36.

Norman J. Chronological Strata in the Min Dialects. *Dialect* 方言, 1979 (4): 268 – 274.

Norman J. The Proto-Min Finals. // *Proceedings of the International*

Conference on Sinology, Section on Linguistics and Paleography. Taipei: Academia Sinica, 1981: 35 - 73.

Norman J. The Classification of the Shaowu Dialect. *Bulletin of Institute of History and Philology*, 1983, 53(3): 543 - 583.

Norman J. Some Ancient Chinese Dialect Words in the Min Dialects. *Dialect* 方言, 1983(3): 202 - 211.

Norman J. The Origin of the Proto-Min Softened Stops. //McCoy J, Light T. (eds.) *Contributions to Sino-Tibetan Studies*. Leiden: E. J. Brill. 1986: 375 - 384.

Norman J. *Chinese*. Cambridge, New York and Melbourne: Cambridge University Press, 1988.

Norman J. Nasals in Old Southern Chinese. //Boltz W G, Shapiro M C. (eds.) *Studies in the Historical Phonology of Asian Languages*. Amsterdam/Philadelphia: John Benjamins Publishing Company, 1991: 205 - 214.

Norman J. Pharyngealization in Early China. *Journal of the American Oriental Society*, 1994. 114: 397 - 408.

Norman J. A Glossary of the Herpyng Dialect. //*Yuen Ren Society Treasury of Chinese Dialect Data* (Vol. 1). 1995: 107 - 126.

Norman J. A Model for Chinese Dialect Evolution. //Simmons R V, Auken N A V. *Studies in Chinese and Sino-Tibetan Linguistics: Dialect, Phonology, Transcription and Text* (Language and Linguistics Monograph Series 53). Taipei: Institute of Linguistics, Academia Sinica, 2014: 1 - 26.

O' Connor, Kevin A. Proto-Hakka. *Journal of Asian and African Studies* (Institute for the Study of Languages and Cultures of Asia and Africa), 1976(11): 1 - 64.

Ostapirat W. Linguistic Interaction in South China: The Case of Chinese, Tai and Miao-yao. // ICHL20 Symposium: Historical Linguistics in the Asia-Pacific Region and the Position of Japanese. Osaka: National Museum of Ethnology. July 30, 2011.

Ostapirat W. Issues in the Reconstruction and Affiliation of Proto-Miao-Yao. *Language and Linguistics*, 2016a, 17(1): 133 – 145.

Ostapirat W. Tai Evidence for Early Old Chinese Pre-Initials. // Andy Chin Chi-on, Kwok Bit-chee, Tsou B K. (eds.) *Commemorative Essays for Professor Yuen Ren Chao: Father of Modern Chinese Linguistics*. Taibei: Crane Publishing Co. , Ltd. , 2016b: 127 – 146.

Pittayaporn P. The Phonology of Proto-Tai. Cornell University, Ithaca, Ph. D. 2009.

Pulleyblank E. The Consonantal System of Old Chinese. *Asia Major*, 1962(9): 58 – 144,206 – 265.

Pulleyblank E G. Some New Hypotheses Concerning Word Families in Chinese. *Journal of Chinese Linguistics*, 1973, 1(1): 111 – 125.

Pulleyblank E G. *Middle Chinese: A Study in Historical Phonology*. Vancouver: University of British Columbia Press, 1983.

Pullum G, Ladusaw W. *Phonetic Symbol Guide*. Chicago/London: The University of Chicago Press, 1986.

Ratliff M. *Hmong-Mien Language History* (Studies in Language Change 8). Canberra: Australian National University, 2010.

Ratliff M. Against a Regular Epenthesis Rule for Hmong-Mien. *Papers in Historical Phonology*, 2018, 3: 123 – 136. DOI: 10.2218/pihph. 3. 2018. 2877.

Sagart L. Chinese and Austronesian: Evidence for a Genetic

Relationship. *Journal of Chinese Linguistics*, 1993, 21(1): 1 - 63.

Sagart L. *The Roots of Old Chinese*. Amsterdam/Philadelphia: John Benjamins Publishing Company, 1999.

Sagart L. The Chinese names of Four Directions. *Journal of the American Oriental Society*, 2004, 124(1): 69 - 76.

Sagart L, Baxter W H. Reconstructing the *s- Prefix in Old Chinese. *Language and Linguistics*, 2012, 13(1): 29 - 59.

Schuessler A. *ABC Etymological Dictionary of Old Chinese*. Honolulu: University of Hawai'i Press, 2007.

Schuessler A. *Minimal Old Chinese and Later Han Chinese*. Honolulu: University of Hawai'i Press, 2009.

Solnit D B. The Position of Lakkia within Kadai. //Edmondson J A, Solnit D B. (eds.) *Comparative Kadai: Linguistic Studies Beyond Tai*. Arlington: The Summer Institute of Linguistics and The University of Texas, 1988: 219 - 238.

Starostin S A. *Rekonstrukcija drevnekitajskoj fonologičeskoj sistemy* [Reconstruction of the Phonological System of Old Chinese]. Moscow: Nauka, 1989.

Starostin S A. 古代汉语音系的构拟. 林海鹰, 王冲译. 郑张尚芳, 冯蒸审校. 上海: 上海教育出版社, 2010.

Theraphan L T. A View on Proto-Mjuenic (Yao). *Mon-Khmer Studies*, 1993(22): 163 - 230.

Thurgood G. Notes on the Reconstruction of Proto-Kam-Sui, //Edmondson J A, Solnit D B. (eds.) *Comparative Kadai: Linguistic Studies Beyond Tai*. Arlington: The Summer Institute of Linguistics and The University of Texas, 1988: 179 - 218.

Ting P H. Derivation Time of Colloquial Min from Archaic Chinese.

Bulletin of the Institute of History and Philology. Taipei: Academia Sinica, 1983, 54(4): 1 – 14.

Unger U. Die Armbrust und der Steigende Ton [The Crossbow and the Rising Tone]. *Hao Ku* [Sinological Circular], 1990 (36): 44 – 68.

Wang F. *Comparison of Languages in Contact: The Distillation Method and the Case of Bai* (Language and Linguistics Monograph Series B2). Taipei: Institute of Linguistics, Academia Sinica, 2006.

拼音音序索引

· 本索引收录了本书中研究的 419 个字。

· 按汉语拼音字母顺序排列。

· 用"□"的有音无字则取词义的拼音。比如，"□贪食、饿"排在 tān 的位置。

① 未下过蛋的母鸡。

后　记

　　本书所收录的多数论文是我与秋谷裕幸老师的共同研究成果。2000 年开始,我在爱知县立大学就读本科,在此期间我不仅得到了吉池孝一老师、岩田礼老师、竹越孝老师的指导,还曾参加过秋谷老师在爱知县立大学开设的"闽南话"短期班课程。

　　2005 年,自南京师范大学留学回到日本后,我考入了早稻田大学,开始跟随古屋昭弘老师学习音韵学。此时,我才得知秋谷老师竟是我的师兄。攻读硕士二年级时,古屋老师曾对我说:"秋谷老师需要一个懂音韵学的研究生。野原同学,你是否可以前往松山协助他核对闽北话的同音字表?"当时我的音韵学水平尚未精通(事实上,直至今日亦未达到精通,深感惭愧),但因曾受秋谷老师的教导,我对闽北话研究的新成果也充满了兴趣,因此立即答应前往松山(2006 年 11月 23 日第一次赴松山)。后来,每年都有一至两次前往松山与秋谷老师交流。迄今为止,我已经记不清曾几次往返松山。

　　在松山,完成工作后,我们每晚会去一家名为"醉磨钱(すいません)"的小酒馆,一边进餐一边讨论上古音与闽语的问题。某次,秋谷老师给我看了几个中古音书母字在闽语中的表现。我当时发现,这些书母字的表现正是上古音的 T 类(或称 T 系)声母和 L 类声母区别的反映。自此,我们开始共同研究。秋谷老师利用闽语研究成果,而我则通过研究出土文献中的通假字来探讨上古音和闽语的关系。我们得出的结论不谋而合,正如"闭门造车,出门合辙"。

　　在此,我们要向大西克也老师、池田巧老师、William H. Baxter 老师、Laurent Sagart 老师、潘悟云老师、郑伟先生、王弘治先生、沈瑞清先生和盛益民先生表示衷心感谢,他们一直鼓励我们将这份共同研究工作成果出版。赵清泉和张梦瑶两位老师帮我们翻译了两篇论文;写后记时得到了马之涛先生的帮助,谨致谢忱。此外,还想感谢我的父母、我的妻子理央和三个孩子,正因为他们的支持与理解,我才能继续进行这项研究工作。

　　由于我本人的水平和学识有限,本书错误和不足之处在所难免,希望海内外的专家能够不吝赐教。

　　自开始读研以来,古屋老师对我们的研究工作给予了不懈的支持与鼓励,谨此一并表示深切感谢! 我们期望通过出版此著作,表达对古屋昭弘老师的深厚感激之情。

　　本书研究得到了令和六年京都大学研究连携基盘次世研究者支援 (the Future Development Funding Program of Kyoto University Research Coordination Alliance) 的资助。

野原将挥

2024 年 7 月 17 日于京都北白川